孙钰林 著

职业技能竞赛中的技能评价方式研究

——以养老服务职业技能竞赛为例

北京市教育科学"十三五"规划优先关注课题"'1+X'证书制度建设中技能评价方法研究"成果，立项编号：BDEA2020009

2018年北京市职业教育教学改革项目"学生技能竞赛引领产教融合机制研究"成果，课题编号：2018-135

大连理工大学出版社

图书在版编目(CIP)数据

职业技能竞赛中的技能评价方式研究:以养老服务职业技能竞赛为例 / 孙钰林著. -- 大连:大连理工大学出版社,2021.10
 ISBN 978-7-5685-3199-3

Ⅰ.①职… Ⅱ.①孙… Ⅲ.①养老院－服务业－职业技能－竞赛－评估－研究－中国 Ⅳ.①F726.99

中国版本图书馆 CIP 数据核字(2021)第 194510 号

出 版 人	苏克治
责任编辑	赵晓艳
责任校对	李 红
封面设计	对岸书影

出版发行	大连理工大学出版社
地　　址	大连市软件园路 80 号　邮政编码　116023
电　　话	0411-84708842(发行)　0411-84708943(邮购)
邮　　箱	dutp@dutp.cn
网　　址	http://dutp.dlut.edu.cn

印　　刷	大连图腾彩色印刷有限公司印刷
幅面尺寸	185mm×260mm　印　张　12.75　字　数　310 千字
版　　次	2021 年 10 月第 1 版　印　次　2021 年 10 月第 1 次印刷
书　　号	978-7-5685-3199-3　定　价　58.00 元

本书如有印装质量问题,请与我社发行部联系更换。

序　言

孙钰林同志在其博士论文基础上修改完善而成的《职业技能竞赛中的技能评价方式研究——以养老服务技能竞赛为例》即将出版，我感到由衷的高兴。

记得在2014年下半年，孙钰林带着画着花花绿绿笔记的《职业能力与职业能力测评——KOMET理论基础与方案》一书和三页A4纸的问题来到北京师范大学找我，那是他在接触KOMET理论之后深入思考，对他当时已参与或者组织了五年职业技能鉴定和职业技能竞赛经验进行初步总结的结果。

本书作者是一个实践中的思考者，一直在思考如何提升我国民政系统技能人才的培养效果。他告诉我，他曾经从科学管理的动作分析、心智革命等角度探讨技能养成，也探索过如何借助社会保障领域的长期照护保险提高工作者的待遇，甚至思考过机器人与技能工作者的配合等问题。这是一个痛苦的摸索过程，他在选择博士报考专业时考虑过不同的学校和研究方向，最终发现，职业教育领域的职业能力测评研究对技能人才的培养和技能养成的促进作用是最直接的。

问题是研究的骨髓，提出值得研究的问题是开展科学研究的第一步。作者结合长期开展职业技能鉴定和竞赛工作的实践经验，在攻读博士学位之初就明确了自己的研究问题——技能评价的效度问题。这是一个理论上的"真"问题，需要对现有评价理论和方法体系进行客观评价，即开展元评价研究；同时又是一个实践中的"真"问题，需要对现有评价方式的应用场景和优、劣势进行分析，以提高技能评价活动的质量。

作者在研究中深刻理解了职业教育"典型实验"的内涵，将其研究整体置于该理念的指导下，利用民政部职业技能鉴定指导中心在行业开展职业技能鉴定和职工职业技能竞赛积累的丰富资源，发挥全国民政职业教育教学指导委员会作为教育部推动行业产教融合发展机构的组织优势，在全国职业院校技能大赛现有的制度框架下开展研究。

典型实验中的研究者同时也是实践者。作者以技能评价对绩效的预测效度为切入点，他既是研究的设计者，又是实施过程的实践者，在这一过程中既完成了科学研究任务，又完成了个人职业能力发展层次的跃迁。对研究中出现的问题，作者根据职业认同感做出符合主流价值观的判断，把对职业情境下"妥协"的理解和把握提高到了一个新的层次。

本书对技能评价相关的理论进行了介绍，对职业技能竞赛的梳理更为深入，以技能评价发展沿革为主线对民政职业技能鉴定、竞赛等评价工作的发展历程进行回顾，分析不同技能评价方式的特点及原理，以养老服务技能赛项为个案进行定量分析，在实证基础上得出了相应的结论。在理论上，本书对工作绩效进行了相关分析，建立了COMET职业能力测评方案从教育培训领域向行业人力资源管理领域的闭环，为教育评价制度、"1+X"证书制度、技能等级认定及技能考核竞赛等提供了可行的评价模型。

本书是一个职业教育研究者工作过程中知识的结晶，是一个技能评价实践者理论思考的升华，也是一个典型试验伴随者自我成长的记录。希望对职业教育科学发展感兴趣的人与作者一起躬身入局，努力探索职业教育的发展规律，共同谱写新时代职业教育发展的新篇章。让我们共勉。

北京师范大学教育学部
2021年9月

前　言

技能竞赛是一种社会关注度高、影响力大的技能评价活动。根据组织的主体不同，可将其分为不同的类别和层级。即使技能竞赛同期开展了其他活动，其核心程序也是通过技能评价活动确定参赛选手的排名，是一种常模参照性的评价活动。因此，对技能竞赛中的评价方式进行研究，可以为其他技能评价活动（如人社部开展的职业技能等级认定、教育部推动的"1＋X"证书制度）和职业教育、职业培训的改革发展提供参考。

2019年，《国家职业教育改革实施方案》确定的"学历证书＋若干职业技能等级证书"（"1＋X"证书）制度开始试点实施，这是我国职业教育证书制度和人才培养领域的重大改革。"1＋X"证书制度中的"1"（学历证书）已经较为成熟，但是"X"（职业技能等级证书）的建设却是全新的课题。技能评价是颁发技能等级证书的基础，技能评价的质量（信度、效度和区分度等）对技能等级证书的质量建设具有重要的影响，研究开发科学、有效的技能评价方法，是在中国场域背景下建立和发展"1＋X"证书制度的基础性工作，这不仅对职业技能等级证书制度建设本身具有重要意义，还可以为职业教育的教师、教材和教法改革提供方法上的指导。

在编写本书的过程中，作者被民政部推荐到中宣部，参加党史学习教育领导小组办公室实践活动组的工作，当时正在落实中共中央政治局2021年5月31日会议关于"十四五"时期积极应对人口老龄化、促进人口长期均衡发展的相关决定和有关领导对"一老一小"问题的批示，选择养老服务技能赛项作为研究的落脚点，也是落实党史学习教育"我为群众办实事"实践活动中落实"老有所养"要求，进而推动"老有颐养"的重要举措。

本研究梳理了目前已有的不同技能评价方式，并根据研究需要，以教育部等主办的全国职业院校技能大赛为平台，选择养老服务技能赛项，采用职业教育研究特有的典型试验（德语 modellversuch）进行研究设计，主要对我国目前两种主流技能评价方法进行比较研究，即传统的实操考试和建立在现代职教理论基础上的 COMET 职业能力测评方法。本研究检验两种技能评价方法对被试者未来工作绩效水平的预测效度，以期在职业院校、技能评价组织和用人单位之间建立有效的人才培养信号发送和接收关系，从而促进"人才培养—考核评价—选人用人"这一人才培养链的建立和完善，为实现职业教育的产教融合做出贡献。

全书共分 7 章：第 1 章主要分析了对技能评价方式进行研究的背景，界定了技能评价方式的相关概念、阐述了目前的研究现状以及开展评价方式研究的意义等；第 2 章针对职业技能竞赛进行全方位的介绍，除了对竞赛的分类、功能、存在问题和国际比较研究进行介绍外，还聚焦于民政行业职业技能鉴定和竞赛的发展历程，重点把握竞赛组织实施过程中有关技能评价方式的重大改革实践，对改革的原因、结果、影响进行了阐述；第 3 章在提出问题和阐释核心问题的基础上，对研究中采用的理论基础进行深入剖析，重点介绍了在研究中使用的 COMET 职业能力测评相关理论及模型，以及作为传统实操考试理论支持的经典测量理论和与工作绩效测量相关的 360°绩效评估等；第 4 章至第 6 章选择了民政行业当中参赛人数最多、人才需求量最大、社会关注度最高的养老领域作为典型试验平台，并对整个研究的设计、评价工具的开发、具体的实验过程、数据的收集和质量分析以及最关键的相关性研究的过程和结果进行了全方位的呈现；第 7 章对研究进行了全面的总结，并结合目前政策的发展和研究的局限，对未来研究进行了展望和建议。

本书面向的读者主要是职业院校相关研究的工作者、职业技能评价的实践工作者，对开展职业教育、职业培训的教师以及准备参加职业技能评价的考生均具有参考意义。

本书是在博士论文基础上扩充而成的，感谢赵志群教授和职成所、答辩组各位老师的精心指导，感谢单位提供的实施研究的平台和各位领导、同事给予的帮助，感谢实践活动组各位领导、同事的支持，感谢竞赛命题专家给予的配合，感谢家人的理解与支持。

本书的研究也得到了北京市教育科学"十三五"规划优先关注课题"'1＋X'证书制度建设中技能评价方法研究"（立项编号：BDEA2020009）和 2018 年北京市职业教育教学改革项目"学生技能竞赛引领产教融合机制研究"（课题编号：2018-135）的支持。

由于本人学识水平有限，书中仍可能存在疏漏，敬请读者批评指正。

孙钰林
2021 年 10 月

目 录

第1章 绪 论 ... 1
1.1 职业技能竞赛中的评价方式研究面临的挑战 ... 1
1.2 职业技能竞赛中的评价方式研究相关核心概念 ... 6
1.3 职业技能竞赛中的评价方式研究现状 ... 13
1.4 职业技能竞赛中的评价方式研究的内容及意义 ... 49

第2章 职业技能竞赛 ... 56
2.1 职业技能竞赛概述 ... 56
2.2 民政行业职业技能竞赛 ... 63
2.3 我国技能评价相关政策及其实践 ... 76

第3章 职业技能竞赛中评价方式研究的理论基础 ... 82
3.1 技能评价的理论基础 ... 82
3.2 工作绩效评估的理论基础 ... 94

第4章 职业技能竞赛中评价方式的研究设计 ... 97
4.1 研究设计的原则 ... 98
4.2 研究目的与假设 ... 100
4.3 研究方法 ... 101
4.4 研究内容 ... 104
4.5 研究设计中的关键点及控制措施 ... 104

第5章 职业技能竞赛中评价方式研究的过程 ... 106
5.1 技能评价工具开发 ... 106
5.2 360°绩效评估的问卷开发 ... 111
5.3 技能评价的实施 ... 112
5.4 工作绩效评估的实施 ... 117

第 6 章　职业技能竞赛中评价方式研究的结果 ························· 119
6.1　测评中使用的试题分析 ··· 119
6.2　技能评价的统计指标检验 ······································· 130
6.3　基于 COMET 职业能力测评的技能评价结果对工作绩效的预测效度检验 ······ 137
6.4　技能评价的成本分析 ··· 149

第 7 章　职业技能竞赛中评价方式研究的结论及建议 ······················ 153
7.1　主要结论 ·· 153
7.2　讨论、建议及未来研究展望 ······································ 161

附　录 ·· 169
附录 1　研究中实际使用的 COMET 测试题目和解题空间 ················· 169
附录 2　研究中实际使用的实操题目和评分标准 ························ 176
附录 3　2018 年全国职业院校技能大赛养老服务技能赛项试题 A ··········· 183
附录 4　360°绩效评估问卷 ··· 191
附录 5　背景情况调查问卷 ··· 194

第 1 章 绪 论

1.1 职业技能竞赛中的评价方式研究面临的挑战

竞赛是人类发展过程中一种重要的社会交往方式,目前广受关注的是体育竞赛,比如每四年一届的奥运会。职业技能竞赛社会关注度高,评价结果对参赛选手未来的职业生涯影响大,目前在我国存在着不同层次、不同行业、不同参赛对象的职业技能竞赛。无论哪种竞赛,核心都是对技能进行评价。本书将结合编者在博士阶段开展的研究和实际工作经验,对职业技能竞赛中的技能评价进行研究,具体分析不同技能评价方式的优势、劣势和改进方向,让广大职业院校师生、技能从业者、技能培训教师通过这个过程对技能评价这个"指挥棒"有更深的理解,选择合适的评价方式及支持该方式背后的人才培养方式,以期对职业技能等级证书制度中的技能评价活动及职业教育、职业技能培训过程提供指导。

1.1.1 新时代职业教育评价改革要有新突破

2020 年,中共中央、国务院印发《深化新时代教育评价改革总体方案》(以下简称《评价方案》),对职业教育的评价工作提出了明确要求:其中对于高职的招生方式(以下简称"职教高考")提出"完善高等职业教育'文化素质+职业技能'考试招生办法",其中的职业技能考试就是技能评价的一种。在传统高考之外单独设立职教高考,最根本的理论支撑是加德纳(Gardner)"多元智能理论",即人们的智能不仅体现在对文化知识的掌握上,对于特定的职业而言,某些更有针对性的智能是更适于职业发展的,但传统的文化素质考试并不能够将其评价出来。职教高考是各地一直在探索和实践的,其中的文化素质考试已经较为成熟,招生方式除去传统的考试以外,对于职业技能竞赛的获奖选手也有特设渠道。针对职业技能竞赛的技能评价方式开展研究,不仅对于完善职业技能竞赛本身具有促进作用,同时也可以对职教高考中职业技能部分的考试评价提供理论支撑。

《评价方案》对职业院校的评价中也提出了"健全……重点评价职业院校(含技工院校,下同)……学生获取职业资格或职业技能等级证书……扩大行业企业参与评价……完善与职业教育发展相适应的……评价机制"。要实现这些目标,就需要对技能评价进行深入研究,给出科学、合理、有效的评价方式。要充分发挥职业资格或职业技能等级证书之类评价活动的"指挥棒"作用,推动职业教育、职业培训的高质量发展,就需要对支持这些评价活动的理论、方法、工具开展研究,以高质量的评价引领高质量的职业教育培训发展。

职业教育与职业培训,是缓解目前社会教育内卷、降低教育成本的重要手段,通过高质量的职业教育评价方式,引领高质量的职业教育,让更多的孩子愿意就读职业教育院校,让更多的年轻人通过高质量的职业培训实现高品质的就业,不仅仅是对教育、就业提供帮助,更是从根本上解决目前教育成本高、升学压力大、过度教育"军备"竞赛等问题的合理渠道。力争实现更多的用人单位对技能评价结果认可,对这些结果的拥有者给予更好的待遇,引导家长和学生愿意到在职业教育培训中实现自己的人生价值,壮大中高收入技术工人队伍,使"劳动光荣、技能宝贵、创造伟大"真正成为社会共识,社会更加公平,更多的人共享高质量的发展成果,共享高品质的幸福生活。

1.1.2 职业教育改革对技能评价提出新要求

2019年,国务院颁布实施的《国家职业教育改革实施方案》(国发〔2019〕4号,简称"职教20条")提出"从2019年开始……启动'学历证书+若干职业技能等级证书'制度试点(以下称'1+X'证书制度试点①)工作",这是我国职业教育深化改革进程、提升发展内涵的一次重要探索,也是在原有"学历证书+职业资格证书"的"双证书制度"基础上对职业证书相关制度建设的进一步探索与创新。"职教 20 条"明确提出"深化……评价模式改革"的要求,把"1+X"证书制度作为"指导职业教育教学改革……拓展就业创业本领"的重要手段,这也赋予了"1+X"证书制度在提高人才培养质量方面的重大历史使命。"1+X"证书制度建设为职业教育创新发展带来新机遇的同时,也提出了新的挑战。"职业技能等级证书"(以下简称"X"证书)制度替代原有"双证书"制度中的"职业资格证书"的直接原因,除了被认为其在某种意义上是就业、创业的"拦路虎"之外,更重要的是职业资格证书不能完全、真实、有效地反映用人单位对技术技能人才的职业能力要求,无法获得社会的广泛认可,同时还存在因考试机构与培训机构的"粘连关系"而导致的付费即发证、卖证、挂证等种种乱象。

证书颁发的依据是技能评价结果。若评价效度不高,则证书所代表的劳动力市场信号便难以发挥有效的指示作用,从而面临被市场淘汰、被社会诟病、被政府取消的宿命。提高职业技能评价的质量,使得职业技能等级证书能够更加准确地测度劳动力的技能水平,从而为雇主提供关于劳动力技能的真实信息,消除由于不对称信息造成的逆向选择问题,可以提高劳动力市场雇主和雇工之间的匹配效率。

截至 2019 年底,教育部委托相关机构共公布了 2 批共计 15 个"X"证书,公示了 3 批共计 92 个"X"证书。通过分析已经公布和公示的"X"证书试点资料可以看出,目前无论是学术界还是实践界对"X"证书的定位、实施、效果的理解都还很模糊。这种模糊不仅体现在标准的开发、编写方面,还体现在技能评价方式方面。"1+X"证书制度成功实施的前提,一方面,需通过职业院校内的教育教学改革保证"1"证书(学历证书)的质量;另一方面,必须保证"X"证书(职业技能等级证书)技能评价的质量,在效度、区分度、信度等方面符合测评标准。

---

① 2019 年 4 月 4 日,教育部、国家发展改革委、财政部、市场监管总局印发《关于在院校实施"学历证书+若干职业技能等级证书"制度试点方案》的通知(教职成〔2019〕6 号),以下简称《"1+X"试点方案》.

1.1.3 技能评价助力"三教"改革需要职教理论的支撑

在"职教 20 条"中,"1+X"证书制度被定义为"拓展就业创业本领"的重要手段,尤其是教育部等四部门印发的《"1+X"试点方案》中明确提出:通过"1+X"证书制度试点,"深化教师、教材、教法'三教'改革"。教材、教法的改革需要以人才培养模式为基础,不断强化教师对人才培养改革、创新等新需求的认同感和适应性。"X"证书作为"深化复合型技术技能人才……评价模式改革"的手段,也需要坚持以学生为中心,才能彰显其所代表或者引领的"人才……评价模式"的科学性。目前虽已推出了若干"X"证书,但有关支持这些证书技能评价模式的系统性实证研究还很匮乏。从开发证书的培训评价组织到教育部负责培训评价组织甄选工作的机构,再到参与院校,所有相关者都将其作为一个政策措施进行贯彻执行。但是单纯作为政策实践的"X"证书制度,如果缺乏理论基础,没有系统的理论思考支撑其有效实施,是无法体现出其指导"三教"改革的理论价值与实践潜力的。本研究通过科学伴随的典型实验方法,在实际技能评价工作中,对比使用不同技能评价方式,对不同评价理论进行比较研究,通过工作绩效将技能评价方案与用人单位需求深入结合,从而奠定和丰富有关"X"证书制度的理论基础,为"三教"改革提供理论支撑和实践工具。在技能评价工具预测质量验证基础上,如果将支撑"X"证书制度的技能评价理论、模型、工具推广到教师队伍建设、教材开发和教法改革中,则可以提升职业教育人才培养质量,服务技术技能人才成长,使学生通过"X"证书提高就业能力和创业本领,为实现"职教 20 条"提出的各项改革目标服务。

1.1.4 设计可持续发展的"X"证书需要实证基础

参与"X"证书制度推广实施过程的相关主体包括培训评价组织,主导技能评价组织甄选的教育部及其授权机构,各省级地方教育行政部门[教育厅(局)、教育委员会],以及职业院校和应用型本科院校(有些证书甚至覆盖研究型大学应用型较强的专业①)。从参与主体方面看,"X"证书影响范围广

---

① 本研究涉及的证书中就有兰州大学护理专业的参与.

泛，社会责任重大。目前的试点推广主要是依托行政力量的政策引导。比如，将试点工作纳入中央财政对地方财政转移支付的考虑范畴，地方教育行政部门将试点工作纳入向各院校拨付财政经费的考虑范畴，并将是否参与试点工作作为"双高校"①选拔的重要考量指标。中央本级财政仅2019年就投入了12亿元推进该项目，地方财政和学校还有相应的配套资金，使得"X"证书的试点工作对于各院校而言既是任务，又有财政经费可以争取，且有试点院校的光环可以激励。部分作为实际承担人才培养任务的职业院校，并非主动愿意将"X"证书有机融入人才培养的各方面，而是为了获得政策优惠，或将其作为行政任务来落实。可以说，这里既有政府部门的政策压力，更有名利双收的动力。离开行政部门的强势推进，这一制度是否可以自行运行和持续发展，目前尚未可知，因此，保证证书的质量就更为重要了。

目前，试点阶段的政策支持是"X"证书制度有效运行的保障，然而作为政府"放管服"的产物，"X"证书制度试点阶段的各类支持政策不会无限期持续，因为政府包办甚至利用财政经费支持，政府部门为市场技能评价机构的证书效力背书是完全背离"放管服"精神的，而失去特殊扶植政策支持后这一制度如何持续发展，是教育行政部门、培训评价组织和院校面对的一个难题。目前政府在"X"证书制度实施中扮演着监管者和质量监控者的角色，未来技能等级制度的运行则更需要培训评价组织依托自身实现可持续发展，即使证书在市场上得到学生、学校和用人单位的认可，即学生和学校在对技能证书价值理性认知的前提下，主动承担其考取成本。这些证书如果在劳动力市场中得到用人单位的价值认可，就可以避免因其低价值、低认可而被市场淘汰。本研究以不同的技能评价理论为依托，通过实证研究为技能评价组织开展技能评价活动提供评价模型和工具方面的支持。有效的技能评价是技能评价组织推广高质量技能证书的基础，技能评价组织只有在证明其评价活动的科学性后，才能有效地推广技能等级证书。

1.1.5　高质量经济社会发展需要高质量的劳动力市场信号

技能评价活动从教育、培训领域角度来看是"指挥棒"，是引导职业教育、职业培训改革的"工具箱"。从整个经济社会发展来看，它提供了打破劳动力

---

① 中国特色高水平高职学校和专业建设计划建设单位.

市场上信息不对称的重要的"信号"。目前,我国处于"两个一百年"的历史交汇点,新发展理念在经济社会发展中居于核心指导地位,职业教育与培训不仅是教育领域自身立足新发展阶段、主动融入新发展格局的重要手段,同时还为新发展理念的实现提供人才支撑。这种情况下的技能评价工作,其影响范围不限于评价活动,也不限于教育领域,还是教育融入、服务新发展格局的重要手段。通过高质量的评价活动引领高质量的职业教育与培训,不仅让职业教育与培训可以更加精准地对接产业需求,提供人才保障;同时还能消除劳动力市场长期存在的信息不对称,打破"柠檬市场"的用人单位和求职者双输的"纳什均衡",提高劳动力市场的流通和运转效率。

研究者曾经负责第二批十家"X"证书之一的失智老年人照护证书项目,在2010年至2019年十年间负责或具体实施民政领域的职工竞赛和职业院校师生竞赛,对不同级别、不同职业、不同参赛选手的职业技能竞赛有充分的实践经验。在十年的竞赛中使用过不同的技能评价方式,如传统的职业技能鉴定方式(理论知识+实操考试),创新的技能评价方式如COMET职业能力测评(COmpetence MEasuremenT,COMET,德语职业能力测评的缩写是KOMET)等,其中又有单项选择题、判断题、案例分析题、方案设计、口述加实操的模拟操作、工作场所操作等不同的题型。同时结合平时开展职业技能鉴定质量督导、日常调研等活动,对职业技能竞赛的获奖选手的职业生涯成长进行个案研究。尤其在开展博士论文研究期间,于2018—2019年持续跟踪全国职业院校技能大赛养老服务技能赛项,对传统职业资格实际操作考试技术(以下简称实操考试)和COMET职业能力测评两种评价方式进行对比研究,搜集两种评价结果的一手数据,通过对这些数据进行相关分析,并以实际工作绩效为效标,对两种评价方式的预测效度进行评估,并提出可能的改进措施。

1.2 职业技能竞赛中的评价方式研究相关核心概念

1.2.1 技能与技能评价

"职教20条"第十四条指出"培训评价组织……负责实施职业技能……评价……";教育部等的《"1+X"试点方案》中明确指出"职业技能等级证书以

……职业技能等级标准为依据,对学习者职业技能进行综合评价"。可以看出,职业技能等级证书制度的目的是准确评价学习者的职业技能,为此需要做好两方面的基础性工作,即制定合理的技能等级标准和选择正确的技能评价方式,这二者紧密关联。为了和国务院、相关部委上述文件中的表述保持一致,本研究中将"职业技能评价"简称为"技能评价"。学界对于技能评价的内涵和外延有不同理解,需要与诸多相关概念进行对比澄清,明确技能、能力和职业技能等相关概念的含义,尤其是澄清能力和技能两者的关系,从而开展逻辑性和学理性的思考。

从人力资源管理的角度看,人是资源,要在劳动中创造价值,技能是人在劳动中创造价值的关键支撑。"技能是人在意识支配下所具有的肢体动作能力。"①在对技能的理解方面关注技能的动作性,把智能与体能分割开来,主要关注体能的一面。其他领域的技能理解视野更为宽泛一些。按照教育学的观点:"技能……是由外显的肢体操作的动作体系和内隐的认知活动体系构成的整体。"②从上述有代表性的定义可以看出,技能是有意识、有目标的活动,都由大脑控制肌体运动来完成的外显的动作和内隐在头脑中对事物进行分析、综合、抽象、概括等的认知或智能构成。关于职业技能的内涵,心理学认为:"职业活动中运用专业知识和经验,通过练习或实践而形成的操作系统或行为模式。"③从人力资源管理的角度看,职业技能特指"人在职业活动范围内……的技能,以就业活动的相关性来界定"④。教育学研究则强调职业技能"是职业所必需的客观条件,人是技能的载体,以肢体动作和智力动作方式展示,通过学习和练习形成"⑤。

在职业教育领域,与技能紧密相关的一个概念是能力。能力是一个多元、宽泛的概念,不同的学科有不同的理解,不同的国家或文化习惯也有不同的认知。心理学将能力定义为影响完成一项活动的心理特征⑥;管理学将能力定义为任务相关的成就或才能⑦。在职业教育领域,德国的研究从整体化

---

① 劳动和社会保障部培训就业司职业技能鉴定中心.国家职业技能鉴定教程[M].北京:北京广播学院出版社,2003:3.
② 赵志群,等.职业能力测评方法手册[M].北京:高等教育出版社,2018:10.
③ 吴江.职业技能开发导论[M].北京:中国劳动出版社,1998:22.
④ 劳动和社会保障部培训就业司职业技能鉴定中心.国家职业技能鉴定教程[M].北京:北京广播学院出版社,2003:4.
⑤ 赵志群,等.职业能力测评方法手册[M].北京:高等教育出版社,2018:10.
⑥ 曹日昌.普通心理学(合订本)[M].北京:人民教育出版社,1987:271.
⑦ Erpenbeck J. Selbstgesteuertes, selbstorganisiertes Lernen[A]. In: AG QUEM: Kompetenzentwicklung[C]. Waxmann.1996:311.

行动的角度理解能力,认为它是"成功满足复杂需求的前提条件"[①]。

对职业能力内涵的理解也呈现出多元化的特点。例如人力资源和社会保障部的定义是"在真实的工作情境中整体化地解决综合性专业问题的能力"[②]。还有研究认为它是"直接影响职业活动效率及顺利进行的心理特征"[③]。也有人将其视为一种条件,包括态度、知识和技能。据此,职业能力是"在特定职业活动中,通过对已有知识、技能的类化迁移过程,而不断发展和整合形成的一种较为稳定的综合能力"[④]。

值得特别指出的是,国务院"职教20条"明确提出"X"证书应"反映……综合能力",即"X"证书的技能评价需要反映被试的综合能力发展水平。这标志着在"1+X"证书制度建设的语境中,"技能"和"综合能力"被作为同义词使用。这一现象,是教育部、人力资源和社会保障部按照自己的管辖权和话语体系,对"技能等级证书"的设计进行协调的结果。尽管这种理解在理论上是否完全合适还有待于商榷,但是在目前我国的教育和评价实践中,我们只有在此语境下讨论问题,才有可能促进职业教育事业的健康发展。

在初步厘清技能和职业技能的概念之后,就可以对技能评价的已有研究成果进行总结和分析。技能评价有多种方式(表1-1),目前主流的可以分为职业技能鉴定考试(以下简称技能考试)和职业能力测评两种。技能考试一般包括理论考试和实操考试两种形式,职业能力测评也有质性、量化和混合型测评范式。

表1-1　　　　　　　技能评价方法的分类与案例[⑤]

技能评价				
职业技能鉴定考试(技能考试)		职业能力测评		
理论考试	实操考试	质性	量化	混合型
口试 笔试	真实的 模拟的	基于胜任特征模型的测评 行为锚定修正法 Kasseler能力分类模型 学习潜能评价中心法	各类能力量表	COMET ASCOT SOLO

[①] Weinert F E. Concept of Competence: A Conceptual Clarification[A]. In: Rychen D S, Salganik L H. Defining and Selecting Key Competencies[C]. Seattle: Hogrefe & Huber. 2001:45-65.
[②] 赵志群.职业能力研究的新进展[J].职业技术教育,2013,34(10):5-11.
[③] 张燕逸,张恭敏,黄强.职业心理学[M].延吉:延边大学出版社,1987:47.
[④] 邓泽民,陈庆合,刘文卿.职业能力的概念、特征及其形成规律的研究[J].职业技术教育,2002(02):104.
[⑤] 表1-1中涉及的各种技能评价方式的概念和应用等,将在研究综述——关于技能评价的研究中展开介绍。

从表 1-1 中可以看到不同技能评价方式之间的逻辑关系:在技能评价中,职业能力测评与职业技能鉴定考试两者是具有不同理论基础、形式和内容的评价方式。本研究聚焦技能考试中的实操考试和职业能力测评中的 COMET 职业能力测评,为"技能评价"给出一个操作性的定义:社会组织根据特定职业(或岗位)的技能要求,采用一定的测量工具对特定人群进行的考试、测量和评估。①

综上所述,本研究中的技能评价是一个包括传统的考试和职业能力测评的上位概念。本研究之所以采用这种(看起来不是很严谨的)表述方式,主要是考虑到论文既要与国家管理机构相关文件的表述一致,又不应产生学术理解和解释上的障碍。

1.2.2 工作绩效

绩效是管理学,尤其是人力资源管理领域的常用概念,代表着"产教融合"中"产业界"一方的评价标准。梳理文献发现,学界分别从结果或产出、行为、能力以及综合四个层面对绩效给出定义。一是在结果或产出层面的定义,如:"绩效是……可评价的行为以及结果。"②二是行为层面的定义,如:"绩效是在个体控制下的、对组织目标具有贡献的行动或行为。"③三是能力层面的定义,如:"绩效是员工适应组织发展、技术变化和全球一体化的能力。"④四是综合层面的定义,如:"绩效是影响组织目标实现的员工行为的集合。"⑤

根据绩效的综合性定义,本研究将老年服务与管理专业学生的工作绩效定义为:通过为老年人提供负责任的服务,达到长期、持久符合社会、用人单位和服务对象需求的结果的程度。在操作中以学生在工作场所中就业或实习时,由本人、同学或同事(同级)、上级或教师、服务对象等以 360°绩效评估的方式,对研究对象的工作绩效进行定量确定。

---

① 赵志群,孙钰林,罗喜娜."1+X"证书制度建设对技术技能人才评价的挑战——世界技能大赛试题的启发[J]. 中国电化教育,2020(02):8-14.
② 杨杰,方俐洛,凌文栓.关于绩效评价若干基本问题的思考[J].自然辩证法通讯,2001(2):40-46.
③ Rotundo M, Sackett P R. The Relative Importance of Task, Citizenship, and Counterproductive Performance to Global Ratings of Job Performance: A Policy-capturing Approach[J]. Journal of Applied Psychology, 2002(1): 66-80.
④ Pulakos E D, Scmmit N, Dorsey D W, et al. Predicting Adaptive Performance: Future Test of a Model of Adaptability. Human Resource[J]. 2000(4): 299-323.
⑤ Zhang Y, Le P J, Buckman B, et al. It's Not Fairor, Is It? The Role of Justice and Leadership in Explaining Work Stress or Job Performance Relationships[J]. Academy of Management Journal, 2014, 57(3): 6.

1.2.3 预测效度

教育测量学对效度(validity)的一般定义是"指人们测量到了所想测量的东西的程度"[①]。不同学者也从不同角度给出了效度的定义:"一项测试的效度就是那个和它相关的东西"[②];"实际测试分数(actual test scores)与'真实'标准分数('true' criterion score)的相关程度"[③];"效度是一个测验分数和它被相信测量到的质量之间的一致性程度"[④]。这些反映了效度的不同侧面。

效度有多种类型。本研究采用的 COMET 能力测评方案的结构效度等效度,在前期研究中已经得到验证[⑤⑥],故此本文仅关注预测效度(predictive validity)。预测效度是效标效度的一种,其中最关键的是作为"效标"的指标设置是否科学。

效标效度不依靠主观判断,可以用两种测量工具得出的观测值之间的相关系数来衡量。本研究以技能评价结果预测未来实际的工作表现,将工作绩效作为技能评价的效标来衡量不同的技能评价方式。

综上所述,参考宾厄姆(Bingham)有关效度的定义,本研究将技能评价的预测效度定义为实操考试和 COMET 职业能力测评两种技能评价方式的结果与实际工作绩效测量值之间的相关系数。

1.2.4 典型实验

"典型实验"(德语为 Modellversuch,类似英文 design based research)是20世纪60年代联邦德国采用的职业教育实践研究方法,于20世纪90年代在中德政府职业教育合作项目中被引入中国。所谓典型实验,是"指在理论

---

① 胡中锋,莫雷.心理与教育测量中效度理论的重建[J].华南师范大学学报(社会科学版),2007(12):82-90.
② Guilford J. New Standards for Test Evaluation[J]. Educational and Psychological Measurement,1946(6):427-439.
③ Cureton E. Validity[A]. In E. Lindquist(ed.). Educational Measurement[C]. Washington, D. C.:American Council on Education. 1951:621-694.
④ Kaplan, Robertm. Psychological Testing: Principles, Applications, and Issues [M]. Brooks/Cole Publishing Company. A Division of Wadsworth, Inc. , 1989:118.
⑤ 赵志群,劳耐尔. COMET 职业能力测评方法手册[M].北京:高等教育出版社,2018:95-97.
⑥ 周瑛仪.大规模职业能力测评的预测效度——基于 COMET 方案在汽修、数控与电气专业领域的研究[D].北京师范大学,2015.

引发或指导下实施一个新的方案,以获得某一社会领域的知识,或通过变化过程本身获得相应的认知"①。典型实验一般在现有的组织框架内实施,在政府的特殊政策和资金的支持下,由职业教育机构(如职业院校)、行业组织和企业等具体实施。它认为创新是在实践中发展产生的,对其研究可以提供有关实践结构的科学知识,勾画出创新过程的核心变量。② 实践者(教师、学生、培训师等)成为主体,从而反思他们的行动。"反思性实践"是其理论基础。在此,"研究者(同时也是实践者)通过设计让社会现实发生变化,这种变化可能是整体性的,在变化过程中研究者同时开展学习,在变化和学习研究中获得和发展结论,研究关注的社会领域的变化是有目的地从内部引发的,甚至可能是创新的目标"③。

典型实验与英语国家教育研究中出现的"基于设计的研究"(Design-Based Research,DBR)④有类似之处,都需要系统分析干预措施对解决实践问题的效果,以效果检验的结果反馈来推动更好的干预方案的设计。两者的主要区别在于:典型实验应用的场景更加广泛,在职业教育研究中可以用于整体体系的设计、建构或重构;而"基于设计的研究"主要应用于教与学的研究。本研究关注职业院校学生技能评价方式与他们工作后的工作绩效之间的关系,即不仅仅关注职业教育中教与学的研究,而且扩展到了产业界,因此更适合采用典型实验的方法。

在德国,典型实验常常在"科学伴随"(德语为 Wissenschaftliche Begleitung)的指导或参与下进行。"'科学伴随'指一个组织或个人(科学伴随者)针对其引发的变化过程或者典型实验,按照科学的标准,提供咨询和促进其反省的研究方法。"⑤20 世纪 90 年代初,德国政府支持在中国建立了教育部职业教育中心研究等三个职教研究所,研究所在典型实验中通过"科学伴随"研究,向职业院校和地方政府提供政策咨询和教学改革指导。该项目

---

① 赵志群. 典型实验:职业教育发展创新项目的方法论思考[J]. 教育发展研究,2019,39(19):52-58.
② Fischer F,Bouillion L,Mandl H,et al. Bridging Theory and Practice in Learning Environments Research. Scientific Principles in Pasteurs's Quadrant.[J]. International Journal of Educational Policy. Research and Practice,2003,4(1):147-170.
③ 同①.
④ Barab S,Squire K. Design-Based Research:Putting a Stake in the Ground[J]. The Journal of the Learning Sciences. 2004,13(1):1-14.
⑤ Sloane P,Fischer M. Modellversuchsforschung[A]. Rauner F,Grollmann P. Handbuch Berufsbildungsforschung [C]. Bertelsmann. 2018:790-799.

持续近10年,是我国职业教育发展历史上规模最大、涉及面最广的有组织学习外国经验的项目活动,对我国职业教育现状进行了全面反思和改革,对我国职业教育的发展产生了重要影响。① 科学伴随者可以是私营研究或咨询机构,也可以是政府研究机构或者高校,本研究中的科学伴随者是研究者。

有学者根据研究方法和研究者角色,从斯罗纳(Sloane)科学伴随研究和实践研究类型学理论出发,建立了对典型实验的二维分析模型,其中一个维度是"理性研究""理性实践""反思性实践",另一个维度是"疏远性伴随""干预性伴随""响应性伴随"。② 据此,本研究更倾向于是一个"在干预性伴随研究"指导下的"反思性实践",并遵循德国联邦职业教育研究所建立的典型实验的基本工作流程,包括:创新需求的识别;对已有理论和经验进行评估;开发并形成新的创新方案;实施方案;对方案实施结果进行评估和总结;等等。③

研究在现有的制度和组织框架之内进行,充分运用民政部职业技能鉴定指导中心在行业开展职业技能鉴定和职工职业技能竞赛积累的丰富资源和全国民政职业教育教学指导委员会作为教育部设立的推动产教融合的组织优势,在两者原有的组织框架内,依托全国职业院校技能大赛现有的制度框架开展研究。典型实验还有一个特点是研究者同时也是实践者,研究者以技能评价对绩效的预测效度为切入点,综合运用 COMET 职业能力测评理论、经典测量理论,以研究者负责实施的全国职业院校技能大赛为平台,既是研究的设计者,也是实施过程中的实践者。

在这个过程中,研究者依据相关理论有意识地对原有竞赛体系进行改进,并以此为基础开展研究设计研究者(同时也是实践者)的努力,使养老人才领域的技能评价这个社会现实发生整体性变化。同时,对这个变化过程的研究也促进研究者学习。典型实验以设计为导向,意味着实践者可以选择相应的技术、方法来设计自己的实践变化,其中的参与者不仅仅停留在被外人评价的客体层面,而且作为反思性参与者深度融入项目。在这个过程中可以对变化过程进行分析,并依据分析结果对整个研究提出设计改进的思路。遵循人本主义对实践行动的理解、设计意味着创造。推崇整体化研究方案的核

---

① 借鉴德国"双元制"经验,促进我国职业技术教育改革的研究与实验课题组.面向未来的探索[M].北京:经济科学出版社,1998:4-5,142.
② 赵志群.典型实验:职业教育发展创新项目的方法论思考[J].教育发展研究,2019(19):52-58.
③ Lauer-Ernst U, Hanf G. 作为创新过程的职业教育[A].劳耐尔,麦克林.国际职业教育科学研究手册(上)[C].北京:北京师范大学出版社,2014:125-131.

心假设是,科学研究能够对存在于实践行动过程的隐性知识进行显性化处理。"典型实验聚焦于对真实世界中的实践的整体化理解"①,科学伴随的典型实验是研究中使用的总体方法。

1.3 职业技能竞赛中的评价方式研究现状

针对"1+X"证书制度实施中的技能评价,本节按照研究范围逐渐聚焦的逻辑,依次对"劳动力市场信号"、"1+X"证书制度、"技能评价"、"工作绩效"、"预测效度"五个主题的相关研究进行综述。

1.3.1 关于劳动力市场信号的研究

从信息经济学的信号理论视角看,任何一种考试都能为社会提供有关被测对象知识、技能、能力、素质方面的信号,其任务和目标是测量或评价知识或者能力,从而制造出人力资源市场的信息(信号)。"在劳动力市场信号的制造方面……考试是制造这种信号最基本、最直接的活动。"②考试的结果除了反映在成绩上,也反映在基于成绩颁发的各类证书上。"1+X"证书制度中的两种证书都是劳动力市场的一种"信号"。"产教融合"的职业教育在社会经济活动中的深度嵌入性,使得职业技能等级证书作为有效劳动力市场信号的功能也更为突出。

1. 人力资本理论视域下的教育证书

人力资本理论认为,"教育可以提高个人能力,进而提升劳动生产率,从而提高收入"③。个体收入与受教育程度正相关的原因主要表现为:"受教育可提高个体的认知能力和知识水平,从而提升个体劳动生产率,以及劳动者的生产能力和配置能力。"④在这一理论视野下,教育是人力资本投资,且投资具有不断积累的属性,工资与教育年限的关系是针对教育带来的劳动生产率

---

① Barab, Sasha S, Kurt. Design-Based Research: Putting a Stake in the Ground[J]. The Journal of the Learning Sciences, 2004, 13, (1):1-14.
② 王海. 现代社会的考试活动治理研究[D]. 天津大学, 2004.
③ Schultz T W. Investment in Human Capital[J]. American Economic Review, 1961, 51(1):1-17.
④ 唐可月, 张凤林. 教育信号发送作用的经验验证研究综述[J]. 经济评论, 2006, (1):148-154.

提升而支付的。而这一发展逻辑可持续的前提是教育年限的证明或者证书具有"名副其实"的价值,且具有一定的效度和信度。此外,证书应具有体现个体劳动生产率差异性的属性。

2. 信息经济学的信号、筛选及相关研究

信息经济学认为市场信息具有不对称性,阿克洛夫(Akerlof)对二手车市场由买卖双方信息掌握程度不同导致的劣质商品将优质商品挤出市场的现象进行了研究,提出了"柠檬市场"的概念:"这是一个逆向选择的过程。卖方对商品掌握的信息多,买方在不掌握充分信息的情况下,倾向于尽可能地压低价格,导致市场的均衡价格会让高于这个价格的优质产品在市场上无法售出。因此,优质商品会从该市场上退出。劣质产品的大量出现,会导致买方对该市场的评价和市场价格进一步下降,产品质量继续下滑,这就是逆向选择的'劣币驱逐良币'现象。"①信息不对称在这个过程中的核心作用机理:由于信息优势或者劣势的存在,在双方没有其他约束条件,也不清楚对方行为的前提下,都会基于自身利益最大化选择行动策略,最后达到的往往是双方利益都受损的"纳什均衡"。

劳动力市场中的信息不对称更为严重,由此带来的逆向选择问题导致劳动力市场领域"柠檬市场"的出现。较其他普通商品的不对称,它还存在两种特殊情况:一是隐藏知识或隐藏信息,即员工在外生的、已经确定的如健康、能力等方面信息方面做出有意或者无意的隐瞒;二是隐藏行动,这是劳动力这种商品的独有属性,即人的主观能动性,如工作态度、认真程度、责任心等②。这些因素可能导致"出工不出力"等消极现象。已有的相关研究对此也进行了一定的分析,比较典型的是通过双方的努力来打破逆向选择的恶性循环:一是雇主可以采取的效率工资理论;二是员工可以采取的"信号理论"。

雇主可以通过效率工资的方式释放信号来解决这种逆向选择问题。效率工资理论主张雇主释放工资水平高于市场均衡水平的信号,达到高素质员工可以接受的水平,从而吸引高素质或高效率员工进入并留在该企业之中。这不仅可以有效地破除部分隐藏知识或者信息的行为,同时,由于工资水平高于市场均衡水平,对于已经在岗的员工而言,也是一种竞争和激励,促使他

---

① 叶建亮,金祥荣. 教育信号可寻租条件下的劳动力市场信息甄别——兼对"文凭热"和"文凭高消费"的一种解释[J]. 制度经济学研究,2004(01):32-49.
② 张宏军. 劳动力市场失灵及规制架构略论[J]. 经济问题,2008(02):20-22.

们在工作态度、责任心等方面付出相应的努力,确保自己在与新人的竞争中不被淘汰,从而有效地解决隐藏行为的问题。工资是雇主释放的重要信号,也是激励员工的重要手段,也会导致其他雇主已经雇用的高生产率员工的流失,雇主间的恶性竞争也可能会造成行业人力成本的整体上升。

员工也可以主动发送高效率员工的信号,来打破雇佣市场的逆向选择。例如通过相关的学历证书、职业资格证书等彰显自己高效率的信号。以第三方提供的评价及证书作为信号的方式,打破"柠檬市场"的"纳什均衡"。因为在招聘中,雇主只能间接地观察一些可能与生产相关的信息。

这种方式通过第三方来打破信息不对称,并以第三方颁发的证书——学校的学历证书"1"或者评价机构的职业技能等级证书"X"来作为信号,促进双方能够在合适的价格水平上达成雇佣协议。相关的理论包括:

一是筛选理论。由于劳动力市场上雇员和雇主之间存在信息不对称,因此需要一种信号来帮助信息市场中缺乏信息的一方识别对方的发展潜力。教育水平因不同能力获得水平证书成本不同而可以作为反映能力差异的指标,并通过对这一外在指标的比较,间接推断求职者的能力。如果依据教育水平支付的薪水差异足够合理,就可以促使不同能力的求职者按照各自的能力水平选择合适的教育水平。因为他们接受教育的成本具有差异性,为获得高薪水而追求不符合自己能力水平的高教育水平是不经济的、不理性的。因此,受教育水平可以作为证明其能力的一种信号,"文凭"是受教育水平的外显信号。对于用人单位难以确定定量的工作量或非计件工资工作的能力要求而言,证书的信号更为重要,工资一开始就与受教育程度密切关联。在这种情况下,接受教育的主要目的不一定是获取知识和技能,也有可能是释放高能力的信号。[1]

二是信息成本理论。从雇主角度来看,获取信息是有代价的,信息不完备条件下的较为经济的决策是以平均水平划定工资限额,平均水平的报酬只能吸引平均水平以下的雇员,高水平雇员不会接受此种水平的报酬,这就使"平均"的水平进一步下降,随之员工素质和工资水平进入恶性循环。信息成本从供需双方分析了雇主信息搜索的成本和员工获得信号(文凭、证书)的成本。文凭、证书作为信号可以让雇主降低信息搜索成本,员工则可以根据自

---

[1] 许洁虹.信号效应、讨价还价模型与我国劳动力市场[J].学术研究,2002(09):74-77.

己的能力来找到获取文凭与证书的成本收益的平衡点。

从教育筛选理论的视角来看,"'1+X'证书制度能够回应当前职业教育信号的失灵问题"①。在劳动力市场中,有些个人特征可以通过自身努力改变,有些则不能;在可以改变的那部分个人特征中,按照对于区分一个人劳动生产率(能力)的重要性程度,文凭可以作为一种比较重要的信号。有学者认为教育体系与用人单位均有类似的金字塔结构。在教育体系内竞争中获得成功带来了一种信号,即他们是符合用人单位金字塔结构竞争要求的。因此,用人单位愿意为具有高文凭的个体支付更高的工资。

"1+X"证书制度和竞赛的核心都是技能评价,竞赛通过常模参照型的技能评价进行排名,"X"证书制度通过标准参照型的技能评价进行发证;竞赛的参赛选手层层选拔,有名额分配的限制,人数较少,具有试点性质;"X"证书的被评价者遵循自愿原则,只要符合报考条件,都可以自愿报名参加,人数多,影响面广,具有推广价值。因此研究从竞赛入手,同时也向"X"证书制度延伸,使技能评价方式研究的成果运用价值最大化。两者的评价结果从经济学的角度可被视为一种劳动力市场的信号。在"1+X"证书制度中的"1"是学校颁发的证书,虽然是以学校的名义颁发的,却由教育行政部门将招生计划、院校评估、专业评估等作为背书。其中的"X",即若干技能等级证书,更是直接由教育部委托其直属事业单位职业教育中心研究所作为甄选机构,从市场和社会中选择机构和证书,同样以教育行政部门的权威作为背书,并且在试点阶段还投入大量资金予以支持。从信息经济学的角度来看,是在市场发育不完全的情况下,通过政府权威和资金等政策支持,推出强有力的教育信号,降低了用人单位搜寻信息的成本,打破了信息不对称带来的"道德风险"和"逆向选择",以此推动了优秀学生顺利就业,间接推动了用人单位的发展。在新发展阶段,这种信号不仅可以推动职业教育高质量发展,引导职业教育、职业培训的改革方向;同时也节省社会搜寻成本,提高经济运转效率,促进人才跨区域跨行业流动,助力经济社会高质量发展。

劳动力市场的逆向选择是由雇主与雇员之间的信息不对称造成的。"1+X"证书制度的"1"和"X"两种类型的证书都向雇主提供了关于学习者职业技能水平的信息。如果"1+X"证书制度的证书并不能体现获证者的真实

---

① 史洪波.职业教育"1+X"证书制度的背景、意蕴与实践——基于教育筛选理论的视角[J].教育与职业,2019(15):13-18.

技能水平,不能对潜在固有技能进行真实有效的评价,这种证书的信号作用就无法发挥,政府选择它作为引导职业教育教学改革的手段和工具作用也就无法发挥。

这些信号当中,雇主最看重的就是教育评价的成绩,已有研究在获取成绩的过程中主要使用通用的认知能力测评以及 GPA 成绩,但对用职业能力测评结果来预测工作绩效缺乏关注与研究。

3. 职业技能评价证书作为劳动力市场的信号

职业证书以前主要与资格相关,"职业证书是人们通过就业前的职业教育,或者就业后的正规和非正规培训(包括直接在生产或工作中学习),并且通过相应的技能水平测试而获得的资格认证"[①]。随着职业资格制度转型,职业资格证书也逐渐被职业技能等级证书取代,以"技能等级"代替"资格",概念更为精准,将其原有的"准入"的意味进一步削减,突出了"等级"的区分作用。

职业证书的信号作用可以通过建立人力资源市场中的分离均衡,降低人力资本投资中的逆向选择,减少劳动力市场上"柠檬市场"的存在。但实现这一目标的前提是职业证书可作为有效的信号,如果存在证书信号寻租、伪装的"廉价证书"等现象,则会导致基于证书信号形成的分离均衡被打破。因此,证书质量和效度问题就成为信号理论在实践中能否有效的核心所在。这也是本研究的意义所在。通过竞赛开展对技能评价的实证研究,探究提升"1+X"证书制度中"X"技能等级证书作为信号的价值,进而保证劳动力市场的有效性。

"1+X"证书制度中的"X"证书需要体现证书所发送劳动力市场"信号"的权威性。证书需要通过技能评价获得,但技能评价的多种方式方法中,究竟哪一种更有效,更能得到用人单位、学校、学生和雇主的认可,需要实证研究来确认。从经济学,尤其是信息经济学的角度来看,"1"证书和"X"证书都发挥"信号"作用,在信息不充分的就业市场上,通过这些信号来实现"分离均衡",将高能力的学生(未来的员工)通过证书分离、筛选出来。这些信号的有效性决定着这种分离均衡的达成度,也决定着教育在就业市场中的功能有效

---

① 史洪波. 职业教育"1+X"证书制度的背景、意蕴与实践——基于教育筛选理论的视角[J]. 教育与职业,2019(15):13-18.

性。但目前对于证书的有效性缺乏实证研究。目前,更多的是依靠政府或者其他权威机构以机构的信誉为职业证书背书。在一定程度上,机构的权威与否决定着证书是否权威,这是以机构的权威性为证书提供支持。本研究则是从技术的角度,以实证研究的数据、科学的方法,论证技能评价的有效性,以评价方式本身的科学性为证书做背书。这不仅包括以教育行政部门为代表的政府,为学校等教育机构的学历证书做信用背书,也包括以人力资源和社会保障行政机构为代表的政府,为职业技能鉴定机构(鉴定中心、鉴定站、鉴定所)的职业资格证书做的信用背书,这两者构成了原有的"双证书"制度。由于"放管服"大的政策环境和原职业资格证书制度存在的一些问题,它们陆续被取消。2017年我国推出了职业资格目录制度[①],将70%以上的原有职业资格证书排除在外。2020年7月又提出"除准入类资格外,其余全部退出"[②],原有职业资格证书都将转变评价方式。原有"双证书制度"的基础已经不复存在,作为替代和升级,提出了新的"1+X"证书制度,以其中的"X"证书(技能等级证书)来代替原有的"职业资格证书",原有资格证书虽然有人力资源和社会保障部门的权威背书,但是仍然得不到认可,被政府放弃,被市场嫌弃,最终消亡。新推出的"X"证书,与学历证书一样,都是由教育行政部门提供权威背书的,如果说原来双证书还是两个部门支持的话,现在的"1+X"证书已经转化为教育行政部门一家的独角戏,如果不能证明证书的有效性,只是将证书换一个名称,这个证书制度的权威性仅从政府支持部门的角度来看就是弱化了,而不是强化了,因此要从深层次改革评价的模型、方式和工具,不能等到新制度的政府信用和制度红利被耗尽之后,又像"双证书制度"一样被淘汰。因此,通过对技能评价理论模型的实证研究,可以对比不同模型支持下证书的预测效度,进而对证书有效性给出实证基础。继而经过政府对技能评价组织的培育之后,可以通过自身的测评能力、对学员能力的预测效度逐渐得到市场认可,得到用人单位和考生的认同,最终实现第三方评价机构的独立发展,从而使评价者(第三方评价机构、培训评价机构)、被评价者(学

[①] 人力资源社会保障部关于公布国家职业资格目录的通知(人社部发〔2017〕68号). http://www.mohrss.gov.cn/gkml/zcfg/gfxwj/201709/t20170915_277385.html? keywords =%E8%81%8C%E4%B8%9A%E8%B5%84%E6%A0%BC%E7%9B%AE%E5%BD%95[EB/OL]. 最后访问日期:2020年4月3日.

[②] 人力资源社会保障部办公厅关于对水平评价类技能人员职业资格退出目录有关安排进行公示的公告. http://www.mohrss.gov.cn/SYrlzyhshbzb/zwgk/gggs/tg/202007/t20200710_379053.html? from = groupmessage&isappinstalled = 0 [EB/OL]. 最后访问日期:2020年7月19日.

生、考生)和用人单位三方共赢,共享高质量发展成果。本研究也将考生参加技能评价与用人单位的绩效考核有机融合,提升证书作为信号的作用。

技能评价的结果对未来工作绩效有预测效度才能提供有效的劳动力市场信号,为用人单位提供可预期的考生信号,为考生低成本地传递自己的能力水平提供可信的基础。对于学生而言,有权威证书的加持,不需要经历试用期的漫长等待;对于用人单位而言,通过权威证书将大部分不合格者排除在单位之外,降低招聘、转化、辞退等用人成本;对于评价机构而言,通过提供高质量的评价活动,颁发证书,获得自身核心能力的提升,主动融入新发展格局,在经济社会发展的新阶段中找到自己的定位。本研究将工作绩效作为技能评价预测效度的效标,以工作绩效与不同技能评价方式的结果的相关关系检验预测效果。通过实操考试成绩和职业能力测评结果对工作绩效进行预测,在实际施测工作绩效的基础上,分析两者的关系。在此基础上,为雇主提供清晰准确的信号,使测试能够降低劳动力市场的信息不对称。以测评背后的职业教育理论为指导,以典型工作任务为引领,以实际测试结果为效标,为"1+X"证书制度的顺利实施,引导职业教"三教"改革,促进教育水平提升和人才培养质量提高提供实证基础。

1.3.2 关于"1+X"证书制度的研究

"1+X"证书制度中的"X"证书的核心与竞赛一样,都是技能评价,而且由于"X"证书的进入门槛更低,受众更广,也是竞赛中技能评价方式研究后进行推广的理想领域,因此研究中也对"X"证书的相关研究进行梳理。"职教20条"提出"1+X"证书制度之后,关于该制度的研究逐渐增多。但由于"1+X"证书制度是中国特有的制度设计,因此本研究仅在中国知网上进行相关研究的检索。2019年全年,在CNKI上以"1+X"为主题词搜索,可以查到852篇;但是2019年以前,并未将"1+X"与职业教育的证书制度建立密切联系,2019年共有250篇,其中核心期刊和CSSCI以上级别来源期刊发表的共47篇,对这47篇进行研读后发现其中有9篇并非"1+X"证书制度,故而将其排除,从而获得有效文献38篇。2020年6月27日继续检索,又发现287篇,其中核心期刊和CSSCI以上级别来源期刊发表的共30篇,对这30篇进行研读后发现其中有2篇并不是"1+X"证书制度,有效文献为28篇。总结起来，一般聚焦于以下几个方面：

1."1+X"证书制度运行机制探讨

对"1+X"证书制度进行总体的解读发现，这类研究基本上都是以"职教20条"为出发点，将类型教育、"学历证书+职业技能等级证书"相互融通制度（"1+X"证书制度）①作为"改革人才培养和评价模式的重要制度设计"②，并主张相关配套制度推动职业院校学历教育、培训两项法定职责并举，对"通过社会化机制招募遴选的培训评价组织开展深度合作"③"提升应用型本科高校的竞争力、提升职业院校的整体办学能力"④具有重要意义。有研究提出"1+X"证书制度需从"国家、地方、培训评价组织、证书、院校、人才培养方案、职业培训及其学分的认定"⑤等七个方面给予重点关注。同时，培训评价组织要处理好"营利、监督、灵活性的关系"⑥。在此过程中，"需要以技能等级证书体系推动学历职业教育的内容重构和办学形态创新，微观上还需要对'X'证书的选择给予专业指导并构建或修订教育管理制度"⑦。此外，有学者对"1"与"X"的关系进行了划分，"认为学历证书引导的是全面发展和可持续发展能力以及职业专项技能，技能等级证书的目标是吸收新技术、新技能以拓展职业技能"⑧。有研究对该制度的"逻辑根源、内在逻辑、'X'证书与职业资格证书的关系逻辑以及'X'证书开发机制体现出来的治理逻辑进行了分析"⑨。

2."X"证书制度与学分银行、资历框架等制度衔接研究

中观层面关注将"1+X"证书制度与学分银行、资历框架等制度对接的现状、思路等。有研究认为该制度"旨在推进教师、教材、教法改革和校企合作，为学分银行和国家资历框架建设工作进行探索性的政策安排，以共同提升职业教育质量和学生综合职业能力"⑩。学分银行是"按照一定标准，对各类学习成果进行认证、积累与转换的制度，该制度对提高人才培养质量、变革人才

---

① 孙善学.对"1+X"证书制度的几点认识[J].中国职业技术教育,2019(07):72-76.
② 唐以志."1+X"证书制度:新时代职业教育制度设计的创新[J].中国职业技术教育,2019(16):5-11.
③ 戴勇,张铮,郭琼.职业院校实施"1+X"证书制度的思路与举措[J].中国职业技术教育,2019(10):29-32.
④ 程舒通."1+X"证书制度试点工作:诉求、解析与误区的防范[J].教育与职业,2019(15):19-24.
⑤ 程舒通."1+X"证书制度工作的理念、思路、难点及对策[J].教育与职业,2019(22):25-30.
⑥ 徐凤,李进."1+X"证书制度在职业教育创新发展中的价值及试行路径研究[J].中国职业技术教育,2019(27):9-12.
⑦ 徐国庆,伏梦瑶."1+X"是智能化时代职业教育人才培养模式的重要创新[J].教育发展研究,2019,39(07):21-26.
⑧ 李静,周世兵."1+X"证书角色与功能定位研究[J].职教论坛,2019(07):152-155.
⑨ 王雪琴.职业教育"1+X"证书制度的缘起、逻辑及其实施[J].职教论坛,2019(07):148-151.
⑩ 谢景伟."1+X"证书制度对职业教育发展取向的价值及其内在要求[J].职教论坛,2019(11):139-143.

培养培训模式、畅通人才成长通道、构建校企命运共同体具有重要价值"[①]。需要以"资历框架建设为抓手,形成职业技能标准和内容体系;继而以学分银行为载体,实现证书与课程的沟通,促进校内外资源的合理流动"[②]。

3."X"证书制度指导教育教学改革的相关研究

微观层面的相关研究重点聚焦于"X"证书制度如何指导教育教学改革,属于落地实施的层面,因此相关研究较多。如对高职院校在试点中应开展的工作进行列举,具体包括:"加强证书制度研究与实践、人才培养方案、培养培训模式、师资队伍建设、校企合作、社会服务等,并在证书引入、考核、培训和学生毕业等关键环节强调注重质量保证。"[③]也有研究提出以学校为主体,"将职业技能证书标准融入人才培养工作全过程;借助第三方评估,实现职业技能证书的进入与退出机制"[④]。同时,部分研究认为应该"以认证为抓手,发挥企业作用,推动产教融合校企合作机制的建立,激发学生动力,实现精准和高端育人,推动研制现代职业教育标准,在发证主体、证书分级、资历互认建立等方面生成具有中国特色的资历框架和终身教育体系"[⑤];"这一目标的实现,涉及推动培养目标、课程结构、内容与实施,管理机制等方面的转变"[⑥]。有研究基于"该制度所具有的复合性、融通性、协同性、终身性等逻辑特征,在顶层设计、教学内容、组织形态、证书体系、技术应用、实施机制等方面提出了实施策略"[⑦]。也有学者提出了包括"技术知识、职业技能、创新能力和工匠精神四位一体的复合型二维度结构。"[⑧]。有研究对"职业院校、技能鉴定机构、行业企业等在人才培养方案、课程设计、师资培育、技能鉴定条件、学生考核机制等多方面给出了具体落实建议"[⑨]。还有学者针对二者各自证明的内容不同,"各自承担证明学生素养的不同方面,应厘清学历证书与职业资格证书能否互认,'X证书'的范围、种类和等级等相关问题"[⑩]。继而"从方法设计层面构

[①] 杜沙沙,蒲梅.学分银行理念下"1+X"证书制度:内涵阐释、价值诉求与路径选择[J].中国职业技术教育,2019(19):44-49.
[②] 蒋代波.职业教育"1+X"证书制度:时代背景、制度功能与落地策略[J].职业技术教育,2019,40(12):13-17.
[③] 李寿冰.高职院校开展"1+X"证书制度试点工作的思考[J].中国职业技术教育,2019(10):25-28.
[④] 同②.
[⑤] 杜怡萍,李海东,詹斌.从"课证共生共长"谈"1+X"证书制度设计[J].中国职业技术教育,2019(04):9-14.
[⑥] 刘炜杰."1+X"证书制度下职业教育的课程改革研究[J].职教论坛,2019(07):47-53.
[⑦] 张培,夏海鹰.职业教育"1+X"证书制度的逻辑特征与实施策略[J].中国职业技术教育,2019(28):35-41.
[⑧] 张弛,张磊.中国智造视域下高技能人才职业素质模型与"1+X"育训协同体系构建[J].教育与职业,2019(20):35-42.
[⑨] 张伟,李玲俐.职业院校"1+X"证书制度实施策略研究[J].职业技术教育,2019,40(20):16-19.
[⑩] 杨堆元.职业教育"1+X证书"制度实施的探讨[J].职业技术教育,2019,40(29):14-16.

建完善有效的职业技能等级证书体系;重构学历教育课程体系与人才培养目标,加强提升'X'证书选择与指导的专业服务水平"①。

此外还有个案研究,针对宠物类专业有学者提出"通过制度实施增强学生的就业、工作与创新创业等综合职业能力,将证书标准融入课程、分析职业岗位典型工作任务"②。在建筑信息模型(Building Information Modeling, BIM)领域有研究指出"通过校企深度融合实现了人才培养模式创新,构建更为合理的、良性循环的、可持续发展的高等职业院校人才培养新模式"③。针对北京联合大学与苏宁集团共同尝试探索的教学模式,有研究指出"在课程中嵌入证书课程的教学模式,直接对接企业用人需求,校企协同育人,能突出体现职业教育的本质"④。有学者从"土建类专业从实践教学改革的目标体系、内容体系和管理保障体系三个方面,提出证书协同共建实践教学体系,推动职业教育改革和专业建设,提升学生综合职业能力"⑤。

4."X"证书制度运行风险防控研究

"X"证书制度作为试点政策,国家投入了大量的政策和财政资源着力推动。试点过程可能存在风险和问题,有研究对这些风险和问题进行分析并提出了对策建议。有学者强调"在实施过程中必须注意避免封闭性、过度市场化、培训化、形式化和片面化,坚持质量和内涵发展路径,促进全面发展和可持续发展"⑥。还有研究关注"在确保证书本身质量、推进构建统一的国家资历框架、健全成本与费用补偿以及完善劳动力市场人才选用机制四个方面下功夫"⑦。有学者主张关注"证书选取、规则确定、任务穷举、能力聚团、能力矩阵、能力标准建设、能力校验七个核心环节及其质量控制的方式,并提出了保障质量的相关措施"⑧。还有学者针对题库、通过率、监考、动态遴选组织四个

---

① 谢景伟."1+X"证书制度对职业教育发展取向的价值及其内在要求[J].职教论坛,2019(11):139-143.
② 王艳丰,张丁华,朱金凤."1+X"证书制度下高职宠物类专业课程体系优化探索[J].职业技术教育,2019,40(35):21-25.
③ 吴昆."1+X"证书制度试点背景下的 BIM 技术人才培养模式研究与实践[J].中国职业技术教育,2019(27):13-16,81.
④ 张艳,刘军.高等职业教育课程嵌入"1+X"证书的教学模式探索与研究[J].商业经济研究,2019(21):179-182.
⑤ 付佳佳,郭勇,胥民尧."1+X"证书制度下土建类专业校企协同的实践教学体系探索[J].实验技术与管理,2020,37(06):238-242,245.
⑥ 闫智勇,姜大源,吴全全."1+X"证书制度的治理意蕴及误区规避[J].教育与职业,2019(15):5-12.
⑦ 史洪波.职业教育"1+X"证书制度的背景、意蕴与实践——基于教育筛选理论的视角[J].教育与职业,2019(15):13-18.
⑧ 吴南中,夏海鹰."1+X"职业技能等级证书开发的基本流程及其质量保证机制[J].教育与职业,2019(24):26-32.

方面重点把控质量问题①。也有研究提出"打造基于'1+X'的考核监督体系等举措,推动育人模式变革和人才培养质量的提升"②。有学者关注"从培训评价组织、证书的开发、与人才培养方案融合、培训教师、制度配套、探索学分银行方面分析了学历与等级证书的平衡、证书的数量与职业生涯规划、应试化和功利化方面可能存在的误区并给出了防范建议"③。此外,有研究从"遴选机制、监督管理、营造社会环境等方面提出了政策建议"④。

5."X"证书制度国际经验借鉴与推广研究

"X"证书制度是中国政府新近推出的试点政策,国外也有相关的制度探索可供参考,目前学界主要研究的是英国、德国、澳大利亚三国的情况。英国国家职业资格证书制度对曾经的中国国家职业资格制度形成了深远的影响,且有学者认为英国有关统一制度、证书与学历并重、产教结合等与"X"证书制度建立的初衷类似,同时介绍了其主要特点、工作机构和资格体系,并认为中英两国在经济体制导向、工作机构和工作机制上的相似性⑤,可以为中国借鉴英国经验提供参考。但也有研究认为英国学徒资格制度曾经"有数量多导致的选择困难、内容重叠导致的结果不清、费用高昂、质量良莠不齐等问题",主要原因有两个:一是雇主没有主导学徒资格开发,即没有以用人单位需求为导向;二是学徒资格的市场作用发挥不充分,并以英国的"X"证书开发者、"X"证书制度的内涵及政府在试点中的治理给出了借鉴。⑥ 德国是职业教育较为发达的国家,其核心特征是双元制,但也存在"额外资格(技能)教育",这一点与我国的"X"证书制度类似。这是德国在"2001年引入新的'职业教育+政策改革'的内容,是'双元制'的重要补充,为职业生涯发展提供了新的路径,提高了各类型教育的渗透性,以及与其他类型教育的等值性"⑦。认为额外资格可以"促进学生获取证书或提升职业技能水平,鼓励社会力量参与培训,建

---

① 杨堆元.职业教育"1+X"证书制度中"X"证书考核标准探讨[J].职教论坛,2019(07):54-58.
② 宋乐.能力本位教育视阈下我国职业教育育人模式探讨[J].中国职业技术教育,2019(31):71-75,96.
③ 程舒通."1+X"证书制度试点工作:诉求、解析与误区的防范[J].教育与职业,2019(15):19-24.
④ 李寿冰,高艳芳,满冬."1+X"证书制度试点下职业教育培训评价组织建设与监管[J].中国职业技术教育,2020(07):50-53.
⑤ 陈宇.他山之石:英国国家职业资格证书制度[EB/OL].微信公众号:陈老宇 https://mp.weixin.qq.com/s/CyGwh4xrsRgKXfF877nYIA.最后访问日期:2020年8月10日.
⑥ 刘育锋.英国学徒资格"元治理"及对我国"1+X"试点的借鉴意义[J].中国职业技术教育,2019(22):12-20.
⑦ 鄂甜.德国职业教育附加职业资格的内涵、功能及对我国1+X制度的启示[J].职业技术教育,2019,40(22):66-73.

立共享的信息化平台"①。有研究提出我国"X"证书质量保障可以借鉴澳大利亚证书制度的特点②。

与本研究联系较为紧密的是针对15个已经公布的"X"证书标准进行文本分析的研究,且该研究结果表明要建立"一套完整的标准,对'X'证书本质的清晰定位提出了加强理论化、标准化设计;深化试点运行;推动开发地方特色性证书;创新管理体制机制"③等建议。该研究是对当时已公布标准的文本分析,有一定特色,也反映出目前公布的职业技能等级标准存在着标准化程度不高,未能做好学历证书与技能等级证书的区分,未能体现出对产业的充分适应,未能充分承载职业教育教学理念等问题,这也是本研究的出发点。由于现在"X"证书标准存在问题,通过实证研究提供理论和技能评价的模型、工具、方法,为"X"证书制度的完善发展提供借鉴。

基于职业教育改革的总体需求、技能评价引领"三教"改革的实践需求、技能等级证书可持续发展的现实需求等政策考虑,在分析目前关于"X"证书的研究中相对缺乏的对技能评价方法开展有实证基础的比较研究,是本研究的目的。期望本研究能为技能评价方式优化提供理论导向,为"X"证书制度的可持续提供工具,为技能评价引领"三教"改革提供模型,服务我国职业教育改革整体发展。

1.3.3 关于技能评价的研究

技能评价不仅是教育学关注的领域,还是"人力资源管理的经典课题,也是一个世界性的难题"④。"'1+X'证书制度中的技能评价必须反映技能型人才的发展性目标和职业规范的双重要求。"⑤如前所述,技能评价的方式有多种,其中传统的考试和职业能力测评采用比较主流的两种。考试一般包括书面作答的理论知识考试(一般以客观题为展现形式)和实操考试。技能大

---

① 许冰冰.德国额外资格(技能)教育特色及对"1+X"证书制度的启示[J].成人教育,2019,39(10):85-89.
② 杨丽波,张桂芳.澳大利亚学校本位学徒制对我国实行"1+X"证书制度的启示[J].职业技术教育,2020,41(10):74-79.
③ 潘海生,李阳.职业教育"1+X"证书的外在表征与本质解构——基于15份职业技能等级标准的文本分析[J].中国职业技术教育,2020(06):5-12.
④ Erpenbeck J,von Rosenstiel L. Handbuch Kompetenzmessung[M]. Stuttgart:Sch ffer-Poeschel,2007:XVII-XI.
⑤ 赵志群,孙钰林,罗喜娜."1+X"证书制度建设对技术技能人才评价的挑战——世界技能大赛试题的启发[J].中国电化教育,2020(02):8-14.

赛包括知识考试和实操考试,且是以实操考试为主的一种特殊考试方式。职业能力测评是"符合国际趋势,在具体工作情境中采用表现性评价,内容复杂的开放性试题"①。本研究则是将这两种方式通过典型实验设计,对同一群体的技能评价活动——养老服务技能赛项进行比较研究。因此要对考试、职业能力测评和技能大赛的已有研究做简单回顾。

1. 考试相关研究

从词源角度出发,"考试"一词是由"考"与"试"二字合成的。这两个字都有与考试相关的含义。"考",原指"老也",后指考核、考试。"试",原指"用也",后有考校、考查之意②。最早将两字合用的是董仲舒,在其"考功名"篇中有"考试之法……"③。"考试"在中国传统政治中具有一定作用,"考试之法不仅是评量学业成就……还是治国安邦的重要策略之一"④。在辛亥革命时期,孙中山先生提出的"五权宪法"中将"考试权"与立法权等四权并立,专门设立"考试院"。

教育学研究中对考试有很多定义,有从过程角度定义的,如"是学校对学生学业成绩进行阶段性或总结性考查的形式"⑤。有从测量内容角度定义的,如"学校检查学生学业成绩和教学效果的一种方法"⑥,"是测量人的知识、技能和能力的一种方法"⑦。还有从教学与考试之间关系定义的⑧。学校考试从测评结果使用和测试开展的阶段来看,可分为在教学活动开始之前举行的"事前考试"和"摸底考试"(诊断性考试),对学生的知识和技能基础进行把握,提升教学活动的针对性;"还有形成性考试和有较强的效度和信度要求的总结性考试"⑨。

在管理学领域,尤其是人力资源管理角度,将考试作为对人的一种选拔或甄别的手段、方法或活动。认为"考试……其根本目的是培育、分流和选拔

---

① 赵志群,孙钰林,罗喜娜."1+X"证书制度建设对技术技能人才评价的挑战——世界技能大赛试题的启发[J].中国电化教育,2020(02):8-14.
② 汉语大字典编辑委员会.汉语大字典(缩印本)[M].武汉:湖北辞书出版社,1992:1160.
③ 董仲舒.春秋繁露:考功名第二十一[M].上海:中华书局,2011:190.
④ 廖平胜.考试学原理[M].武汉:华中师范大学出版社,2003:53-60.
⑤ 张焕庭.教育辞典[M].南京:江苏教育出版社,1989:288.
⑥ 中国大百科全书总编辑委员会(教育)编辑委员会.中国大百科全书(教育)[M].北京:中国大百科全书出版社,1985:202.
⑦ 于信凤.考试理论研究[M].沈阳:辽宁人民出版社,1989:40.
⑧ 杨学为.为振兴中国考试事业而奋斗——在1991年全国考试工作会议上的报告摘要[J].中学教师培训,1991(6):2.
⑨ 鄢明明.大规模考试的演变与育人[D].武汉:华中师范大学,2003.

人才"①。与研究关系最紧密的是下面这个定义,认为考试"是测验考查知识与技能的一种方法,有笔试、口试和实际操作等项"②。

国外关于考试的研究浩如烟海,其中比较集中的有几个方面:从内容角度,有以 ETS 为代表的关注语言测试的;有在国际比较领域进行的 PISA(the Program for International Student Assessment);也有针对考试不同方面的,如关注考试信效度、关注公平性、关注后拨效应等,甚至还有国内关注较少的应对考试的策略研究;有面向考试基本理论及其应用的,除了传统的经典测量理论和概化理论,以项目反应理论为基础的计算机自适应考试也成为关注的重点。随着人工智能的发展,自然语言处理等机器学习技术也在为开放性试题的自动评分提供前提。近年来,对于效度的研究也逐渐成为国外考试研究的一个重要方向。

也有学者对国外的职业教育相关考试进行了分析,比如对德国职业教育毕业考试的研究,就包括考试主体(行业协会)、考试组织形式(考教分离,即负责教学培训的培训企业和职业院校无权组织考试)、考试权法定(《联邦职业教育法》)、产教融合(双元制方式进行的职业教育,学生毕业考试也是技术工人职业资格考试)等方面。从考试内容上来说,包括两个部分:在第二学年结束时举行的围绕一个综合性工作任务(德语为 Komplexe Aufgabe)的第一部分(中间考试);在全部职业教育结束时(三年或三年半)进行的按照"企业真实工作项目"(德语为 Betrieblicher Auftrag)或"跨企业、与企业发展相关的实践任务"(德语为 Praktische Aufgabe)③。有学者分析英国学徒制考试的运转结构,在英国理论上需要三个不同的组织分别扮演提议者、开发者和发布者的角色。提议者可以是雇主,但是开发者最好能代表整个行业而非单个企业,发布者应具有一定的权威性。④ 目前国内的"X"证书的开发者多数并不具备代表整个行业的能力,甚至有一部分本身就不是用人单位的企业,而是专门的教育培训公司。这在先天上就存在不足,可能影响评价的效果。

传统实操考试主要采用观察法对考生的外在行为(如现场操作),或者仿真模拟操作,以及外显动作或者其结果进行分析,把人作为工具,强调技能中

---

① 鄢明明.大规模考试的演变与育人——论会考与高考的改革[D].武汉:华中师范大学,2003.
② 郝迟,盛广智,李勉东.汉语倒排词典[M].哈尔滨:黑龙江人民出版社,1987:696.
③ 赵志群,等.职业能力测评方法手册[M].北京:高等教育出版社,2018:12.
④ 刘育锋.英国学徒资格"元治理"及对我国"1+X"试点的借鉴意义[J].中国职业技术教育,2019(22):12-20.

可以被客观化的部分。这种能力观对于简单重复劳动或者外显肢体动作是能力主要载体的职业或者技能来说是有意义的,且与管理学上的科学管理理论、动作研究一脉相承。随着知识经济时代的到来,能力的主要载体也从外显肢体动作逐渐向内隐认知能力转移。"在对心智技能要求较高的专业领域,这种行为导向的考试的局限性更大,更无法满足信息技术日新月异的发展对专业考试的质量要求,对认知技能的鉴定无法通过简单的操作技能考试实现。"[1]

在考试当中,护士、医生与老年服务与管理专业及其所在养老服务相关职业领域关系紧密,它们的工作对象、工作流程和工作环境类似,国家政策层面也鼓励"医养结合",因此对护士、医生的考试单独做专项论述。2000年前后,学界对于医学考试领域主要研究医师资格考试设置的必要性,医学考试的历史沿革,国外(尤其是美、日、德等国家)的医学资格考试对于我国的借鉴作用等方面。也有针对医学考试质量测量与评价的,主要"从效度、信度、难度、区分度等方面开展"[2],其间也有学者提出构建相对全面的医学考试质量评价指标体系,对比研究了"经典测量理论和项目反应理论,并对试卷质量、试题质量、成绩方面提出了包括效度、信度……四分位数等衡量指标"[3]。目前对于融合型试题的研究是医学考试中比较先进的理念,该类型试题是将"基础医学、医学人文、公共卫生知识整合到临床病例中进行考核的命题模式"[4]。有学者"从胜任力角度出发,对中国医师资格考试制度的效度、可靠性及医学教育导向作用三个维度进行了评估"[5]。也有学者更为"微观和针对性地研究,发现医师资格考试最优干扰选项数量是3个"[6]。在护士考试方面,有学者对"CGFNS[7]资格考试进行了分析介绍,并对比中国护士资格考试与其区别"[8]。最新成果是将"视频题"引入护士考试,将其"与传统试题类型进

---

[1] 赵志群,孙钰林,罗喜娜."1+X"证书制度建设对技术技能人才评价的挑战——世界技能大赛试题的启发[J].中国电化教育,2020(02):8-14.
[2] 金中执.医学考试质量测量与评价[J].继续医学教育,2001(03):41-43.
[3] 刘叔才,葛利荣.医学考试质量评价指标体系的构建与实现[J].中国社会医学杂志,2008(04):202-204.
[4] 李国建,朱智威,何惧.融合型试题在医学考试中的应用探索[J].高校医学教学研究(电子版),2016,6(02):49-53.
[5] 刘瑞森.医生职业胜任能力与医师资格考试制度探析[J].工程研究——跨学科视野中的工程,2014,6(02):213-220.
[6] 冯攀,何佳.医师资格考试单项选择题最优干扰选项数量分析[J].中国考试,2019(03):48-53.
[7] Commission on Graduates of Foreign Nursing Schools International,外国护校毕业生国际委员会.
[8] 王章安,蒋志娟.中国护士资格考试与美国CGFNS考试的对照分析[J].南方护理学报,2005(05):73-75.

行比较分析,并认为视频题可以应用在面向专业技能型人才的考试中"[①]。

通过分析考试概念的历史演进、利用教育学及管理学研究考试和梳理国际职业技能考试可以看出,已有研究将考试更多地界定为有标准答案或流程的测验,用于考查知识与技能,包括笔试、口试和实操考试等,是技能评价的一种方式。而本研究更加聚焦实操考试,将实操考试界定为"以标准化流程的评价指标对模拟环境或者仿真环境中的外显动作和内隐智力进行评价的考试方式",其核心在于认为技能评价可以通过对行为表现的观察来进行,并利用标准化的评分表格对其表现进行评分。

2. 职业能力测评相关研究

对职业能力测评的概念的界定离不开对职业能力的概念的梳理。"职业"一般被认为是德国式的劳动组织方式,在英美国家职业的特征并不典型。职业作为劳动组织形式的产生和发展与行业协会(guild)密切相关。在德国,相关的行业协会至今仍然在职业教育中扮演着"实践共同体"的角色,发挥着重要作用,是双元制职业教育得以顺利实施的重要载体,也是以职业形式组织劳动的重要支撑。中国则通过《中华人民共和国职业分类大典》对职业进行界定。

因此,职业能力是人们从事一种职业所需的能力,常常在完成职业的典型工作任务时表现出来,包括认知部分的职业认知能力和通过行动表现出来的职业行动能力,以及都不属于这两者的其他部分[②]。职业行动能力是指通过行动表现出来的与职业相关的认知能力,是一个人在其一生中如何获取、发展和运用相关的能力,如方法、知识、观点和价值观,常常被称为完整的行动能力。它可以帮助人们针对越来越复杂和不确定的职业环境设计出目标,采取清晰、自觉、灵活多变、理性、有自我批判和反思能力、负责任的行动。职业行动能力是学习者的学习成果及其在个体职业和社会情境中能够负责任行动的才能,一方面它是工作者的权限和权利,另一方面它是个人针对特定工作任务目标所拥有的才能。职业行动能力与技能类似,但也有一些细微的差别,技能通过完成细分的某一部分任务或子任务时就可以表现出来,而职业行动能力只有在完成工作过程完整的典型工作任务时才能表现出来,除了通过行动绩效表现出的技能外,职业行动能力还包括个体对自我和社会结构

[①] 陈声宇,肖琳. 护士考试中视频类型试题的设计[J]. 中华护理教育,2020,17(06):485-488.
[②] 赵志群,等. 职业能力测评方法手册[M]. 北京:高等教育出版社,2018:16.

的评价与反思。

如图1-1所示,个体(学习者)的职业能力用整个矩形来代表(以下用集合概念中的全集U代表),其中左、右两个椭圆分别代表职业认知能力(左,以下用集合A代表)和职业行动能力(右,以下用集合B代表),全集中除椭圆外剩余部分,即$\complement_U(A\cup B)$代表在职业认知能力和职业行动能力之外的其他的职业能力部分。两个集合重合的部分,即集合概念中的$A\cap B$,是职业认知能力和职业行动能力重合的区域,表现了职业认知能力和职业行动能力两者间存在密切联系。图1-1中最关键的就是其交集和补集的象征意义,其交集代表着两个集合A,B之间存在着强相关性;补集显示出在两个集合A,B之外仍然存在职业能力的其他部分,即职业能力并不仅仅由这两者构成,还存在着进一步挖掘的空间,有待更深入的研究。

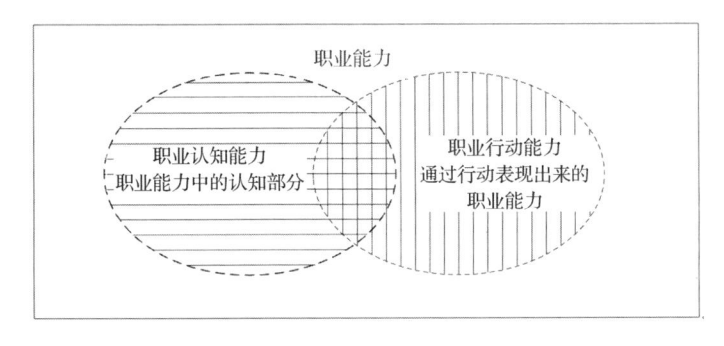

图1-1 职业能力构成[1]

个体完成职业工作任务所需的认知能力,是职业能力中的认知部分,被称为职业认知能力。职业认知能力体现为个体对复杂的工作情境进行分析,从中明确工作任务,制订行动计划并在行动中依据实际情况调整,在行动产生结果后进行反思。职业认知具有社会性,是由职业本身的社会性决定的。个体及其所处的劳动组织均镶嵌于社会之中,职业工作中的认知也必将处在特定的社会情境中。职业认知的情境性包括社会情境和具体的工作情境。职业认知能力的基础是工作过程知识和工作经验。"经验是在实践中积累的,出于对行动的条件、行动本身及其结果的兴趣,工人会关注行动,全身心地投入,在心里重复并记住行动的步骤。"[2]经验不仅有助于对问题的理解,而且能使个体在工作中将理论知识与实践行动结合起来。将认识、感觉和行动

---

[1] 周瑛仪.大规模职业能力测评的预测效度——基于COMET方案在汽修、数控与电气专业领域的研究[D].北京:北京师范大学,2015.

[2] Fischer, M. Work Experience as an Element of Work Process Knowledge. In: Boreham N, Samurcay R, Fischer M. (Eds.) Work Process Knowledge[C]. London and New York: Routledge, 2002:121-158.

结合起来是经验的属性,这种属性与工作过程中知识的获得与应用密切相关①。

职业行动能力是通过行动表现出来的职业能力,具有社会性、情境性的特点,是在完成职业典型工作任务的过程中学习的,典型体现在工作内容和方式层面。

随着经济技术和社会的发展,建立在人本主义和建构主义基础上的新职业主义能力观逐渐取代了行为主义能力观。新职业主义能力观认为能力发展应该兼顾经济、社会、技术发展的需求和实现个体持续发展所需的综合职业能力,即能力发展的主、客观的统一。同时,这种综合也包括外显的肢体动作和显性知识与隐性知识,即工作过程知识的综合。工作过程知识不是抽象的、情境无涉的,而需要与随机的、不可预知的现实工作情境互动。② 隐性知识不能直接教学传授,只能在工作情境中通过"合法性的边缘参与"由学习者自我建构,对这种知识也不能通过传统的知识测试来测评③。"考试与职业能力测评的区别在于,考试将能力发展过程视为一个'黑箱',仅关注考生能够表现出来的和被观察到的能力。测评不仅关注能力发展的结果,还关注能力发展的过程,从而为职业教育的课程和教学设计提供实证基础。"④ 狭义的职业能力测评则是研究关注的重点,主要是"对职业院校在校学生的职业能力进行诊断和测评,目的是了解学生现有职业能力的水平和结构特征,为职业教育质量监控和教学实践提供实证依据"⑤。

具体分析,职业能力测评按照不同的标准可以有不同的分类方式。按照研究范式,可以分为质性的或者量化的及混合的。质性的职业能力测评主要有能力档案袋、能力传记等,人类学研究方法的职业能力测评,而各类能力量表则是量化研究的代表。例如,COMET 和 ASCOT(Technology-based Assessment of Skills and Competences in VET)都是混合型的。这背后反映着不同的能力观,以及对能力可测量程度的不同解释。按照是否与情境有关,可以分为情境相关和情境无涉两种,前者以 COMET 和 ASCOT 为代表,

---

① 周瑛仪.大规模职业能力测评的预测效度——基于COMET方案在汽修、数控与电气专业领域的研究[D].北京:北京师范大学,2015.
② 同①.
③ 赵志群.从职业技能鉴定到职业能力测评[J].职教论坛,2009(24):1.
④ 高帆,赵志群,黄方慧.职业能力测评方法的发展[J].中国职业技术教育,2017(35):9-16.
⑤ Rauner F, Heinemann L, Maurer A, et al. Competence Development and Assessment in TVET(COMET)[M]. Dordrecht: Springer, 2012:2-3.

后者以能力评估工具(Instrument for Competence Assessment,ICA)为代表；这两者的区别主要在于对能力可观察性和工作相关隐性知识的理解不同。按照评价依据又可分为将行为样本、工作场所观察和以往绩效作为能力测评的依据[职业技能鉴定是典型的以行为样本为依据的，而关键绩效指标(Key Performance Index,KPI)则是以过往绩效为依据的]。它们之间的不同体现在对能力评价依据有效性和可靠性的认知不同。按照价值取向不同，又可以分为以工作或者组织绩效为导向的人力资源管理工具和以人的潜能开发和能力发展为导向的教育学方法，其背后反映的是以人为本和以工作为本。此外还有按评价主体或者客体不同进行的划分等。①

SOLO 分类理论自 20 世纪 80 年代诞生以来，一直受到教育界的关注。SOLO 的英文为 Structure of the Observed Learning Outcome，意为"可观察学习结果的结构"，是澳大利亚教育心理学家 Biggs 提出的一种以等级描述为特征的质性评价。SOLO 的理论基础是皮亚杰的认知发生阶段论，它将认知发生阶段论的观念迁移到学习者在具体学习任务中表现出的思维结构，将个人在回答问题或完成任务时表现出来的思维结构，从思维能力、思维操作和一致性三个维度描述水平，分为前结构、单点结构、多点结构、关联结构和抽象拓展五个水平等级。② SOLO 恰恰是将联系视为评价的内核，两者的价值取向精准对接。

为了在多样化的不同职业能力测评方法和工具中选择适合研究使用的职业能力测评方法，本研究重点对目前应用较为广泛的几类能力测评方法进行分析，包括公务员考试中的行政职业能力测试、学习潜能评价中心法(Learn Potential-Assessment Center,LP-AC)、ICA 能力评价工具、ASCOT 职业技能和能力测评、COMET 职业能力测评等。

在行政职业能力测评方面，从历史发展脉络看，1988 年，北京人才与评价中心开发了"行政职业能力测验系统（Ⅰ型）"被认为是"行政职业能力倾向测验"(Administrative Aptitude Test,ATT)的雏形。1989 年，该系统在轻工业部、建设部等政府部门招考工作人员时试用，得到试用单位和考生的肯定。进入新世纪，2001 年以后将公共管理综合知识的考试改为结构化考试的"申

---

① 高帆,赵志群,黄方慧.职业能力测评方法的发展[J].中国职业技术教育,2017(35):9-16.
② 李佳,吴维宁.SOLO 分类理论及其教学评价观[J].教育测量与评价(理论版),2009(02):16-19.

论"。行政职业能力倾向测试以客观题型的标准化考试的形式呈现①。而学界对于该测试的研究更加聚焦于测评模型领域,有的从演绎层面出发,沿着从一般能力到职业能力再到行政能力的路径,最终形成公务员职业的能力模型;有的从方法工具层面出发,以一般通用量表为基础,演绎出公务员的能力指标测量量表和试题。现行的行政能力测评模型是"以多因素能力倾向测验为基础的,分解为概念类比……逻辑推理等维度"②。有的研究则进一步聚焦到测验行政职业能力的某一维度,如阅读理解项目等③。有的从心理测量学指标(信度、效度、难度、区分度等)对试题质量加以分析④。有些学者则更关注构想效度问题⑤。上述研究一般以经典测量理论为依托开展事后验证,容易流于宏观而笼统的构念刻画⑥。有的研究在实证研究基础上提出行政职业能力测验考试需要借鉴认知诊断理论来提高考试质量⑦。它是一种量化的测量工具,且与情境无涉,这与目前公务员类别相对多元,又需要统一考试的要求相一致。

评价中心(Assessment Centre,AC)引入外部观察员多维度地对个人行为模式进行评价。教育学中典型的学习潜能评价中心法根据规定时间内实际处理问题的情况进行能力测评,是基于实验的定性评价方法。它对于活动实施相关的能力和自我组织能力进行诊断,是主观性的能力诊断方法⑧。有学者指出了评价中心技术的关键问题在于评价中心打分原则(通常称为"评价维度")的概念地位。在许多理论和实践个案中,这些被建构或者构念为与传统的人格特质是相等的。但实际上,从人格研究的角度考察评价中心的维度和心理特质是相互区别的,且应从内容效度、构念效度和准则效度三个领域进行实证证明⑨。"评价中心得到的信息更丰富,从内部晋升时做测评或者进行人才诊断比较有效,一般也应用在管理岗位的选拔。"⑩

---

① 段华洽,刘黎黎. 我国公务员行政能力测试的现状与改进方向[J]. 安徽大学学报,2006(01):139-144.
② 王垒. 实用人事测量[M]. 北京:经济科学出版社,1999:189.
③ 卞冉,王丽娜,林哲婷,等. 行政职业能力测验阅读理解能力考查体系研究[J]. 心理学探新,2013,33(05):451-459.
④ 洪炜,龚耀先. 一般行政能力倾向测验的建构及信度、效度研究[J]. 中国临床心理学杂志,2000(01):3-8.
⑤ 陈社育,余嘉元. 行政职业能力倾向测验效度的研究报告[J]. 心理科学,2002(03):325-327,383.
⑥ 同③.
⑦ 涂冬波,漆书青. 认知诊断与大规模统一考试的改革[J]. 教育与考试,2007(01):38-41.
⑧ 同⑦.
⑨ Stefan Hoeft, Heinz Schuler. The Conceptual Basis of Assessment Centre Ratings[J]. International Journal of Selection and Assessment. 2001, 9(1/2),114-123.
⑩ 翁清雄,余涵. 评价中心与情境判断测验:两种人事选拔方法的对比研究[J]. 中国人力资源开发,2019,36(10):117-131.

ASCOT 测评项目是较早开展的大规模职业能力测评项目之一。其意义在于确定了共同的资格要求和职业任务,为开展职业教育产出测量的比较提供了基础,其能力测评模型构建的理论基础和测评题目开发的依据是项目反应理论。该理论还充分运用信息技术的发展成果构建了测评中使用的虚拟工作情境。该项目作为整体项目,并未在中国实际使用。

ASCOT 测评项目的职业能力模型的基础划分,可以被视为一种类型划分,也可以被认为是一种层次划分。最核心的层次是"一般认知能力",包括计算、读写及问题解决的能力,与中国的实践当中三层级的能力模型类似。国内的这一层级被称为"核心能力",共有 8 种[①],并基于此开发了相关课程和测评项目。居于中间层次的是"跨职业的相关工作能力",在中国实践中被称为"行业通用能力",主要是与特定领域职业群工作相关的、具有一定职业相关性的能力,包括对劳动力市场结构和组织结构的理解,在此基础上形成对个人职业生涯的规划,基于对领域的了解构建与同事的合作关系、对个人常规工作的安排等。而 ASCOT 测评项目最关注的是与特定职业关系最紧密的能力,在中国模型中被称为"职业特定能力",是完成该职业所需的能力,这个层次的能力是 ASCOT 测评项目测评的重点。

ASCOT 测评将"职业专业能力"分为三个子能力:过程能力、解释能力、概念能力。其中过程能力用来描述应用知识的能力;解释能力要求测评对象能够根据问题情境的具体特征,对工作中采取特定行动的原因进行解释或反思;概念能力则需要构建以结构性知识、事实性知识为基础的引导行动的知识网络。ASCOT 测评职业专业能力及维度见表 1-2。

表 1-2　　　　　　ASCOT 测评职业专业能力及维度

能力/维度	内容	认知	建模
过程能力	高级建模	问题解决	科学化程序
解释能力	正确建模	迁移	理论建构
	不完整建模	重组	系统关联
概念能力	不正确建模	再现	孤立的知识和技能

过程能力、解释能力和概念能力基于项目反应理论建立职业的专业能力模型,又进一步将三种子能力进一步分为内容、认知和建模三个维度,并由此

---

① 人力资源和社会保障部国家职业技能鉴定专家委员会职业核心能力专业委员会秘书处.职业社会能力训练手册:与人交流·与人合作·解决问题(中级)[M].北京:人民出版社,2011:8.

建立能力模型。再依据该能力模型通过测试任务的难度和复杂程度来区分能力级别,最终形成测评使用的测评模型和指标体系。① 这种测评模型的概括性特征保证了测评指标体系的稳定性,又具有跨职业领域的特性,从心理测评技术角度保证了测评的质量。②

ASCOT 测评项目在具体的测评方案中的命题思路如下:首先,建立测试任务集,通过分析美国 O﹡NET(Occupational Information Network)职业信息网的工作任务和职业资格要求,依据资格要求相关性、出现频率、任务的相关性三项标准进行甄选。增删之后形成测试任务初步集合。继而根据教育目标和任务的复杂性标准进行分类,最终形成测试实际使用的任务集。但是这样的任务集由于根源上带有 O﹡NET 职业信息分析的"行为化"和"碎片化"特征,因此开发出的任务集也不可避免地继承了这些特点。其次,量化评分。ASCOT 对每个任务通过表 ASCOT 测评职业专业能力及维度的测评模型,以及根据复杂程度和难度来划分具体的客观题目,并利用"测评评分点"来评价"个人能力",使用的是非判断的形式,以考生在每道题目上的正误来确定是否得分,以项目反应理论为指导构建测评量表。最后,利用信息技术构建虚拟环境。尽可能利用信息技术模拟真实工作情境,这样既可以通过尽量真实的工作场景来提高测试的职业效度,也降低了使用真实工作场景可能带来的巨大成本,同时可以增加测试本身的趣味性,让考生能够对测试更加投入,提升了搜集数据的质量。它对一般认知能力建模,分析了学习者的知识和经验基础、学习和问题解决策略,有跨职业领域的特性。③

COMET 职业能力测评项目是由德国不来梅大学的劳耐尔(Rauner)教授主持开发的国际职业能力测评比较研究项目,从德国拓展到多个发达国家和发展中国家。测评的专业及职业从德国电工专业"能源与楼宇技术和运行技术"拓展到汽修、护理、销售、物流、木匠、建筑等领域。2010 年,欧洲培训基金会支持举办了该领域的第一次国际研讨会,会上采用了英文缩写 COMET。2013 年又在卡尔斯鲁厄理工大学举办了"COMET 能力测评再审视"的国际学术研讨会,对 COMET 能力测评研究成果进行了总结和回顾,从

---

① Winther E, Achtenhagen F. Measurement of Vocational Competencies[J]. Empirical Research in Vocational Education and Training,2009,1(1):85-102.
② 周瑛仪,赵志群.德国职业能力测评项目 ASCOT 述评[J].职教论坛,2015(21):10-14.
③ 同②.

职业教育宏观政策角度对推广职业能力测评方案的必要性和可行性进行了研讨。这次会议对 COMET 方法的进一步发展产生了深远的影响。

与 ASCOT 项目不同，COMET 大规模职业能力测评项目从 2006 年被引入中国后，开发出了多种职业能力、职业承诺和职业认同感的测评方法，并得到了一定范围的应用。很多文献从操作技术和方法论角度对 COMET 及相关的职业教育教学改革创新的实践进行了总结及报告。COMET 职业能力测评项目在中国得到了广泛的研究和应用。中国学者不仅将其应用范围从学生扩展到了职业院校教师[①]，还进一步在职业认知与行动能力的关联领域开展研究[②]，取得了积极的成果。COMET 大规模职业能力测评的对象是职业认知能力，表现为个体能在工作情境中明确任务，制订合理的行动计划，在行动过程中依据实际情况调整行动计划，并对行动过程和结果进行反思，它具有社会性和情境性[③]的特点。[④] 有研究指出"它重视能力整体的综合效应，测试与课堂教学的契合点少、能力模型对中职层次区分度不高等问题"[⑤]。

职业能力测评需要在"能力模型"的基础上构建"测评模型"，与 ASCOT 项目一样，COMET 项目也建立了自己独特的职业能力模型。COMET 职业能力测评项目的模型是三维结构，包括工作过程的完整性、职业能力的要求维度和内容维度。职业能力测评需要在职业能力模型基础上开发出了测评模型。由于研究将使用该模型，对其详细的分析将在理论框架中展开讨论。

其中能力模型是开发测试题目的基础，建立测评模型的关键是评价解题答案的评分方法。COMET 职业能力测评项目具体的测评方案中的命题思路是以职业典型工作任务为基础开发的。"典型工作任务描述的是一项有代表性的职业工作行动任务，包括计划、实施和评估整个行动过程任务。"[⑥]典型工作任务的确定需要实践专家讨论会作为工具，经过实践专家个人成长经历的分析与分享，挑选各阶段具有挑战性的任务，以这些任务为不同职业成长

---

① 张志新.基于测评的职业教育教师职业能力研究[M].北京：清华大学出版社，2016：1.
② 周瑛仪.大规模职业能力测评的预测效度——基于 COMET 方案在汽修、数控与电气专业领域的研究[D].北京：北京师范大学，2015.
③ 社会性：职业是个体社会化存在的方式，职业工作中的认知处在特定的社会情境中，个体职业人的身份聚集在某一组织中共同实现，经过协商确立的目标，同时也受到组织各种规范的约束。情境性：认知总是发生在职业的特定工作情境中的.
④ 赵志群，等.职业能力测评方法手册[M].北京：高等教育出版社，2018：16.
⑤ 柳洁，陈泽宇.SOLO 分类理论在职业教育学业评价领域的应用剖析[J].中国职业技术教育，2018(17)：5-10.
⑥ 陈玉阁，丛丽娜.谈工作过程和典型工作任务的内涵[J].教育与职业，2009(23)：179-180.

阶段的标志进行展示，进而编制任务清单，归类并进行讨论和确认，再根据意义的重要程度和出现频率两项标准进行筛选，最终形成开放式的测试任务，这是COMET项目与ASCOT项目在形式上最大的不同，ASCOT项目采用标准化的是非题。

采用开放式测试任务是因为在真实的职业工作中，从业者不仅需要寻找唯一正确的任务解决方案，而且需要有创意和针对性。对复杂的职业任务而言，标准化测试题目，特别是选择题的实际价值非常有限。而采用书面作答的方式，是基于便于开展对大规模学习者的职业认知能力测评的考虑。由于书面作答对设施设备的要求更低（不需要电脑硬件和配套的虚拟仿真技术系统软件），对非IT类考生的信息技术和计算机应用能力（并非其职业核心能力）的要求也更低。比如对这些考生而言，书面作答时，利用图形、图表等非文本操作展示其解决方案时，就不需要其掌握更多的计算机应用能力。

最初的职业能力测评从实用主义角度（时间、人员和设备成本等）考虑，研究内容只包括计划和构思任务的解决方案，解决方案的具体实施（职业行动能力即实际操作部分）并未被纳入其中，只考核了职业认知潜力，即仅关注了教育目标的实现，忽视了职业规范要求。这种测评对手工操作技能要求不高的职业或者专业是相对有效的。因为在这些职业或专业中，对方案的构思与实施进行区分意义不大，如管理和服务类职业，甚至可以用职业认知能力来预测职业能力（将认知能力也作为行动能力的代表）。其中更为特殊的是IT类专业，由于其核心工作过程和内容等与计算机系统紧密结合，可以直接使用信息系统支持的能力诊断系统测评。还有一些职业的计划与执行界限分明，在这类职业或者专业中直接用认知能力来代表整个行动能力就需要考察两者之间的跃迁需要有多大的跨度。COMET项目的研究更多关注职业认知能力，对职业行动能力的考核相对弱化，后期的研究中也有部分项目开展了对行动能力的测评，将实际操作考试作为其中一部分统筹考量。

为了选择更为合适的职业能力测评工具，研究者重点分析对比实证研究中推广应用广泛的COMET职业能力测评、ASCOT和行政职业能力测验三种方式。

其中，ASCOT职业能力测评项目和COMET职业能力测评项目均发源于德国，行政职业能力测验则是中国公务员管理机构采取的测试选拔方式。COMET职业能力测评、ASCOT的"领域关联任务"和行政职业能力测验均采用笔试形式。但相互之间又有不同：开发 ASCOT 的试题需要产、学、研三方专家根据能力模型和指标体系共同确定测试内容；在认知特征方面，ASCOT 的职业能力模型强调认知特征，对职业要求和特征反映不足，更关注相对易于统一的认知领域。工作过程知识建立在领域（domain）相关性知识基础之上，抽离出领域相关背景对职业能力进行测量存在风险。行政职业能力测验则是从一般能力演绎到职业能力再到行政能力，是一个逐渐具体化的过程，公务员职业的能力模型，从方法工具层面也以一般通用量表为基础，演绎出公务员的能力指标测量量表和试题。行政职业能力测验能力模型以多因素能力倾向测验为基础，分解出概念类比、逻辑推理等维度。由于考虑到不同的专业都要参加公务员考试，这个模型也表现出与 ASCOT 更为相似的、重视通用的认知能力的倾向。COMET 在职业能力建模时，考虑了职业成长规律、完整的职业行动过程等职业教育思想和学习规律，在领域特殊性方面有明显的优势。

在测试任务方面，存在碎片化与综合性的区别。ASCOT 和行政职业能力测验使用的都是有标准正确答案的选择或者判断题，综合性不足，有明显的"碎片化"和"行为化"倾向。"碎片化"容易造成对职业整体认识和能力间关系的缺失；"行为化"则有只关注外显行为而忽视内隐成分的倾向。COMET 的综合任务则更整体化，要求学生在完成并评估职业任务的基础上还要对其进行理解与反思，要体现对经济社会生态负责的态度，要有设计工作世界的担当，而不是仅仅完成指令性的常规任务，更加关注综合性和发展性。

在理论基础方面，项目反应理论对于职业能力测评可能不完全适用。项目反应理论的核心载体是以一道道题目（item）为基础的试题，这些试题要求有标准的"正确"答案。但在真实的工作世界中，能给出这种标准正确答案的问题往往很难有效评估职业能力的水平，更多的不是非黑即白的，而是基于职业认同感做出的"妥协"方案。这种"妥协"需要考虑多方面的影响因素，因而其载体一定是综合的，而且并没有"唯一正确的答案"。"若要有效检测职业能力的内容和能力水平，几乎不能采用标准化考试，因为标准化考试的难度和区分度不完全适用于职业工作的要求。"[①]

以前关于职业能力测评的研究解决了职业能力的概念、职业能力测评的

---

① Rauner F, Heinemann L, Maurer A, et al. Competence Development and Assessment in TVET（COMET）[M]. Dordrecht：Springer，2013，13-15.

概念等理论问题，依据测评的价值取向、研究范式、测量依据等对测评方法进行了分类。关于职业能力测评方法的研究，将在职业能力测评的理论基础中予以详述。但对于职业能力测评的预测效度问题的研究相对还比较薄弱，原因可能在于狭义的职业能力测评更多地从教育学的角度出发，实施研究的学者也一般隶属于教育机构，测评效度的检验则需要用人单位的配合和协助，属于跨学科、跨部门的研究，在资源调配、信息获取等方面存在困难。

综上所述，本研究对职业能力测评采用狭义的定义，即"职业能力测评是采取各种测试方法对职业院校在校学生的职业能力进行诊断和测评，以了解学生现有职业能力的水平和结构特征为目的，为职业教育质量监控和教学实践提供实证依据的技能评价方式"[①]。

1.3.4 关于工作绩效的研究

工作绩效属于管理学范畴，尤其是在人力资源管理的研究领域。绩效的英文 performance 直译是实作或表现。在教育学中，performance assessment 也经常被译作"实操测评"，这也反映出实操考试与绩效之间的关联性。职业教育的核心特征是产教融合，将教育中的技能评价与产业人力资源管理中的绩效考核进行相关分析，也是职业教育产教融合的应有之义。国内外学者对绩效的研究主要集中于两个层面：一是组织层面，具体涵盖行业（如发电）、政策（如退耕还林、并购）等宏观层面，也涉及政府组织、非政府组织和企业绩效等组织整体层面，还涉及根据管理职能（如销售、创新、经营）、部门（如财务）、项目团队划分的次级组织绩效，其影响因素较多，相关的研究学位论文较多；二是个人层面的绩效研究，主要聚焦于个人绩效，重点对个人绩效的研究进行梳理。

1. 个人绩效的影响因素研究

个人层面的绩效研究一般有两种思路：一种与人格有关，比如严谨性和外向型[②]；另一种认为机械操作工人的社交性（sociability）与出勤率（attendance）、完成业绩（achievement orientation）、工作独立性、整体绩效都

---

① Rauner F, Heinemann L, Maurer A, et al. Competence Development and Assessment in TVET (COMET)[M]. Dordrecht: Springer, 2012:2-3.
② Barrick M R, Mount M K. The Big Five Personality Dimensions and Job Performance: a Meta-Analysis[J]. Personnel Psychology, 1991, 44(1):1-26.

存在相关性①。也有研究将工作绩效分为任务绩效和关系绩效,这些人格特征分别与不同的绩效相关性更强,比如严谨性、外向性和宜人性与关系绩效的相关性强于与任务绩效的相关性。综上所述,人格与工作绩效间关系研究发现两者存在相关关系,均为多维度结构,但是两者的社会、文化背景和工作种类不同,导致研究结论不一致。② 关系知识与人格相关。关系知识是指为了在组织情境中有效行动,对事实、纪律和过程知识的掌握。还有一些学者关注能力倾向,将其分为一般能力倾向和特殊能力倾向。③ 认为一般认知能力对工作绩效有较好的预测性④,尤其认为一般认知能力(社交技能)与工作绩效和薪酬有更高的正相关⑤。分析认知能力对绩效的影响机制,有学者认为首先要形成任务知识。学界认为绩效影响因素还包括组织承诺、组织公平、领导支持、工作满意度⑥、员工与上级间的情感⑦、人际关系⑧等因素。

2. 绩效测量方法研究

在管理学领域,对绩效测量方法有很深入的研究,开发了各种方法,各类绩效测评方法也都有其优势和劣势。其中比较重要的有胜任力模型、工作知识考试、目标管理法、关键事件法、学习档案、行为观察量表以及医护领域特有的标准化病人等,对其进行简要比较分析,以从中选择最适合本研究的绩效测量方法,为后续工作打好基础。

对胜任力模型的研究起源于美国,最早开展胜任力建模的是麦克利兰(McClelland)。建模过程一般使用"行为事件访谈"⑨(Behavioral Event Interview,BEI),将其作为胜任力模型的确认方法。作为一种开放式的调查技术,它主要通过高绩效者(有也可能将普通绩效者当作比较对象)进行行为

---

① Hogan J, Hogan R, Gregory S. Validation of a Sales Representative Selection Inventory[J]. Journal of Business & Psychology, 1992(7):161-171.
② 罗正学,苗丹民. 工作绩效预测研究述评[J]. 心理科学进展,2005(06):96-103.
③ Ferris G R, Witt L A, Hochwarter W A. Interaction of Social Skill and General Mental Ability on Job Performance and Salary[J]. Journal of Applied Psychology, 2001(6):1075-1082.
④ Schmidt F L. The Role of General Cognitive Ability and Job Performance: Why They Cannot Be a Debate[J]. Human Performance, 2002, 15(1/2): 187-210.
⑤ 同③.
⑥ 沈思琦. 管理者与员工的高绩效工作系统感知对员工绩效的影响机制研究[D]. 华中科技大学,2015.
⑦ Cropanzano R, Rupp D E, Byrne Z S. The Relationship of Emotional Exhaustion to Work Attitudes, Job Performance, and Organizational Citizenship Behaviors[J]. Journal of Applied Psychology, 2003, 83(1): 160-169.
⑧ 周智红,王二平. 作业绩效和关系绩效. 心理学动态[J]. 2000,8(1): 54-57.
⑨ McClelland, David C. Testing for Competence Rather Than for "Intelligence": Reply[J]. American Psychologist, 1974, 29(1), 59-59.

回顾式面谈,一般包括成功、不成功或负面的各三个关键事例,以 STAR 法①详尽地描述整个事件和当时的想法。② 在职业教育和职业能力测评中 BEI 也被用于分析特定职业的能力结构。在建模过程中,访谈过程、编码环节、聚类整合等环节与模型密切相关,本研究中由于对高绩效者可能的访谈时间有限,关键环节可能存在不可控因素。

工作知识考试避免了评分者的主观性,但是考试与绩效之间的关联性过于复杂,考试成绩对绩效的预测结果不易被各利益相关方理解。目标管理法(Management By Object,MBO)则更为直接,MBO 的目标由个人设定,个人目标需要与组织协商一致以确定绩效目标,按照目标对员工进行考核,发挥个人自我控制的积极性,责任、权力、利益一致,重在最后的结果。这样绩效的结果就与组织的目标直接对应起来。

但是这种方法对于服务类专业或者职业来说,不宜使用。原因是服务的结果目标难以确定。于是关键事件法(Critical Incident Method,CIM)应运而生,这种方法不是一种定量的方法,而是"记录最佳表现或者事故,定期根据记录评价"③。该方法对于区分良好和劣等比较有效,在制订改良计划方面也有作用,但区分度相对较低。

与关键事件法类似的定性方法还有学习档案(portfolios)。与关键事件法不同的是,学习档案由个人作为主体,主动搜集进步和成绩来证实自己的绩效;关键事件法则由主管人员记录。本研究中,采用了背景问卷对学习过程的档案进行部分数据的搜集,将其作为分析绩效结果的一个参考因素。为了解决区分度问题,学界引入了行为观察量表。该方法需要跟踪每一名测评对象的工作行为,需要投入较大的人力和时间成本。

为了找到更有针对性的绩效测评方法,研究者也重点考查了与老年服务与管理专业、养老服务关联度更高,工作对象和内容更为类似的医护人员的绩效考核方法,即标准化病人(Standardized Patients,SP)。该方法让经过专门训练的人员,以自身为教具或者考评工具来重现或者模拟某个场景。经过专门培训的 SP 以其高度的重复性来保证考评的信度。④ 在本研究中,实操

---

① STAR 是四个英文单词的首字母缩写:situation(情境)、task(任务)、action(行为)和 result(结果).
② 王家奇,汤舒俊,记凌开.胜任力模型研究综述[J].湖南社会科学,2009(05):118-119.
③ 王玫.员工绩效的评价[J].通信企业管理,2002,(11):65-66.
④ Colliver J A, Williams R G. Technical Issues:Test Application[J]. Acad Med, 1993(68):454-460.

考试中采用的是该方法的变种——标准化老年人测试,将其作为效度测试的一个指标。

这些研究从不同角度对绩效的测量给出了解决方案,为研究绩效测量方法和内容的选择提供了借鉴。KPI强调有效量化的指标,提高了绩效的可操作性与量化;360°绩效评估则注重评价主体的多元。绩效作为检验不同技能评价方法预测效度的效标,要能够反映真实的职业要求和实践特点。本研究充分借鉴了上述测量方法的一些特点,比如监督评分(supervisory ratings)和实践测试(hands-on test)是工作知识考试(job-knowledge tests)常用的配套手段。本研究中将监督评分纳入360°绩效评估中的一个维度,例如:在背景问卷调查中结合了学习档案的方法,在实操考试中引入标准化老年人进行实操测试的方法等。上述方法都在一定程度上支持了研究的开展,但是还存在着诸如区分度不高、耗时久、成本过高、受评分者主观因素影响、角度单一等问题。本研究为解决上述问题,就将360°绩效评估引入绩效测量体系。通过不同角度获得关于被试的绩效信息。由于角度不同,考核结果更加全面、可靠和客观。该方法较好地体现了综合的绩效观,也最大限度地避免了单一主体评价的主观影响。

3. 360°绩效评估

360°绩效评估由于重视反馈环节,也被称为360°绩效反馈,其他的表述还有全视角评价(full-circle appraisal)、多源评估(multi-rater assessment)等。此方法起源于美国加州,由加州创造性领导者中心在20世纪80年代中期进行了一项把反馈用于提升管理效能、促进企业目标实现的研究。该研究从多个角度获取组织成员行为观察资料的方法,就是"将被试的所有的利益相关方及其本人都作为绩效信息来源,从多个角度进行绩效考评,反馈绩效信息,最终达到提高绩效的目标"[①]。

20世纪90年代以来,360°绩效评估作为一种新的绩效评价方法成为组织行为学和人力资源管理学术研究的热点,反馈的层面从个体提升到了组织,反馈的中心就是绩效。它在企业界的兴起和普及是为了应对全球化竞争压力和剧烈变化的企业经营环境,研究者和实践者在评估绩效、管理绩效和提供反馈领域开展的新尝试。360°绩效评估既给相关群体提供了共同参与

---

① 孙健.360度绩效考评[M].北京:企业管理出版社,2003:27.

的过程，又可以提升管理人员的素质和能力。目前，我国关于360°绩效评估的研究包括介绍其"背景、特点、作用、具体评价方法及其三个阶段"[①]。

360°绩效评估可以对传统线性的一维（主要是上级）评价进行补充，避免个人判断过程中晕轮效应等心理误区及个人偏见带来的误差，相对公平性水平更高。反馈机制的建立有利于跨部门团队的构建，提升整体绩效。多反馈源提供信息，可以让被试有机会认识到自己的优、劣势，为个人能力发展提供帮助。同时，也要看到360°绩效评估存在的局限性。匿名评价的真实性、有效性存在挑战，匿名可以减小压力，有促进真实评价的作用，但也存在匿名对于责任的免除带来的真实性降低的风险。360°绩效评估涉及人员多、周期长，时间和资金成本会比较高。此外，360°绩效评估重在反馈，反馈的质量会影响该方法对绩效的提升作用。

本研究在综合考量各类绩效测评方法的基础上，选择了360°绩效评估的考核结果作为绩效的表征。原因在于该方法可以全面地反映被测评对象的行为表现和结果，从上级、同级的反应与评价中可以测试个体行为的表现水平，且个人自评可以体现努力程度，继而可以从服务对象的评价得到作为结果的测试成绩。这些方面的结合可以体现综合的绩效观。

使用360°绩效评估的另一个重要原因是，技能评价已逐渐从一次性评价、结果呈现逐步向诊断性评价转化，即在评价之后及时与院校、教师、学生沟通反馈，在此基础上形成的诊断性意见，其发展意义远超以往单纯就某一评价分数来作为结果反馈。在这一点上，360°绩效评估与之高度一致，即360°绩效评估的反馈环节不仅将考评结果作为晋升、奖励等人事决策的结果性评价依据，而且在评价过程中注重如何使员工个体不断发展来提升绩效的发展性评价，既给出评价结果，更注重反馈改进。因此，这也是本研究选择360°绩效评估作为绩效测量方法的重要原因。360°绩效评估主要应用在企业的人力资源管理领域，代表着"产教融合"中"产业界"的一方。"产教融合"是职业教育的重要特征，在技能评价领域教育界选择了诊断性评价方法，在产业界对应地选择具有发展性评价功能的绩效测量方法，综合性地从产业和教育的第三方评价两方面共同给出的对于同一考生群体的诊断性、发展性建议，体现教育面向未来、以个体能力发展为中心的理念。

---

① 张宏云，时勤，杨继锋. 360°反馈评价模式——一种新型的管理评价方法[J]. 中国人力资源开发，2000(12)：38-40.

4. 教育测量与工作绩效的相关研究

与职业教育评价有关的概念还涉及教育评价和教育测量等。教育评价是"检验教育行为、成果的活动"①。南森（Nathan）等对米勒类推测验（Miller Analogies Test，MAT）的结果对职业潜能、创造力和工作绩效的预测研究进行了元分析（meta-analysis）。研究证实了 MAT 测量的能力可以与其他认知能力测量工具共享。从学术和职业标准来看，它们都是职业潜力和创造力评估的普遍有效预测因子，同时也发现学校所需的智能与职业所需的智能有所区别。② 菲利普（Philip）等则对 GPA 和工作绩效之间的关系进行了元分析，指出雇主一般认为分数是工作绩效的有效预测指标，因为 GPA 反映了智力、驱动力和其他工作中可能应用的能力。③ 还有一些研究分析了 GPA 和广义的成人成就之间的关系，当将"成就"定义为毕业院校、工资收入、晋升次数、工作绩效和其他成就分析时，发现二者的相关系数只有 0.15，可以采取干预措施将其调整到 0.20。④

这些测量一般关注学术能力测量，使用通用的认知能力测评或者 GPA 成绩，对学术性的教育测量结果和工作绩效之间的相关关系进行了分析。但其研究思路也可以为技能评价与工作绩效的关系研究提供借鉴，因为这两者都是以评价结果预测未来的工作绩效，对预测的准确程度进行研究的过程。上述研究对本研究的主要启发是其研究的方法和逻辑构架。其中也反映了学术性测试对学生未来工作绩效的预测具有一定的信度、效度，但也受较多的其他因素影响。从其研究内容上看，与本研究的区别主要在于其研究主要关注基于项目反应理论的考试结果并将其作为自变量，将工作绩效作为因变量，考查两者的相关关系，而本研究则将 COMET 职业能力测评和实操考试两种技能评价结果作为一类变量，将工作绩效作为另一类变量，研究方法和分析框架借鉴了上述研究，但在具体内容上有所区别。在研究时间安排上，其研究跨度相对较大，而本研究的测试时间和工作绩效的考核时间比上述研

---

① 林梦泉,任超,陈燕,等.破解教育评价难题探索"融合评价"新方法[J].学位与研究生教育,2019(12):1-6.
② Nathan R. Kuncel, Sarah A, et al. Academic Performance, Career Potential, Creativity, and Job Performance: Can One Construct Predict Them All? [J]. Journal of Personality and Social Psychology, 2004(1):148-161.
③ Philip L, Roth, Craig A. Be Vier, and Fred S. Switzer, Jeffery S. Schippmann. Meta-Analyzing the Relationship Between Grades and Job Performance[J]. Journal of Applied Psychology, 1996(81) 5: 548-556.
④ Samson G E, Graeu M E, Weinstein T, et al. Academic and Occupational Performance: A Quantitative Synthesis [J]. American Education Research Journal, 1984(21):311-321.

究相对较短,一般在开展测评后的半年内,而上述研究则往往跨越了数年之久。在研究实施上,上述研究主要是间接获得研究对象的绩效数据,本研究则是直接采用360°绩效评估系统直接测量。上述研究揭开了学业成绩与绩效关系研究的序幕,为本研究的开展打下了坚实基础。我们在加入新的研究内容,尤其是改变了自变量的基础上,在上述研究的方法论指导下,开展了本研究。

1.3.5 关于预测效度的研究

效度就是"测量工具能测出想要测量的特征的程度"[①]。本研究的核心问题是对比不同技能评价方式的预测效度(predictive validity)。预测效度用来表明一种测试的结果对另一种结果的预测程度,常被用来评价考试、测量、测试等的有效性。常见的如在入职前对求职者进行测试,以判断求职者的个人特质是否与职业相匹配。在工作中再对他们的工作表现(绩效)进行评价,分析入职测试成绩与工作表现之间的关系,由此可反映入职测试对以后工作表现的预测程度。本研究也是用入职前参加技能大赛时技能评价的成绩作为预测的自变量,将实际工作的表现作为因变量,分析其相关关系来确定大赛成绩及其背后的测试模型对实际工作绩效的预测效度。预测效度采用相关(或效度)系数来表征。相关系数介于0与1之间,绝对值越大,预测的效度越高。

原劳动和社会保障部相关机构曾经对人力资源管理师职业资格鉴定的效度进行了研究,具体方法是:通过对理论知识考试和专业技能考试的结果进行统计分析,将结果和信息调查表实际获得的上级评价和自我评价的结果进行比较分析,获得考试系统的效度数据,完成效度分析。[②] 这种方法实际上使用了360°绩效评估中的两个维度,该研究既是与本研究性质最为类似的,也在方法上为本研究提供了基础。为了充分发挥预测效度在研究中对技能评价方法的比较效果,下面对效度相关的研究做简单梳理。

[①] Samson G E, Graeu M E, Weinstein T, et al. Academic and Occupational Performance:A Quantitative Synthesis[J]. American Education Research Journal,1984(21):311-321.
[②] 劳动和社会保障部培训就业司,职业技能鉴定中心.技能职业资格证书(技术与实践)[M].北京:海洋出版社,2006:138-186.

1. 效度类型的研究

更进一步地分析，就会涉及效度的分类，不同的学者或者机构都给出了不同的分类方式。国内学者在结合国外研究[①]的基础上提出的分类方法包括"目标、建构、内容、交叉、评价主体、过程、功能效度和结果效度"[②]，也有学者提出"结构、内在、外在、表面、逻辑、经验效度等"[③]。国内学者对效度类型的分类对比见表1-3。

表1-3　　　　　　国内学者对效度类型的分类对比

学者	陈向明[④]	袁方[⑤]	黄小平[⑥]	顾志跃[⑦]
效度类型	理论型效度	建构效度	结构效度	结构效度
	解释型效度	内容效度	内部效度	内在效度
	内在效度	评价型效度	外在效度	外在效度
	外部效度	外在效度	描述型效度	
	准则效度			

从表1-3中可以看出，对于建构效度、内容效度、外在效度三种类型的效度，表述虽各不相同，但在不同的分类体系中大多有所涉及，可以作为效度的关键类型。本研究将着重分析预测效度。

2. 预测效度检验方法与影响因素的研究

影响效标关联效度的因素较多，包括考试本身、效标质量、被试团体与取得效标资料团体的特征。在研究与工作绩效相关的预测效度时，预测因子（预测工作绩效的个体特征和环境特征）[⑧]和效度概化（validity generalization，基于前人的研究数据对普遍化的预测效度的估计）[⑨]是比较重

---

① 美国心理学会(APA)1966年联合美国教育研究学会(AERA)和国家教育测量委员会(NCME)在《教育与心理测验的标准与指南》(Standards for Educational and Psychological Tests and Manuals)中明确的有内容效度、构念效度和效标关联效度.
② 黄小平,胡中锋.论教育评价的效度及其构建[J].高教探索,2014(02):13-17.
③ 胡中锋,莫雷.心理与教育测量中效度理论的重建[J].华南师范大学学报(社会科学版),2007(06):82-90,159-160.
④ 陈向明.质的研究方法与社会科学研究[M].北京:教育科学出版社,2004:391-394.
⑤ 袁方.社会研究方法教程[M].北京:北京大学出版社,2005:193-195.
⑥ 同②.
⑦ 顾志跃.对我国中小学教育评价的质量分析[J].上海教育科研,1992(6):19-23.
⑧ 王拥军,俞国良.效度概化:预测效度元分析的30年成果述评[J].心理科学进展,2008(06):964-972.
⑨ Glass G V. Primary, Secondary, and Meta-analysis of Research[J]. Education Research, 1976 (5):3-8.

要的研究领域。

国外对预测效度检验方法多样且较为成熟。"不是测验本身有效,也不是测验分数有效,而是基于测验结果的观点和决策有效。"①测试预测效度的影响因素分析主要是验证性因素分析等数据分析方法,随着测量技术的发展也被用于预测效度研究中。马尔等(Meagher et al)验证性因素分析方法应用于医学领域分析了两种实操测试之间的预测效度②。琳等(Lim et al)从组织角度着手,在"分析知识测试对工作表现的预测度时运用验证性因素分析的方法"③。利芬斯(Lievens)和帕特森(Patterson)在"比较书面测试与仿真模拟测试对实践的预测效度时,使用验证性因素分析预测效度"④。信度是效度的基础,因此效度的影响因素里必然包含信度的影响因素。这些因素主要是测量工具和样本的代表性,前者主要影响内在效度,后者主要影响外在效度。

除了书面测试之外,也有学者对面试预测效度进行了分析。有研究发现题目、结构化程度和实施形式是预测效度的影响因素⑤。有研究验证了这一观点,指出面试的结构化程度与预测效度正相关⑥。阿吉尼斯(Aguinis)和卡肖(Cascio)在"结构化途径提出了提高试题和评分的标准化程度两条途径"⑦。比较典型还有由戴(Dye)、莱克(Reck)与麦克丹尼尔(McDaniel)于1993年开展的研究,其取样范围广(363 528个被试样本),相关关系分析多(502个相关系数),被认为是岗位知识的元研究(meta-analysis)。其研究结果是岗位知识测试对真实工作表现的修正后的平均预测效度为0.45⑧。

---

① Messick S. Validity In RL, Linn (Ed.), Educational Measurement[M] New York: American Council on Education and Macmillan. (4th ed),2006:17-60.
② Meagher F M, Butler M W, Miller, et al. Predictive Validity of Measurements of Clinical Competence Using the Team Objective Structured Beside Assessment (TOSBA): Assessing the Clinical Competence of Final Year Medical Students[J]. Medical Teacher, 2009 (31),545-550.
③ Lim R,Lee S, Lim T. A Study on Knowledge Quality and Job Performance of Knowledge Workers by Analyzing Content of Social Network Sites Using Sentiment Network Analysis[J]. International Management and Business Review, 2013 (11), 525-530.
④ Lievens F,Patterson F. The Validity and Incremental Validity of Knowledge Tests, Low-Fidelity Simulations, and High-Fidelity Simulations for Predicting Job Performance in Advanced-Level High-Stakes Selection[J]. Journal of Applied Psychology, 2011(5), 927-940.
⑤ 田效勋,车宏生.面试预测效度和构想效度研究述评[J].心理科学进展,2009,17(4),870-876.
⑥ Schmidt L, Hunter E. The Validity of Selection Methods in Personnel Psychology: Pratical and Theoretical Implications of 85 Years of Research Findings[J]. Psychological Bulletin,1998 (124):262-274.
⑦ 阿吉尼斯,卡肖.人力资源管理中的应用心理学[M].吕后超,等,译.北京:北京大学出版社,2006:154.
⑧ Dye D A, Reck M, McDaniel M A. The Validity of Job Knowledge Measures[J]. International Journal of Selection & Assessment, 2010(3):153-157.

按照比德尔（Biddle）的研究，在实践中，测试分数与真实工作表现之间的相关（或效度）系数很难超过 0.5。一般情况下，样本量越大，达到规定的统计量显著性水平的结果就越少。对绝大部分情况而言，相关系数（或效度）达到 0.30 及以上即可认为测试是有用的，能够预测工作表现①。也有一些测试证明了知识考试和实操结果之间没有联系，例如：沙皮图拉等（Sapitula et al）的研究发现汽车维修专业笔试形式的工作知识考试与实操考试之间几乎没有关系（$r=0.07$）。②

COMET 职业能力测评能力模型的信度、结构效度等测试方法的质量已经由马腾斯（Martens）和罗斯特（Rost）通过了对其一维能力等级、认知性部分能力和反映解决方式的心理测量检验③。因此本研究更加关注效标关联效度。从上述研究可以发现，预测效度的表征数据最适用相关系数，其基础是内容效度，测评工具的测量误差、测评研究的取样误差、测试题目、结构化和标准化程度及施测形式会影响预测效度。

3. 信度

信度也会影响效度。信度是指"测量的稳定性和一致性"④。在本研究中，主要用评分者信度来确定数据搜集过程中的信度。

影响信度的因素⑤较多，本研究中，在开发技能评价工具的过程中通过实践专家讨论会等方法提升工具的结构化、标准化程度及评价内容的质量；通过裁判员培训来提升评价者素质，以尽可能紧凑地安排来减少测量时间，通过提前开放考场来提升考生对环境的熟悉程度。

通过对效度类型、测量方法、影响因素的分析可以发现，在研究所关注的预测效度领域，数据分析是目前进行效度研究的主要方法，其中的相关系数又被认为是效度测量的重要指标。本研究在分析时也将该标准作为衡量预测有效性的重要标准。

---

① Dan Biddle. Book Review: Adverse Impact and Test Validation: A Practitioner's Guide to Valid and Defensible Employment Testing[M]. Surrey: Gower Publishing Limited, 2005: 79.
② Sapitula L, Shartzer M. Predicting the Job Performance of Maintenance Workers Using a Job Knowledge Test and Mechanical Aptitude Test[J]. Applied HRM Research, 2001(6): 71-74.
③ Martens Th, Rost J. Zum Zusammenhang aon Struktur und Modellierung beruflicher Kompetenzen. [A] In: Rauner, F.; Haasler, B.; Heinemann, L.; Grollmann, P.: Messen beruflicher Kompetenzen. Bd. I[C]. Münster: LIT, 2009, 91-95.
④ 袁方. 社会研究方法教程[M]. 北京：北京大学出版社：2005: 187.
⑤ 包括测量的结构化、标准化程度、评价者素质、测量内容质量以及测量环境和时间等.

1.3.6 已有研究对本研究的启示

有关职业证书和劳动力市场关系的研究表明,职业证书的信号作用,是需要证书有效性来保证的。因此,开展职业证书有效性的实证研究,对于整个人力资源市场或者就业市场的意义重大,证书有效性的基础是支持其技能评价的理论具有有效性。

对"技能评价"的研究表明:技能评价的形式多样,有标准答案的考试是一种重要的形式,开放性的职业能力测评是另一种形式,多数技能大赛倾向于使用标准化考试(包括理论知识考试和标准化实操考试),且世界技能大赛的理念与COMET职业能力测评模型有诸多的相似之处。本研究在养老服务技能赛项中分别采用两种方法进行比较研究,深入讨论不同测评方式及其内部的关联,希望对于推进竞赛模型指导微观教学层面的改革有所助益,进而服务"1+X"证书制度的核心环节——技能评价。

关于"工作绩效"的分析研究表明:虽然有多种不同的绩效测评方法,但是从教育学的角度找出有合适区分度和标尺、有利于分析相关关系、能全面反映个人工作绩效与测评成绩关系的测评方法和表征十分重要。360°绩效评估涵盖上级、同级、个人和服务对象等多个维度,得到的绩效得分有一定的区分度,便于对典型实验中两种测评方法及其结果进行相关分析,最终得以被选为本研究的绩效指标的表征。

关于"预测效度"的分析研究表明:预测效度的表征数据最适用于相关系数,其基础是内容效度,测试题目、结构化和标准化程度及施测形式会影响预测效度。而实践中,相关(或效度)系数很难超过0.50,达到0.30及以上即可认为测试是有用的,能够预测工作表现,这在本研究中将作为一个重要标准来使用。

现有的相关"1+X"证书制度提供了有关制度推广的总体情况,尤其是与资历框架、学分银行的对接等问题,以及对职业教育教学改革的指导作用发挥等;对"X"证书可能存在的质量问题,不少学者也提出了相应的建议,核心都是聚焦到证书的质量问题。而要提升证书质量,最关键的就是支撑证书的人才培养模型并测评模型到底是什么,这也是本研究关注的重点。

本研究以技能大赛为实证研究的载体,将实操考试和COMET职业能力测评两种技能评价方式综合在同一平台上对同一考生群体进行评价,因此对两种技能评价方式和技能大赛三者进行回顾,在前人研究的基础上继续向前推进,期望填补横亘在教育学领域的职业技能评价和人力资源领域的绩效评估之间的鸿沟,以用人单位的绩效评估结果为效标,评估不同职业技能评价方式的预测效度。

1.4 职业技能竞赛中的评价方式研究的内容及意义

综上所述,当前已有较多关于技能评价的研究,但无论是传统的考试和技能大赛研究,还是职业能力测评研究,都主要在教育评价的框架内进行分析,尚未将评价的预测效度纳入其中。技能评价的结果是录用、确定初始薪酬等人力资源管理活动的起点和依据,对用人单位具有重要的意义。实践中存在着不同的技能评价方式,都被应用于第三方对学习成果认定的过程,最终都会出具相应的结果证明。证明的有效性,取决于评价组织对持有评价结果证明的考生未来进入工作的实际绩效的预测质量。这种证明的有效性高,对持证者未来工作绩效的预测质量高,可以节省大量的搜寻成本和其他人力资源成本,也可以指导学生在学习过程中更加有针对性地提升能力和培育潜力,进而提升整个社会的运转效率,服务和融入新发展格局。这就是本研究的核心问题——技能评价的预测效度问题。通过实证研究,分析不同技能评价方式对工作绩效的预测效度。本研究拟将工作绩效与两种主流的技能评价结果之间的相关性作为预测效度的效标,针对以下几个问题进行深入研究。

1.4.1 COMET 职业能力测评与工作绩效的关联性如何?

这是研究最重要的问题,对不同技能评价方法与工作绩效的关联进行分析、对比。作为研究中两种评价方式之一,对 COMET 职业能力测评与绩效的关联进行分析可以成为研究的第一个问题。

1. COMET 职业能力测评与工作绩效是否有相关性以及相关程度如何?

本部分主要考核 COMET 职业能力测评与工作绩效的相关性,并进一步分析不同的一级指标、二级指标对工作绩效的预测程度。

2. COMET 职业能力测评的哪些维度与预测工作绩效相关性更高？

本部分重点分析 COMET 职业能力测评的哪些维度对工作绩效有较好的预测能力，以及哪些方面可能预测不准确，有针对性地发现可能存在的其他补充评价方式、方法和工具，以弥补这些不足。

3. 影响 COMET 职业能力测评预测工作绩效的因素有哪些？

本部分重点分析 COMET 职业能力测评究竟如何预测工作绩效，通过哪些中介变量可以预测工作绩效，从教育学对人才培养的能力模型和用人单位的绩效模型的对比分析中找到 COMET 职业能力测评预测工作绩效的关键因素，并在此基础上提出关于职业教育教学改革的方向和路径。

1.4.2　实操考试与工作绩效关系如何？

1. 实操考试与工作绩效是否有相关性？

本部分主要考核实操考试与工作绩效是否有相关性。若二者具有相关性，则明确相关程度如何，以及实操考试是否足以承担预测工作绩效的任务。

2. 实操考试能够预测工作绩效的哪些方面？

如果实操考试可以预测工作绩效，那么实操考试对工作绩效中的哪些维度有较好的预测能力，哪些方面可能预测不准确，对于不能预测的方面和因素，是否可以通过其他补充评价方式、方法和工具来弥补其不足？

3. 哪些因素影响实操考试对工作绩效的预测？

本部分重点分析：实操考试究竟如何预测工作绩效（或者不能预测工作绩效）？在有效预测的前提下，如何通过实操考试的能力模型指导职业教育教学改革？若无法实现预测，则如何调整才能与工作绩效有更好的相关性，实现人才培养与产业需求的融合？

1.4.3　COMET 职业能力测评与实操考试的关系

1. 两者对工作绩效预测效度的比较分析

在本研究中，通过将两项成绩分别与工作绩效测量值之间的相关系数作为效标,对比两者各自对工作绩效预测的效度。这是本研究获得核心结论的基础。两者中预测效度较高者将作为推荐方法,较低者将分析成因和改进策略。

2. 两者的成本效益分析

作为科学伴随的典型实验研究,研究者不仅对整体过程中理论建构有整体把控,还掌握着一手数据,尤其是对不同评价方式需要的各种成本投入。这其中既有有型的货币成本、空间成本、物资成本,也有无形的组织成本、时间成本等。在考查效的同时,对两种测评方式的成本效益进行综合分析,对于试点研究结论的推广、可行性的论证具有重要意义。

在回答上述问题的基础上,依据实证研究结果对两种主流技能评价方式对工作绩效的预测效度给出相应结论,并进一步分析两种技能评价方式对技能的评价中可以评价技能的哪些方面,以及不能评价哪些方面,以此作为"X"证书在推广过程中的实证依据,为推动教师、教材、教法改革提供坚实的理论基础。

1.4.4 理论意义

1. 基于系统回顾与分析的对技能评价概念的重构

技能评价有诸多相关概念,如考试、能力测评等,当前的研究在概念的使用方面互相之间有重叠和交叉。本研究在对原有技能评价概念和相关理论进行文献综述的基础上,重新界定技能评价的内涵,明确技能评价的概念,尤其将技能评价、考试和职业能力测评等相关概念的逻辑关系进行梳理,建立起清晰的逻辑关系。在社会学、教育学和心理学对能力和技能研究的基础上将技能评价定义为"社会组织根据特定职业(或岗位)的技能要求,采用一定的测量工具对特定人群进行的考试、测量和评估"[①]。进而将技能评价分为考试和职业能力测评两种方式。对比分析了考试中的实操考试和职业能力测评中的COMET职业能力测评。在技能评价的框架体系内,对不同的评价方式开展比较研究,进一步丰富对技能评价的理论研究和工具开发。

---

① 赵志群,孙钰林,罗喜娜."1+X"证书制度建设对技术技能人才评价的挑战——世界技能大赛试题的启发[J]. 中国电化教育,2020(02):8-14.

2. 助力"1+X"证书制度有效实施的技能评价理论模型构建

"1+X"证书制度作为新近提出的政策试点,需要一个有充分教育理论支撑、经得起实证检验的职业能力模型。在模型和理论基础上开发科学的测评方法以提高"1+X"证书在教育机构的行业用人单位的认同度,提升其对教学改革的指导作用,解决证书培训实施实践中的问题。科学的能力模型和经过实践验证的能力测评工具,可以为"X"证书制度的实施、改进、提升、反馈,以及在"1+X"证书制度基础上的教育教学改革提供技术支持。

本研究将COMET理论应用于养老服务人员技能评价中,可以为技能评价活动的开展提供全新的理念支持和理论支撑,为技能评价活动的信度、效度考量提供实证研究的依据。在此基础上,引入的信息经济学的劳动力市场信号理论作为总体框架,再一次将教育学尤其是职业教育学中的职业能力测评理论模型与管理学的绩效考核相结合,期望能更可靠地反映学生的真实能力水平,为劳动力市场提供有效的信号——通过有实证研究支撑的技能评价得到的证书。

3. 技能评价理论的丰富与深化

目前开展的技能评价活动,如现行职业技能鉴定和其他国内职业技能竞赛的理论基础是行为主义的能力观,体现的是将人视为用人单位资源的管理学观点。以行为主义的能力模型面向过去,局限于测量学的统计中,依据技能操作步骤的标准参照,考查对过去知识、技能的掌握程度和知识、技能在现实条件下的展现。COMET职业能力测评所考核的设计导向的综合职业能力,面向未来,更加关注潜力,更体现教育学关注人的发展的考量。本研究在前人研究的基础上,提供实证证据,以可信、真实的数据来源,通过量化数据对评价结果进行检验,为实现职业教育的技能评价提供基于实证研究的理论依据。在引入COMET职业能力测评方法的同时,对同一对象采取不同的测评方式进行评价。将传统的考试方法的测量结果,尤其是实操考试成绩作为未来实际工作绩效预测的一个效标,认为该成绩可以在一定程度上预测该考生未来的工作绩效。将COMET职业能力测评的成绩作为预测工作绩效的另一个效标。比较两个效标各自的预测效度,将工作绩效的测量结果纳入三角验证关系中。在这个过程中将管理学,尤其是人力资源管理的相关工具纳入研究范畴,体现行业用人单位角度对人力资源的要求,充分展示了职业教育产教融合的特征。而文章总的框架,又将"1+X"证书及职业资格、职业技能竞赛等取得的成绩作为劳动力市场的信号,从而将职业技术教育学、人力资源管理学的方法和工具统一纳入信息经济学的大框架,既拓展了原有理论的应用空间,又建立了学科之间在实证层面的对话。

4. 为职业教育研究提供新的设计思路

本研究在总体设计上采用科学伴随的典型实验研究方法,研究者本身扮演着具有设计和反思能力的实践者角色。研究者和实践者共同通过基于设计的研究,在理论的建立、检验和使用之间建立联系,促使社会现实朝着所期望的方向发生变化①。本研究从试点方案提出到通过程序成为试点政策方案再到具体实施历时四年。对研究结果的整理又持续了一年。时间跨度长,整体设计方法新颖,实施过程严谨,实证分析严密,是在我国进行科学伴随下的典型实验研究的一次重要尝试。整个研究过程是在实践过程中不断反思和修正的过程,并接受包括考生、指导教师、专家组、裁判组、教育部有关指导机构管理者的意见及建议,将他们也作为"合作设计者"和"分析者"。在连续两年的竞赛实践中,存在着对技术、方法、组织方式等不同的决策,这体现了典型实验基于设计、不断反思的行动研究特点。这种研究设计可以为后续开展职业教育研究提供一条方法路径。

1.4.5 实践意义

1. 构建优质高效技能评价实践模式

"1+X"证书制度的初衷在于服务国家需要、市场需求和学生就业能力提升,探索建设职业教育国家"学分银行",构建国家资历框架产生积极效应。这些目标的实现,无论是提升学生能力,推动专业、课程和师资队伍建设,抑或是推进"三教"改革,均需可靠、适用的理论模型作为指引。COMET职业能力测评可以提供低成本的大规模职业能力测评的方案,通过设计导向和行动导向教学理念,遵循能力发展逻辑规律考核工作过程知识,以及推动职业院校有针对性地开展教学改革活动,并以单个学生的测评报告、学校的测评报告指明未来发展、改革的方向,真正落实"1+X"证书制度的宗旨,并切实引

---

① 赵志群. 典型实验:职业教育发展创新项目的方法论思考[J]. 教育发展研究,2019,39(19):52-58.

领职业教育改革实践。

2. 为实施技能评价制度提供更为准确、经济的测评工具

以高利害相关性的职业技能竞赛活动为理论方法工具实证研究的载体，促使研究对象必须用尽全力争取最好成绩，防止其在测评活动中的消极意识与行为惰性，以及在此基础上搜集、分析获得数据，从而开展对实操考试、COMET职业能力测评两种技能评价方式的实证研究，为构建职业教育"1＋X"证书制度的测评方案提供经验证据。"1＋X"证书制度作为职业教育学生培养质量的第三方评价方式，除了需要政策依据和教育部门的政府背书外，最关键的就是测评考试发证行为本身是否有坚实的理论基础、可靠的实证基础。本研究用现有政策实践中的工作平台，检验了在理论上已经成熟的COMET职业能力测评模型在养老领域的应用，并对检验结果在实证层面通过多学科工具进行实际验证，为该领域失智老年人照护证书的考试发证工作提供坚实基础。

3. 产教深度融合提供更为合适的评价方式

COMET职业能力测评的顺利实施，首先需要发挥"实践共同体"的作用，而实践专家均来自行业一线，可以将真实工作世界的工作过程知识带入技能评价过程，并通过测评方案的实施来引导职业教育与产业的深度融合。本研究在教育部门的行业职业教育教学指导委员会和人力资源和社会保障部门的行业鉴定指导中心两个管理部门的协助下，对养老服务这一领域的参赛选手进行跟踪调研，将学生在校时的竞赛成绩与在工作岗位上的实际绩效测量进行比对。基于信息经济学中劳动力市场的信息不对称理论，将两类成绩作为学校培养的学生向用人单位发送的"信号"。根据管理学，尤其是人力资源管理领域的绩效考核研究的结果对个人工作绩效的概念进一步厘清，并以信息经济学中劳动力市场的信息不对称为基础，将各类成绩指标作为向用人单位发送的"信号"。同时，从产教融合的角度，将学校（培养端）及其培养方案、测评组织方作为评价机构的第三方（评价端）及其测评方案和企事业单位（用人端）及其绩效考核进行深度融合。以劳动力市场的"信号"为纽带，在管理学视角下，对技能评价的理论、方法和工具进行融合与验证，建立从培养端、评价方到用人端的闭路循环体系。聚焦于理论和方法工具层面的分析，将三个关键指标（实操考试与COMET职业能力测评的相关性、实操考试成绩与实际工作绩效的相关性、COMET 职业能力测评与实际工作绩效的相关性)对技能评价的理论基础和测评方法工具进行检验,以期厘清不同技能评价方法与实际工作绩效的关系,为"1+X"证书制度下的能力测评提供理论和经验支持。

通过竞赛搭建平台,将行业中优秀企业引入职业教育,通过请行业企业实践专家担任评委、裁判来引导参赛单位和选手更加了解行业和用人单位需求,以实践专家与教师的互动来提升双方共同的认知。人力资源和社会保障部门面向行业职工举办的竞赛的笔答部分,采用的也是 COMET 职业能力测评理论指导下的测评模型,该模型已经在各地进行省级预赛过程中得以充分实施,并在 2019 年 10 月举办的全国决赛中起到重要作用,而其中的实践专家讨论会方法,在专业教学改革、典型工作任务提炼、专业教学标准修订、人才培养方案制订、课程标准制定等工作中也将发挥重要作用。

4. 优化技能评价方式,推进职业教育教学改革

从"职教 20 条"到"学历证书+若干职业技能等级证书"制度试点方案,都高度重视"1+X"证书制度,尤其是在"试点方案"中明确提出通过试点,"深化教师、教材、教法'三教'改革",要对教材和教法改革,要以人才培养模式作为基础,教师也要认同和适应人才培养的需要。"1+X"证书作为"深化……评价模式改革"的手段,需要坚持以学生为中心,要证明其所代表或者引领的"人才培养培训模式和评价模式"的科学性。目前虽然推出了若干证书,但对于支持这些证书的"评价模式"的研究,还比较匮乏。从开发证书的培训评价组织到评审机构再到参与院校,都将其作为一个政策进行贯彻执行,属于政策实践但缺乏理论反思,并没有形成鲜明的理论体系来支撑"1+X"证书,也无法体现出其指导"三教"改革的理论价值。因此,研究通过科学伴随的典型实验方法,以实际的技能评价活动,对比使用不同技能评价模型,有意识地对不同评价理论进行比较研究,通过工作绩效将其与用人单位的需求深入结合,从而推动"1+X"证书的理论基础研究,为"三教"改革提供具有充分教育理论支撑的实践工具。在测评工具验证基础上,将支撑证书的技能评价理论、模型、工具推广到教师队伍建设、教材开发和教法改革中,提升人才培养质量,服务技术技能人才成长,拓展学生通过获得"1+X"证书来提高就业能力和创业本领的渠道,为实现"职教 20 条"提出的各项改革目标服务。

第 2 章 职业技能竞赛

2.1 职业技能竞赛概述

目前职业技能竞赛领域影响较大的主要是三类竞赛:一是由人力资源和社会保障部主办的中华人民共和国职业技能大赛;二是由教育部主办的全国职业院校技能大赛;三是世界技能组织(WorldSkills International)举办的世界技能大赛。

2.1.1 职业技能竞赛的分类

在技能评价领域,技能竞(大)赛是一种影响力很大的评价方式。本研究又是以竞(大)赛为典型实验的平台,因此要对学界目前对技能竞(大)赛的研究进行梳理。技能竞(大)赛根据不同的标准,有不同的分类体系。在不同的分类体系下,对技能竞(大)赛的定义也不一致。

从国家级的技能竞(大)赛活动来看,目前有两大体系:一是人力资源和社会保障部主办的"中国技能大赛"(2020 年起更名为"中华人民共和国职业技能大赛",以下简称"职工赛"),主要面向已经从业的行业职工;[1]具体来说又分为国家一类竞赛(跨行业的,如钳工、电工等)和二类竞赛(基本上集中于同一个行业);此外有些可以跟世界技能大赛接轨的比赛项目,同时还加挂了"世界技能大赛预选赛"。民政部门的职业多数为民政行业特有,因此民政行

---

[1] 中国就业培训技术指导中心.国家职业技能竞赛组织实施指南[M].中国劳动社会保障出版社,2008:2.

业的职工竞赛都属于国家二类竞赛。

二是教育部主办的"全国职业院校技能大赛"(以下简称"国赛"),是面向在校学生,由教育部发起的①。该竞赛发端于1990年5月,当时的国家教委和国家旅游局在庐山举办了全国旅游中等职业院校服务知识比赛。这次比赛是以国家教委名义举办的第一次全国性职业教育技能竞赛②,到2002年7月21—30日,教育部职业教育与成人教育司在长春举办了全国中等职业院校技能大赛。这是新时期全国职业教育技能大赛活动的标志性事件。2007年5月,国家职业教育改革试验区领导小组第二次会议决定,自2008年起每年在天津举办一届全国职业院校技能大赛,展示职业教育人才培养的成果。2008年6月,由教育部、天津市政府等11家单位共同主办的首届全国职业院校技能大赛在天津举行③。到2019年时,参与的印发全国职业院校技能大赛章程的部委单位(这些都是联合主办单位)已经达到了37家。

此外还有世界技能组织举办的"世界技能大赛"④(以下简称"世赛"),世赛并没有准确定义,从世赛官网的介绍来看,它是面向全球的(类似体育领域的"奥林匹克"),以青年,尤其是学生为参赛对象的技能大赛。

世赛的"评价和检验方法更为全面和准确"⑤,其试题对技能评价有参考性,其评测策略如下:

根据前期就评分质量评估、未来潜力等调查中所发现的问题,选择评测媒介(assessment vehicle),评测媒介主要涉及三个方面:第一,测试项目(test project)的设计与开发,各竞赛项目的测试项目均存在可改进和修订的空间;第二,评分表(marking scheme)的开发,评分表的开发采用过程和结果评判相结合、客观测量与主观判断相结合、分段评估与集中评估相结合、合理采用整体评估等方法,以鼓励"最佳的技能和表现";第三,选手赛前不能拿到完整评分表,这一策略旨在鼓励选手以工作角色为标准展现最好技能和职业水准,避免选手以备赛、竞赛和评分表为导向,而导致最终获得胜利的选手不是

---

① 教育部等37部门关于印发《全国职业院校技能大赛章程》的通知.[EB/OL]. http://www.moe.gov.cn/srcsite/A07/zcs_yxds/s3069/201803/t20180329_331775.html.最后访问日期:2021年8月7日.
② 史文生.河南省中等职业教育技能竞赛历史研究[J].中国职业技术教育,2017(16):106-113.
③ 徐桂庭,陈晓梅,滕秋月,等."精彩十年"——全国职业院校技能大赛——访教育部职成司副司长王扬南[J].中国职业技术教育,2017(16):114-119.
④ 按照世赛官网介绍,它是全球最具影响力的技能大赛,它在促进全球青年技能工作者(主要是职业院校学生)技能提升方面起到了积极作用,被誉为技能领域的"奥林匹克".
⑤ 刘东菊.世界技能大赛对我国职业院校人才培养的启示[J].中国职业技术教育,2012(36):48-52.

"国际水平所认可的最高技术和职业表现者"①。

国赛的"内容设计围绕专业教学标准和真实工作的过程、任务与要求,重点考查选手的职业素养、实践动手能力、规范操作程度、精细工作质量、创新创意水平、工作组织能力和团队合作精神。中职赛项设计突出岗位针对性;高职赛项设计注重考查选手的综合技术应用能力与水平及团队合作能力,除岗位针对性极强的专业外,不做单一技能测试。比赛形式鼓励团体赛,可根据需要设置个人赛。技能大赛题型和命题范围的依据是正式公布的赛项规程,包括理论命题和实操命题两部分,或者为项目综合式命题。命题方向和难度以教育部颁发的专业教学标准、国家职业资格标准等为依据,对接行业、国家、国际有关标准,并结合技术技能人才培养要求和职业岗位需要,适当增加新知识、新技术、新技能等相关内容。赛题应能测试学生运用专业知识和专业技能分析问题、解决问题的能力,并能体现独立工作、综合设计和团队协作能力,重点展示职业技能和职业精神"②。对"能力"的测评已然成为大赛关注的焦点。然而,能力的隐性及模糊特征,以及大赛时间、成本、用人体制的市场化,以及就业后单位的频繁变化等因素,使得对能力的精准测评更加困难。

在以"年份+中国技能大赛"命名时期,按照人力资源和社会保障部要求,职工赛"需严格按照国家职业技能标准高级工(国家职业资格三级)以上技能要求命题,保证竞赛技术工作质量;……要在确保当前竞赛工作质量基础上,结合竞赛职业(工种)长远发展需要,积极探索引进世界技能大赛相关技术标准、安全规则、竞赛管理制度等,推动国内技能竞赛与世界技能大赛相互促进、协调发展;要适时进行总结,组织竞赛技术交流研讨,分享展示竞赛成果经验,推动竞赛所涉领域技术创新和技能水平提升"③。2020年起更名为"中华人民共和国职业技能大赛"后,体现的不仅是名称的变化,在办赛目的上,也更加注重服务人才强国、创新驱动、"一带一路"建设等国家重大战略与倡议,明确了以赛事活动推动职业技能培训,促进就业创业和经济高质量

---

① 李杰,郭达,张瑞,等.以世界技能大赛推动职业院校专业教学改革的路径探析——基于世界技能大赛技术文件的分析[J].职业技术教育,2018,39(28):22-27.
② 教育部等37部门关于印发《全国职业院校技能大赛章程》的通知[TB/OL]. http://www.moe.gn.cn/srcsite/A07/zcs_yxds/s3069/201803/t20180329_331775.html. 最后访问日期:2021年8月7日.
③ 人力资源社会保障部关于组织开展2019年中国技能大赛的通知(人社部函〔2019〕41号)[TB/OL]. http://www.mohrss.gov.cn/xxgk2020/fdzdgknr/rcrs_4225/jnrc/jnds/202011/t20201102_394553.html. 最后访问日期:2021年8月7日.

发展。提出了对接世界技能大赛,打造品牌,健全体系等要求①。首届大赛后的总结中也提出"因为培训和参赛相结合,更加注重评价技能人才的综合操作能力、行为规范能力、质量控制能力和学习创新能力"②。这也体现了更名后的大赛在综合性、创新性方面的特征。

三类竞赛在参赛选手、具体评价策略等方面存在不同。世赛不限制参赛者的身份,面向世界各国青年技能人才,但对年龄和参赛次数有要求,即"参加单项赛为 22 周岁以内、团队赛为 25 周岁以内"③且只允许参赛一次。

学生赛参赛对象是在校在籍学生,其中:

(1)中职组参赛选手须为中等职业院校全日制在籍学生;高职组参赛选手须为普通高等学校全日制在籍专科学生。本科院校中高职类全日制在籍学生可报名参加高职组比赛。五年制高职学生报名参赛的,一至三年级(含三年级)学生参加中职组比赛,四、五年级学生参加高职组比赛。

(2)原则上参赛选手经过各级选拔产生。同时也对年龄和已经获奖的情况纳入否定条件。"中职组参赛选手年龄一般不超过 21 周岁;高职组参赛选手年龄一般不超过 25 周岁,年龄计算的截止时间以比赛当年的 5 月 1 日为准"。

(3)凡在往届全国职业院校技能大赛中获一等奖的选手,不能再参加同一项目、同一组别的比赛。

职工赛,在 2016 年以前为了推动以赛促训、以赛促鉴,与赛后的相应级别晋升相衔接,一般要求参赛对象为中级技能(及以上级别)证书获得者,2016 年以后,"未列入国家职业资格目录的职业(工种),不晋升职业资格等级"④。随着国家职业资格证书制度的改革,对资格证书的要求和获奖选手的级别晋升也无法实现,因此就不再对资格证书做强制要求。对于职工赛当中的世赛选拔赛项,对接世界技能大赛参照世赛的标准。

在赛项选择和设置方面,三类竞赛也各有千秋。世赛以行业为重点,与

---

① 人力资源社会保障部关于举办中华人民共和国第一届职业技能大赛的通知[TB/OL]. http://www.mohrss.gov.cn/xxgk2020/fdzdgknr/rcrs_4225/jnrc/jnds/202011/t20201102_394498.html. 最后访问日期:2021 年 8 月 7 日.
② 让技能报国成为新时代风尚——首届全国职业技能大赛综述.[TB/OL]. http://www.mohrss.gov.cn/SYrlzyhshbzb/rdzt/zhrmghgdyjzyjndc/ssjj/202101/t20210120_408010.html 最后访问日期:2021 年 8 月 7 日.
③ 刘东菊. 参与世界技能大赛提升技能人才培训质量[J]. 中国职业技术教育,2016(05):59-62.
④ 人力资源社会保障部关于组织开展 2019 年中国技能大赛的通知(人社部函〔2019〕41 号)[TB/OL]. http://www.mohrss.gov.cn/xxgk2020/fdzdgknr/rcrs_4225/jnrc/jnds/202011/t20201102_394553.html 最后访问日期:2021 年 8 月 7 日.

经济活动密切相关,现实中的社会价值都可以得到体现,竞赛项目与现实中产业部门的具体工作角色或职业匹配,并依据职业发展情况设置竞赛项目,且体现出前瞻性、引领性和多样性。① "世界技能大赛设有高端科技项目、新兴职业项目,并兼顾传统工业和现代服务业项目。"②

学生赛体现了教育部主管的特点,赛项以专业或专业群为依据。大赛章程规定,大赛赛项设置须对应职业院校主要专业群,对接产业需求、行业标准和企业主流技术水平。③ 在赛项申报的通知中进一步明确,申报赛项选题"要立足专业或专业群,对应相关的职业岗位或岗位群。符合专业或行业标准、企业用人要求,竞赛方式应体现岗位对选手职业素养和操作技能的要求。"④

职工赛以职业为依据。人力资源和社会保障部职业技能鉴定中心关于申报国家级职业技能竞赛的通知规定,国家级竞赛的职业(工种)应是本行业、本企业中具有代表性的职业(工种),且须具备下列条件之一:

(1)曾颁布过国家职业技能标准且职业技能标准等级中设有高级工(国家职业资格三级)以上职业(工种)。

(2)与世界技能大赛相对应且能够设置22周岁以下组别的竞赛项目。

2.1.2 职业技能竞赛的功能研究

对技能大赛的功能研究,主要关注技能大赛的设计功能和实际功能。设计功能方面,有学者认为大赛应继续并充分发挥其本身所承载的展示、宣传、评价、激励、导向等多重功能,引领中国职业教育改革发展走向新高度。⑤ 有学者认为大赛是培育"工匠精神"的有效途径⑥。大赛对学生的职业技能、意

---

① 李杰,郭达,张瑞,等.以世界技能大赛推动职业院校专业教学改革的路径探析——基于世界技能大赛技术文件的分析[J].职业技术教育,2018,39(28):22-27.
② 洪淼,史旦旦.世界技能大赛概述及启示[J].世界教育信息,2012(15):31-34.
③ 教育部等37部门关于印发《全国职业院校技能大赛章程》的通知[TB/OL]. http://www.moe.cn/srcsite/A07/zcs_yxds/s3069/201803/t20180329_331775.html. 最后访问日期:2021年8月7日.
④ 关于开展2020年全国职业院校技能大赛赛项征集工作的通知[TB/OL]. http://www.chinaskills-jsw.org/content.jsp?id=2c9fe79267755ded016c20f833230821&classid=ff8080814ead5a970151265569410339. 最后访问日期:2021年8月7日.
⑤ 程宇."国赛"十年:将职业教育改革进行到底——2008—2017年全国职业院校技能大赛回顾与展望[J].职业技术教育,2017,38(18):21-27.
⑥ 金璐,任占营.依托职业技能大赛培育"工匠精神"的实践与探索[J].中国职业技术教育,2017(10):59-62.

识、兴趣、心理素质等方面的养成有帮助。① 有学者认为建立起非线性协调机制,充分发挥政府的主导作用、职业院校的主体作用和行业企业的支撑作用。② 因此也有学者认为题目中既包含了政府的引导,又反映了用人单位对人才的技能需求,体现了多元主体对职业教育的共同治理。③ 在功能研究中,大赛成绩的影响因素也受到关注,有学者认为影响因素包括选手(其兴趣、动机、信念、意志等)、学校环境(教师引导、同学互助、竞赛平台等)、家庭和社会因素等。④ 还有学者从职业竞赛推动职教改革的角度提出,职业院校技能大赛是职业教育的教学环节,从教育学角度对其进行分析十分必要。已有研究表明:"大赛促进了职业教育产教融合、校企合作;实现了专业与岗位、企业、产业的对接,赛项具备先进人才培养理念,教学标准、竞赛装备、教程教材、专业建设和课堂教学的相关标准逐渐与国际接轨。"⑤有学者从大赛的教育功能上论述,认为大赛"促进了职业院校教师队伍建设,对学生学习积极性、学习能力、职业素养和心理素质的提升有积极意义"⑥;大赛对学生的职业技能、意识、兴趣、心理素质等方面的养成有帮助;⑦大赛获取的经验和改进机制方面的研究内容有:有学者探索了大赛在引领人才培养目标和模式、引领教学内容和教学方法改革、职业教育考核评价和师资队伍建设改革等方面的经验;⑧有学者提出了"教学做合一"、建立大赛与专业技能教学改革双向反馈机制等实践范式;⑨有学者基于技能竞赛与实践教学整合对接影响因素、指标与评测方法,提出了标准对接、内容对接、方法对接和评测对接。⑩ 此外还有对大赛经验的总结提炼。大赛获取的经验和改进机制方面的研究内容有:有学者探

---

① 杨伟群,陈亚东.技能竞赛对高职学生职业素质提升的作用分析——基于化工类专业的调研[J].实验技术与管理,2017,34(01):163-167.
② 陈友力,郭天平.职业院校技能大赛创新机制及其实现路径——基于"三螺旋"理论的视角[J].职业技术教育,2018(28):17-21.
③ 陈卓.政企协作的合作教育机制——以全国职业院校技能大赛为例[J].西南大学学报(社会科学版),2016,42(04):100-105.
④ 张佩佩.金牌之路与技能人才培养优化——基于技能大赛获奖选手成长经历的质性研究[J].中国职业技术教育,2018(16):86-96.
⑤ 吕景泉,吴淑媛,汤晓华.技能大赛:引领职业教育教学改革发展走向新高度[J].中国职业技术教育,2017(16):99-105.
⑥ 贾桂玲.关于职业院校技能大赛的分析与思考[J].中国职业技术教育,2018(01):55-59,74.
⑦ 同①.
⑧ 吴交树.技能竞赛引领高职院校教学改革问题探新[J].教育与职业,2016(14):110-112.
⑨ 马成荣,尤学贵,龙晓君,等.职业学校技能大赛促进专业技能教学体系改革的研究与实践[J].中国职业技术教育,2015(17):27-32.
⑩ 朱永永.职业教育技能竞赛与实践教学整合对接研究[J].高等工程教育研究,2015(05):169-172,178.

索了大赛在引领人才培养、引领教学内容和教学方法改革、职业教育考核评价和师资队伍建设改革等方面的经验①;有学者分析了国家职业标准与实践教学环节的知识体系,以及竞赛平台与实践教学设施建设等方面的关系②;有学者对获奖选手未来职业发展进行跟踪研究③。这些均对本研究有重要启发。

2.1.3　职业技能竞赛存在的问题研究

当前的技能大赛的弊端也受到了很多学者的关注,有学者认为技能大赛在一定程度上扭曲了学校的正常人才培养过程,如"资源集中在极少数参赛选手手中;选手也只进行部分技能的强化训练;增加办学成本"④。有学者分析了高职院校技能竞赛存在的偏离现象,包括竞赛目的功利化、育人功能缺失、校园资源重叠浪费等问题。⑤ 有学者指出,传统赛事存在"教学与常规培养脱离、资源分配不平衡、培养偏才及被商家绑架的弊端"⑥。

2.1.4　职业技能竞赛的国际比较研究

从国际视野来看,由世界技能组织举办的世界技能大赛影响力巨大,但是并无明确和统一的定义⑦。有学者提出"借鉴参考世界技能大赛技术文件,以世界技能标准规范为依据,优化专业教学标准;以世界技能大赛竞赛项目为载体,改革专业教学项目内容;以世界技能大赛评分方式为借鉴,精细化专业教学考核标准;参考世界技能大赛基础设施列表,提升实训基地建设水平"⑧。也有学者提出"借鉴参赛项目培训选手的成功经验,引领职业院校对接世赛项目技术标准,制定开设的课程和设计课程执行的技术标准;以世赛

---

① 吴交树.技能竞赛引领高职院校教学改革问题探新[J].教育与职业,2016(14):110-112.
② 熊维,朱永永.技能竞赛与实践教学融通整合序化的研究[J].黑龙江畜牧兽医,2017(06):219-221.
③ 苏敏.中职汽车运用与维修技能大赛获奖毕业生追踪调研[J].中国职业技术教育,2020(11):87-92.
④ 徐国庆.技能大赛应主要面向企业员工[J].职教论坛,2017,(36):1.
⑤ 胡蓉,易晓冬,覃兵.偏离与回归:高职院校技能竞赛审视与优化路径[J].职业技术教育,2016,37(06):49-52.
⑥ 代绍庆,周一飞,李久胜,等."面向人人"的技能竞赛改革实践——以浙江省为例[J].实验室研究与探索,2018,37(04):226-230.
⑦ 按照世界技能组织官网的介绍,世界技能大赛是技能卓越的黄金标准。它激励年轻的竞争对手达到新的高度,帮助他们将激情转化为职业能力。
⑧ 李杰,郭达,张瑞,等.以世界技能大赛推动职业院校专业教学改革的路径探析——基于世界技能大赛技术文件的分析[J].职业技术教育,2018,39(28):22-27.

理念和技术标准为引领,提升职业院校教师技能素质;以世赛项目比赛模块为引领,对学生施以技能水平提升训练,实现学生实际生活或工作技能水平的真正提升"[①]。有学者分析了美国职业技能大赛的选拔赛制,"明确了稳定的主办机构。各司其职的组织团队和严格的捐助财物管理等机制,相关研究指出我国大赛可以在赛项组织、评判、竞赛设备或软件使用等运行管理环节借鉴美国经验"[②]。也有学者将近年芬兰竞赛的经验总结为:围绕重点,明晰目标;需求导向,类型多样;效益指引,兼顾各方;重视宣传,资源保障。[③] 此外,也有学者提出运用"以问题为导向的教学方法(Problem-Based Learning, PBL)和基于模拟的客观结构化临床检查(Simulation-based Objective Structured Clinical Examination, SOSCE)及手机辅助教学,引导学生学习,提高学生的自我学习能力,强化照顾技能以解决问题,从国际技能竞赛训练中分析了护理教学创新与运用"[④]。

传统技能大赛一般是技能考试的一种特殊形式,是一种利害性更高、社会关注度更大的考试方式。本研究作为典型实验研究,在研究者(科学伴随)负责实施的养老服务技能赛项综合使用了传统实操考试和职业能力测评两种方式。

本研究以技能大赛为实证研究的载体,将实操考试和COMET职业能力测评两种技能评价方式综合在同一平台上对同一考生群体进行评价,因此对两种技能评价方式和技能大赛三者进行回顾,在前人研究的基础上继续向前推进,期望填补横亘在教育学领域的职业技能评价和人力资源领域的绩效评估之间的鸿沟。以用人单位的绩效评估结果为效标,评估不同职业技能评价方式的预测效度。

2.2 民政行业职业技能竞赛

民政行业职业技能竞赛起步相对于其他行业较晚,产生于职业技能鉴定工作,在职业技能鉴定工作的母体上展开,其最初的技能评价方式就是直接按照职业技能鉴定的评价方式,依据《国家职业标准》(后改称《国家职业技能

---

① 刘东菊.世界技能大赛对提升技能人才培养质量的影响力研究[J].职教论坛,2016(01):72-76.
② 李玉萍.美国职业技能大赛运行机制研究[J].职业技术教育,2017,38(12):69-73.
③ 刘其晴.产教融合视角下芬兰职业技能竞赛的经验及启示[J].教育与职业,2017(21):36-40.
④ Chiu W H, Chao S Y. A Reflection on Innovative Nursing Teaching Strategies Following an Experience Training Competitors for the Worldskills Competition[J]. Hu li za zhi The journal of nursing,2018(6):26-31.

标准》),一般按照标准内的三级技能要求进行命题等活动,与职业技能鉴定最大的区别在于两点:一是参加评价的对象经过了层层遴选,而不是像职业资格鉴定一样,符合条件的均可参加;二是竞赛是常模参照型的评价活动,需要依据评价结果排出名次,按照事先约定的比例给予奖励,鉴定则是标准参照型评价,只要达标,均可获取证书。因此,在介绍民政行业竞赛实践之前,首先对民政行业的职业技能鉴定工作做简要回顾。

2.2.1 民政行业职业技能鉴定工作

民政行业职业技能鉴定工作肇始于 2004 年,在此之前是工勤技能岗位的考核制度。2004 年 9 月 10 日,劳动和社会保障部发布《关于同意成立民政部职业技能鉴定指导中心和印发〈民政行业特有工种职业技能鉴定实施办法(试行)〉的函》(劳社部函〔2004〕207 号),批复同意民政部开展民政特有工种职业技能鉴定工作,批准成立民政部职业技能鉴定指导中心。首次批准开展民政特有职业技能鉴定的首批工种共有 8 个,涉及假肢、殡葬领域,具体包括假肢师、矫形器师、殡仪服务员、遗体接运工、遗体防腐师、遗体整容师、遗体火化师、墓地管理员。

1. 机构建设

2005 年 5 月 19 日,民政部办公厅发布《关于成立民政部职业技能鉴定指导中心的通知》(民办函〔2004〕127 号)。同年 7 月,民政部职业技能鉴定指导中心成立,并设立了办公室作为日常办事机构。

2006 年 9 月 1 日,劳动和社会保障部办公厅印发《关于同意建立民政水利等行业特有工种职业技能鉴定站的函》(劳社厅函〔2006〕491 号),建立首批 37 家民政行业特有工种职业技能鉴定站。随后又于 2007 年 3 月建立了第二批 3 家,同年 10 月第三批 1 家;2010 年 4 月由人力资源和社会保障部批准建立了第四批 29 家;2011 年 4 月第五批 4 家,共计 74 家。此后由于开始职业技能鉴定工作的改革,自 2013 年以来,国务院分 7 批审议通过取消国务院部门职业资格许可和认定事项共 434 项,其中专业技术人员职业资格 154 项、技能人员职业资格 280 项[①]。此后人力资源和社会保障部没有再建立新的职

---

① 国务院已取消 434 项职业资格! 全目录一图了解 http://www.gov.cn/xinwen/2017-02/21/content_5169530.htm [EB/OL]. 最后访问日期:2020 年 4 月 3 日。

业技能鉴定站,民政行业新的职业技能鉴定机构以筹备站的名义在民政部职业技能鉴定指导中心备案等待人力资源和社会保障部批准,并以中心授权的方式开展工作。

2008年8月19日,《民政部关于加强民政行业职业技能鉴定培训工作的通知》(民发〔2008〕116号)发布,并公布了第一批次共41个民政职业技能培训基地名单。2009年8月6日,民政部发布《关于筹建民政行业特有工种职业技能鉴定站的通知》(民函〔2009〕197号),明确了建站的原则、条件和申报程序等内容。

2. 标准教材和题库建设

2005年8月,民政部组建民政行业特有职业《国家职业标准》起草工作组,开展殡葬、假肢等8个《国家职业标准》的起草工作。同年12月,劳动和社会保障部、民政部联合在京举办殡葬、假肢《国家职业标准》审定会,《国家职业标准》起草、征求意见和审定工作基本结束。

2006年4月11日,《劳动和社会保障部办公厅、民政部办公厅关于印发假肢师等8个国家职业标准的通知》(劳社厅发〔2006〕8号),发布实施了上述假肢、殡葬领域的8个国家职业标准。2007年12月13日,《劳动和社会保障部办公厅、民政部办公厅关于印发孤残儿童护理员和灾害信息员国家职业标准的通知》(劳社厅发〔2007〕26号),进一步充实了民政特有职业标准体系。其中孤残儿童护理员、假肢师(后更名为假肢装配工)、矫形器师(后更名为矫形器装配工)的职业标准修订后于2019年4月发布。

2010年12月25日,《养老护理员国家职业标准》修订预备会在社会保障能力建设中心召开。标志着民政部与人力资源和社会保障部开始联手推进养老护理员人才队伍建设工作。该标准修订后以《养老护理员国家职业技能标准》名称印发,于2011年11月13日由人力资源和社会保障部正式颁布实施。该标准于2019年再次修订。

2006年7月,第一批8本民政职业技能鉴定培训教材(殡葬、假肢类8个职业)正式出版。

2009年8月20日,《人力资源和社会保障部办公厅关于同意建立职业技能鉴定国家题库民政等行业分库的函》(人社厅函〔2010〕437号)发布,标志着职业技能鉴定国家题库民政等行业分库的正式建立。此后,根据新颁布的职业标准和政策调整又进行了多次修订。

3. 制度建设

2007年10月12日,《民政部关于在民政系统开展职业技能鉴定工作 实行职业资格证书制度的通知》(民函〔2007〕290号)发布,首次规定在民政系统开展职业技能鉴定工作。当日,民政部人事教育司、民政部职业技能鉴定指导中心发布《关于印发民政行业特有工种职业技能鉴定工作管理制度的通知》(民人劳字〔2007〕23号),其中包括10个制度,对鉴定的组织机构、人员队伍及有关的工作程序提出要求、做出规定,为大规模地开展民政行业职业技能鉴定提供了制度基础。

2007年11月7日,《民政部办公厅关于加强民政行业职业技能鉴定培训基地建设的通知》(民办函〔2007〕257号)发布,提出按照"考培分离、统筹规划、合理布局、择优选择"的原则,建立一批民政行业职业技能鉴定培训基地。民政系统的职业技能鉴定自创始就坚持了"考培分离"这个"第三方评价"的原则,为民政系统职业技能鉴定提供了良好的制度基础。

2008年8月,《民政部关于在民政系统开展职业技能鉴定工作实行职业资格证书制度的通知》(民发〔2008〕115号)发布,明确提出2008年在全国普遍开展民政职业技能鉴定,实行工人技术等级考核与职业技能鉴定工作的并轨,较好地指导和推动了地方开展工作。

4. 活动开展

2007年12月,民政行业在江苏省民政行业职业技能鉴定试点工作,试点起点高(国家职业资格二级,即技师级别),共有7个民政特有职业[①]参加了鉴定试点。鉴定内容包括理论知识、实际操作和综合评审三部分。江苏省假肢、殡葬行业的近百名一线从业者参加了鉴定。鉴定试点工作为下一步在全行业开展职业技能鉴定工作积累了经验。当月,组织有关专家完成了"职业技能鉴定国家题库——民政分库"的开发建设工作。

自2008年启动之后,民政行业职业技能鉴定稳步发展,到2020年水平评价类技能人员职业资格正式退出目录[②],转型为职业技能等级认定工作以

---

① 假肢师、矫形器师、殡仪服务员、遗体防腐师、遗体整容师、遗体火化师、墓地管理员(遗体接运工标准只有三级,没有技师级别)。

② 人力资源社会保障部办公厅关于对水平评价类技能人员职业资格退出目录有关安排进行公示的公告. http://www.mohrss.gov.cn/SYrlzyhshbzb/zwgk/gggs/tg/202007/t20200710_379053.html from=groupmessage&isappinstalled=0 [EB/OL]. 最后访问日期:2020年7月19日。

前,共完成了近 20 万人的职业技能鉴定;鉴定对象从一开始的民政系统事业单位从业人员扩展到民政行业从业人员,再拓展到民政相关专业中高职在校学生。民政职业技能鉴定工作不仅在民政行业技能人才队伍建设方面发挥了基础和骨干作用,还为职业技能竞赛在参赛人员准备、赛后资格晋升等方面提供了坚实的基础。更为关键的是,早期民政行业职业技能竞赛(也包括很多其他行业职业技能竞赛),其评价方式都脱胎于职业技能鉴定,甚至有些职业的竞赛试题库就来源于职业技能鉴定题库,职工赛要求按国家职业技能标准高级工(国家职业资格三级)以上技能要求命题。后续我们将结合研究者负责的民政系统职工赛和学生赛的发展历程及其评价方式的变化对职业技能鉴定的评价方式进行介绍。

2.2.2 职工赛及其组织过程中技能评价方式的沿革

2008 年 5 月 23 日,《民政部办公厅、人力资源和社会保障部办公厅关于开展首届全国民政行业职业技能竞赛的通知》(民办发〔2008〕7 号)发布。这是民政行业职业技能竞赛的起始点,本届竞赛共有殡仪服务员和假肢师两个职业的选手参赛。2008 年 11 月 27—28 日、12 月 9—14 日,民政部联合人力资源和社会保障部分别于长沙、广州举办了首届全国民政行业殡仪服务员、假肢师职业技能竞赛,并获得了圆满成功。全国 29 个省(区、市)代表队的 144 名选手参加了全国决赛,竞赛的成功举办,带动和刺激了广大从业人员爱岗敬业、苦练技能的热情,在全国民政行业营造了"尊重技能、重视技能人才"的良好氛围。2010 年 6 月 10—11 日,由民政部、人力资源和社会保障部主办的"第二届全国民政行业(遗体整容师)职业技能竞赛决赛"在江苏省无锡市举行。同年 11 月 24—25 日,由民政部、人力资源和社会保障部主办的"全国养老护理员职业技能竞赛"在北京举行。全国民政行业职业技能竞赛情况汇总(2008—2018 年)见表 2-1。

表 2-1　全国民政行业职业技能竞赛情况汇总(2008—2018 年)①

序号	竞赛名称	竞赛职业	竞赛年份	举办地点	参赛人数	参赛队数
1	全国首届民政行业职业技能竞赛	殡仪服务员	2008 年	湖南长沙	87	29
		假肢师		广东广州	57	29
2	第二届全国民政行业职业技能竞赛	遗体整容师	2010 年	江苏无锡	54	28
		养老护理员		北京	73	22
3	第三届全国民政行业职业技能竞赛	孤残儿童护理员	2013 年	江苏常州	92	29
		养老护理员		北京	91	23
		墓地管理员	2014 年	北京	79	24
4	第四届全国民政行业职业技能竞赛	矫形器师	2014 年	江苏南京	32	26
		孤残儿童护理员		广东深圳	97	29
5	第五届全国民政行业职业技能竞赛	假肢师	2015 年	江苏南京	34	24
		养老护理员		山东烟台	95	29
		遗体火化师		北京	54	27
6	第六届全国民政行业职业技能竞赛	殡仪服务员	2016 年	内蒙古包头	80	23
		孤残儿童护理员		湖南长沙	100	26
7	第七届全国民政行业职业技能竞赛	养老护理员	2017 年	广西南宁	113	29
		遗体整容师		河北秦皇岛	80	26
8	第八届全国民政行业职业技能竞赛	殡仪服务员	2018 年	北京	112	30
		孤残儿童护理员		北京	113	30
		假肢装配工		南京	66	24
9	第九届全国民政行业职业技能竞赛	养老护理员	2019 年	北京	122	31
	合计				1 631	538

2014 年之前,由于经费和组织方式、主办方等原因,竞赛的举办时间并不固定。2014 年之后,民政行业职业技能竞赛固定每年举办一届。其中 2014 年竞赛联合全国总工会共同举办,第一名获奖选手还获得了全国五一劳动奖

---

① 作者任职期间统计。

章。其余各届竞赛每个职业的前三名均获得了全国技术能手称号。这些是奖励层面的变化。

就评价方式而言,由于职工赛与职业技能鉴定关系密切,因此研究将结合职工赛的相关评价过程分析职业技能鉴定的评价方式。该方式在2017年及以前年度的竞赛过程中是主流评价方式。对于选手的评价,主要采用的是理论知识考试和实操考试两种形式。当然,在具体实施过程中,根据对竞赛结果的反馈意见,研究者在民政行业竞赛中对这种传统方式也进行过改进。

1. 理论知识考试评价的演进和问题

理论知识考试最初的理论框架源自20世纪50年代布卢姆提出的教育目标分类框架:"修订后被广泛地应用在评价和教育目标的制订中,后人称之为目标分类理论。目标分类理论提出在认知领域中进行学习目标的分类研究,将教学目标细化为标准、可测的一个个知识点(事实性知识、概念性知识、程序性知识、反省认知知识)及其所应达到的目标层次(记忆、理解、应用、分析、评价、创造),教学评价以目标为参照,形成目标参照评价,检验学习者的学习水平与目标间的差距。"[①]在具体的职业技能鉴定实践中,布卢姆目标分类理论易于操作,而且具有一定的科学性,尤其是其标准化的特性有助于理论知识考试形成标准试卷,在实施职业技能鉴定和与之对应的职业技能竞赛的理论知识考试命题中,会将职业所需要掌握的知识按照学科体系化的方式建立一个逻辑框架,鉴定命题中称为"鉴定要素细目表",该以标准化的方式对知识点按照框架建立四级标题,以标题确认每个知识点所属的鉴定要素,从职业标准的"职业功能"出发,作为一级标题;将标准中的"工作内容"作为二级标题;将"技能要求"作为三级标题;四级标题中的"相关知识要求"则是分为一个个的知识点(鉴定命题中称为"鉴定点")。按照职业标准划定的"权重表"从职业功能开始逐层细化,为不同层次赋值,建立起四级的树状结构的"鉴定要素细目表"。细目表中对每个"鉴定点"再根据重要性程度进行标记,形成职业技能鉴定的命题指南。建立起细目表后,对细目表中的每个鉴定点分别命制客观题,一般为单选或者判断。每个鉴定点下一般要求5个题目,每个试题再标注难度系数。将这些题目按照鉴定要素细目表确认的结构录入职业技能鉴定中心(Occupational Skill Testing Authority,OSTA)题库软

---

① 王小明.布卢姆认知目标分类学(修订版)的教学观[J].全球教育展望,2016,45(06):29-39.

件，即可按照软件设计自主命制试题。题库提供的试题标准化程度高，变化多样，理论上可以实现千人千面的组合，而且不同批次试卷之间的信度也比较高。在职业技能鉴定中，一般来说同一批次会采取A，B两套试卷，一套作为正式考卷，一套作为备用考卷以备出现意外情况。民政系统职业技能鉴定信息化方面起步较早，2011年，时任民政部职业技能鉴定指导中心副主任兼办公室主任的杨根来教授在中教高科公司的支持下，在一无经费、二无政策、一穷二白的基础上，建立了包含报名、数据录入与导出、网络理论考试、成绩查询、证书查询、人才交流等全方位的民政职业技能鉴定网络服务平台。这种题库式命题方法，可以无缝连接网络考试系统，可以保证同一批次的考试每名考生看到的试卷都不相同，考生提交试卷答题结果即可当场看到分数，从而保证职业技能鉴定考试的公正性。

该系统在职业技能竞赛中也曾多次使用，评价过程的命题原理与职业技能鉴定完全一致，可谓一脉相承。但是实际命题不采用题库命题方式，而是在鉴定要素细目表的基础上，按照相应的分值分配，将鉴定点进一步明确、细化、更新，采取卷库命题模式，集中2～6套符合职业标准要求、质量更高、难度更大的试卷建立试题库。在实施竞赛的过程中，会将其中一套试题录入网考系统，另外备出至少一套试题作为备用卷，防止技术故障或者其他意外事件。这里要说明的是，在职业技能鉴定的理论知识考试中，每名考生看到的试卷是不同的，而且试题也有可能不同；在职业技能竞赛中，为了进一步提高信度，每名考生看到的试卷仍然是不同的，以确保不出现抄袭行为，但是试题是相同的，即使用的是同一套试卷，但是试题出现的顺序是不同的。

理论知识考试在民政行业职业技能竞赛的发展历程中，核心评价模型变化不大，但是弊端显而易见。一是题目形式简单，考查层级相对较低。由于考查仅有单选题和判断题，从目标分类理论角度来说，只能对其中的事实性知识、概念性知识和程序性知识进行考查，而且考查的层次也很低，只是在"记忆"中的"再认"，缺少填空题，连"记忆"中的"再现"层次都达不到，对于理解应用分析等层次基本上都是间接考查。二是能考查的知识对技能提升作用有限，这其中对于职业技能提升作用非常大的"反省认知知识"基本无法考查，对于事实、概念和程序性知识的分析、评价、创造层次也无法考查。三是难度相对较低，对于高层次选手的区分度有限。在理论知识考试中，由于题目源于教材，教材的容纳量有限，在锦标主义的影响下，有些单位对参赛选手进行脱产集训,几乎将鉴定培训教材原原本本地背下来。以养老竞赛为例,2010年北京市的四名选手的理论成绩都接近满分。此后,对竞赛排名比较敏感的地区均出现了脱产背书备赛的情况,而结果就是剧场效应,参赛选手的理论成绩都很高,其差异几乎可以到忽略不计的地步。

2. 实操考试评价的演进和问题

实操考试的评价基础与理论知识类似,考查的是可以客观化的部分。在民政行业职业技能鉴定中,有些实操考试是有结果的,可以仅对结果进行评价,或者依据结果做出大部分的判断,对过程的考核相对较少,这在鉴定当中被称为"考评分开"的操作,即考试过程和评价过程可以分开。这一类评价在民政行业的假肢师、矫形器师、遗体防腐整容师和火化师等中相对较多,殡仪服务员、墓地管理员也有少量涉及。这一类操作有第二产业的性质。这一类操作的评价相对较为简单,实际操作的结果摆在那里,选手、裁判、领队和观摩人员都可以直观感受到,评价的标准也比较客观,属于技能当中可以客观化的部分。在职业技能竞赛中,一般愿意选择这一类项目,一是容易评价,二是减少争议,三是结果的展示有利于技能传播和推广,四是裁判劳动强度低,如果累了可以随时停下来,不会影响评价过程和结果。

但是还有大量的实际操作是对操作的过程进行评价,这些操作并没有实体的结果作为评价对象,这种考核过程和评价过程合一的操作被称为"考评合一"。这种评价也相对主观,但恰恰是这一类第三产业服务业的情况,是目前民政行业的主流,比如养老护理员、孤残儿童护理员和殡仪服务员、墓地管理员的大部分操作以及上述假肢师、矫形器师、遗体防腐整容师和火化师的部分操作。这些操作在试题命制和考核的过程中存在大量困难,由于服务对象是人,考查的主要是为人服务的过程,命制试题中会给出相应的情境(有些时候会多一些情境),在评价标准的细化程度方面就存在着两难境地:评分粗放时考评员或者裁判员的自由裁量权过大,容易导致评分者偏差;评分标准细致时,千人一面,所有选手都参照理论试题的应试模式背诵并操作,失去了评价的实际意义,变成另一场理论考试。此外,这种考评合一的操作,对裁判员的体力、专注力都是很大的挑战。由于在组织竞赛的过程中,为了最大限度地提高信度,要求同一组裁判对所有选手的一个操作打分,因此整个操作过程都需要裁判员全神贯注,而且一般参赛选手人数较多,操作大同小异,这就要求裁判员能够坚持长时间的工作,同时要对微小的差异有敏锐的感知。

最关键的问题是,这种模式下评价的对象主要是"孤立、固化、解构后的点状知识和技能"①。为了改善这种状况,在竞赛命题和对应的竞赛组织流程方面也进行了大胆的探索实践。在命题方面,为了打破操作之间分隔过细,无法实现完整的技术流程的问题,探索了结合完整的工作过程的连续操作型实操命题,即打破原有的职业功能的分隔,以一个模拟工作场景,串起所有职业功能的命题方式。下边以殡仪服务员职业竞赛的实操试题为例,说明一下改革前、后的变化及其效果。

改革前,按照职业功能划分,确认不同职业功能的分值,每名选手需要按照抽签号码,单个轮替依次进入三个考场,以改革前的 2008 年首届竞赛为例,分别就接待洽谈、用品制作、灵堂(礼厅)设计和遗体告别仪式的主持等职业功能展开模拟操作。直接按照四个操作的得分加权得到实操考试的分值。到 2010 年,开展第二届殡仪服务员大赛时,考核的职业功能仍然延续原有的设计,但是从技术纲要上,职业功能的描述更为宽泛,包括了接待洽谈、治丧服务、骨灰寄存、用品销售四个,而且其中增加了笔答的环节,不仅要有模拟操作,还要有方案设计。最关键的变化,在于将比赛分为两个阶段,即半决赛和总决赛,半决赛阶段,将试题和评分标准公开(不包含具体情境,以考查选手的随机应变能力),按照传统的分段模式,将不同的职业功能放到了不同的考场,依次进行。在决赛阶段,则进行了重大的变化,决赛阶段从百余名选手中选出了前 20 名,确保这些选出来的选手单个操作基本功足够扎实,在此基础上,对总决赛的试题进行了综合考量,将若干职业功能全部融入一个试题当中,以真实的工作场景,考查选手的综合职业能力,决赛的试题不再公开,由于选手人数较少,此时命制试题时对单个选手的考核时长可以进一步延长,给裁判员也有充分的时间考查选手的综合素质和潜力。总决赛中,题目情境设计中加入了新的殡葬礼仪形式,把追思会作为一种创新形式引导新习俗,而且关注了社会中目前广泛存在的老年人跨地域帮助照顾孙辈等社会现象,考查选手对于新形式、新问题的感受能力,在面对新情况时依据职业认同感迅速做出决策的能力。这种评价方式的变化,不仅实现了对选手综合能力和职业发展潜力的考查,也推动了相关行业单位在提供新服务形式、关注社会热点问题、提供高质量哀伤服务等方面的创新能力提升。

---

① 柳洁,陈泽宇.SOLO 分类理论在职业教育学业评价领域的应用剖析[J].中国职业技术教育,2018(17):5-10.

3. 竞赛评价的创新

由于竞赛需要在职业标准的框架内进行,因此在竞赛的命题中,研究者和命题专家形象地将其称为"戴着镣铐跳舞",对于创新性、引领性的操作无法考核。为了改变这种现状,研究者作为实际操作者,在杨根来教授的支持下,于2013年第三届竞赛中创造性地加入了"职业能力展示"环节,占总分值的10%。由参赛选手在考核现场展示与参赛职业专业知识和技能相关的、自创的技能展示,由考评员按相应考核规则现场评判打分。该项目最初被部分选手认为是才艺展示,搞成了吹拉弹唱,随后的技术纲要中,明确了将职业相关性作为最重要的考核指标,占比为40%。最终形成了评分表,见表2-2。该项目为鼓励选手创新,推广技能从业者立足自身工作实践,开展技能创新开辟了道路。同时还起到了良好的宣传效果,成为竞赛当中最具观赏性的环节。

表 2-2　　　　　　　　　职业能力展示评分表

序号	一级指标	一级指标要求	二级指标	二级指标要求	配分
1	相关性	所展示的职业能力应与职业功能、工作内容和技能密切相关	职业相关情况	具体操作与职业相关	20
			内容相关情况	展示内容符合标准要求	10
			技能相关情况	展示技能科学、规范	10
2	创新性	展现职业领域的新技术、新方法、新工艺等,具有独创性	新技术的开发	开发的新技术水平	5
			新方法的应用	应用的新方法	5
			新工艺的使用	使用的新工艺	10
3	先进性	展示的职业能力应符合科学伦理,有技术含量,有利于传承优秀的职业文化和理念	科学伦理	科学伦理性强	10
			技术含量	技术含量较高	5
			操作难度	操作难度较大	5
4	实用性	展示的技能可模仿、推广,便于本职业从业者在实际工作中掌握应用	需求范围	社会需求范围广	5
			推广应用	便于行业内推广应用	5
			技能掌握	便于从业者掌握	5
5	艺术性	展示的职业能力有观赏性和艺术性	观赏性	具有观赏性	3
			艺术性	具有艺术性	2

该项目在推进的过程中也经历了多次变革,除了评分标准逐渐细化完善外,竞赛实施的过程中,具体的实施方式也在变化,最初仅提供PPT展示,允许助手协助展示,但是不允许携带其他用具;后来根据选手和代表队的意见,允许个人自带工具,主办方提供基本的职业环境(如护理类职业的护理床等大件设备);最后让选手在当地进行视频录制,既给予选手充分的展示空间,所需设施设备工具助手均可自行准备,又便于存档传播的形式,同时要求视频中不得出现姓名、单位等内容,在报到当日由工作人员将视频随机编号后,再交由裁判员统一打分。经历这些变革过程之后,职业能力展示项目已经成为发掘先进技术,鼓励结合职业实践不断改进的特色项目。

随着项目逐渐完善,评分标准逐渐细化,职业能力展示项目越来越受到各参赛队的关注,各代表队在视频拍摄上的投入越来越大,有些代表队为了在该项目上获得好成绩,花费重金聘请专业拍摄团队并进行后期处理,造成了沉重的经济负担。有些为了完成操作,采取倍速播放等取巧形式,引起了不良的后果,职业技能竞赛又面临着重大挑战。因此,在2018年第八届竞赛时,结合在学生竞赛中的试点成果,经由各代表队通过赛事组织方式研讨会讨论并报组委会通过,该项目被COMET职业能力测评取代。

2.2.3　学生赛及其组织过程中技能评价方式的沿革

2010年9月28日,"首届全国职业院校民政职业技能大赛"在北京社会管理职业学院、长沙民政职业技术学院、重庆城市管理职业学院同时开幕。该竞赛由民政部人事司、民政部职业技能鉴定指导中心、教育部高职高专公共事业类教学指导委员会联合举办,首次举行涉及10个院校、11个职业的全国性技能比赛。这是民政部首次举办的职业院校民政职业技能竞赛活动。

2011年5月26日至27日,"第二届全国职业院校民政职业技能大赛"在北京社会管理职业学院举办。本次大赛的主办方变更为全国民政职业教育教学指导委员会和民政部职业技能鉴定指导中心,以后历届竞赛均由这两个机构主办。首次引入教师参加竞赛,并进一步完善裁判回避制度,首次引入冠名杯赛的形式,加强校企合作力度,并产生了一批获证人员。全国职业院校民政职业技能大赛情况(2010—2019年)汇总表见表2-3。

表 2-3　全国职业院校民政职业技能大赛情况(2010—2019 年)汇总表①

年份	届数	地点	参赛职业	参赛院校（所次）	参赛人次
2010	第一届	北京长沙	殡仪服务员、遗体接运工、遗体防腐师、遗体整容师、遗体火化师、墓地管理员；假肢师、矫形器师；养老护理员、孤残儿童护理员、手语翻译员	11	236
2011	第二届	北京	殡仪服务员、遗体接运工、遗体防腐师、遗体整容师、遗体火化师、墓地管理员；假肢师、矫形器师；孤残儿童护理员、养老护理员、灾害信息员、礼仪主持人、手语翻译员	9	236
2012	第三届	北京	殡仪服务员、遗体接运工、遗体防腐师、遗体整容师、遗体火化师、墓地管理员；假肢师、矫形器师、灾害信息员、养老护理员、孤残儿童护理员、礼仪主持人、手语翻译员、家政服务员、物业管理员	16	309
2013	第四届	长沙	殡仪服务员、遗体接运工、遗体防腐师、遗体整容师、遗体火化师、墓地管理员、假肢师、矫形器师、孤残儿童护理员、养老护理员、灾害信息员	33	372
2014	第五届	北京重庆	殡仪服务员、遗体接运工、遗体防腐师、遗体整容师、遗体火化师、墓地管理员；养老护理员；灾害信息员、手语翻译员、礼仪主持人、社会工作者	41	340
2015	第六届	北京南京珠海	殡仪服务员、遗体接运工、遗体防腐师、遗体整容师、遗体火化师、墓地管理员；养老护理员；社会工作者	60	479

---

① 作者任职期间统计.

续表

年份	届数	地点	参赛职业	参赛院校（所次）	参赛人次
2016	第七届	北京 天津 包头	遗体接运工、遗体防腐师、遗体整容师、遗体火化师、墓地管理员、礼仪主持人、手语翻译员；养老护理员，社会工作者	71	540
2017	第八届	三门峡 秦皇岛	养老护理员；社会工作者；礼仪主持人；殡仪服务员、遗体防腐整容师、遗体火化师、墓地管理员	79	597
2018	第九届	上海 秦皇岛 成都	社会工作者；殡仪服务员、遗体防腐整容师、遗体火化师、公墓管理员；婚礼主持人、婚礼策划师	73	391
2019	第十届	重庆 秦皇岛 兰州	殡仪服务员、遗体防腐整容师；社会工作者；婚礼策划师、礼仪主持人	70	373
合计				463	3 873

注：2018年以后，养老护理员被纳入教育部的全国职业院校技能大赛体系，作为行业特色赛项——养老服务技能。本研究的主体部分针对2018年、2019两年国赛的项目展开，在此不予讨论。

全国职业院校民政职业技能大赛最初的评价方式与职工竞赛完全一致。由于参加群体为职业院校，是高技能人才培育的主渠道，且主办方均为民政部所属机构，因此在改革探索方面比职工赛更为先进。最典型的例子就是取消传统的理论知识测试和创新的"职业能力展示"项目，将这两者的功能合并后纳入"方案设计"题目。这项改革首先在2018年的院校竞赛中试点，在随后的职工竞赛中推广开来。方案设计的核心是COMET职业能力测评，该理论的相关模型将在后续对国赛组织方式和数据分析中展开。

2.3 我国技能评价相关政策及其实践

除了过去的职业资格鉴定和现在逐步推开的职业等级认定，国际、国内还有其他与技能评价密切相关的政策实践。国际上，发达国家普遍将建立涵盖范围更加广泛、结构更加完善、有利于不同教育间学分转换和学生流动的资历框架体系作为构建完善教育与培训体系的重要举措。实践证明,资历框架不仅是实现国家内部各种类型学习成果认证的制度基础,也是实现国际范围内人才流动的重要保障。① 2019年1月24日,《国家职业教育改革实施方案》(国发〔2019〕4号)(以下简称《方案》)正式明确了"推进资历框架建设,探索实现学历证书和职业技能等级证书互通衔接""在有条件的地区和高校探索实施试点工作,制定符合国情的国家资历框架"这一重要任务。《中国教育现代化2035》也指出"建立国家资历框架……建立健全国家学分银行制度和学习成果认证制度"。一系列政策文件的出台,说明建立"国家资历框架"(National Qualification Framework,NQF,国际上也称学习成果框架)的任务迫在眉睫。通过在不同类型、不同层次的教育之间相互衔接,明确各级各类(职业)教育的定位和资格标准,实现在各种"资格要求"之间的认可、衔接与融通,是实现整个教育体系衔接与融通的逻辑基础。通过制定国家资历框架,不但可以有效解决(职业)教育与培训供给与就业市场需求的结构性矛盾,而且可为解决我国当前职业教育两套管理体制(教育和人力资源管理)的矛盾提供关键的技术性支持,因此,建立中国的国家资历框架,即建立具有可比性的各级各类人才培养的"出口标准",具有重要的现实意义。

资历,对应的是英文中的"资格"(qualification)一词。"资格"是指得到承认的所有资格证书、学校文凭和职业经历。"资格"是上位概念,"职业证书"和"文凭"是"资格"的下位概念。为获得资格证书而进行的学习和考评,可以通过学校教育进行,也可以通过工作经验获得。国家资历框架是世界发达国家和地区为构建终身学习制度,沟通衔接学校教育和继续教育、普通教育和职业教育、学历证书和职业资格体系而采用的一种用以对各种资历进行开发和分类的制度设计工具。② 在中国现阶段的国情下,资历框架是在统一的制度体系内,通过统一的标准、模块化的对应关系、统一认定的评价机构和统一的评价流程,对学习者在教育系统内部的不同学历之间、人力资源和社会保障部的职业资格证书之间,以及教育与人力资源和社会保障之间的统一互认,并实现跨越普通教育、继续教育、职业培训等形式之间的转换。目前在我国,资历框架与资格框架是两个交叉混用的概念。相对而言,资格框架在学

---

① 陈丽,郑勤华,谢浩,等.国际视野下的中国资历框架研究[J].现代远程教育研究,2013(4):10-17.
② 肖凤翔.国家资格框架中学历证书和职业资格证书的等值[J].教育发展研究,2015(5):3.

术界应用得更普遍一些。为避免歧义,本文采用近期政府文件中的"资历"这种折中的表述,以涵盖相关政府部门、教育系统以及社会权威机构对个人的学习成果所提供的具有认定性的证明。

2.3.1 我国资历框架的政策实践

我国学术界在2000年前后开始关注国外资历框架的研究与发展,国内资历框架建设仍处于前期酝酿阶段,相关政策研究和实践主要集中在教育和人力资源管理两个领域。

1. 教育领域的政策实践

首先是学历和学位证书制度。学历是学习经历的证明,学历证书是个人达到学历教育人才培养质量规格最低要求的凭证,它表征个人经历的专业学习过程及其所获得的学习经验,是由教育部门授权学校或教育机构颁发给个人的文凭。学位证书则主要表明受教育者在某一学科领域所达到的学术水平或专业水平的证书。[1] 我国的学位类型分为学术型和专业型,即不但强调学习者的学习经历,而且更强调学术水平和专业水平,学术学位和专业学位在人才培养目标、培养模式和人才培养质量方面均有差异。学术型学位以科研为主,偏重理论;专业型学位侧重实践,以培养应用型高层次人才为主。

就普通(高等)教育来讲,我国的学历和学位证书制度已发展得相对完善和成熟。随着经济社会发展和职业资格的不断变化,单纯的学历和学位证书制度逐渐不能满足社会对人才规格的需求。虽然《中华人民共和国职业教育法》规定实施职业教育应当根据实际需要,同国家制定的职业分类和职业等级标准相适应,实行学历证书、培训证书和职业资格证书制度,但是这一规定仅限于职业教育领域,普通教育的学历和学位制度与职业之间并没有通过证书建立联系,如会计学专业本科教育与会计职业脱节,会计从业资格证属行政许可类职业资格,是从业者必须具备的上岗证,现实中存在虽然毕业生获得了学历证书、学位证书,但却难以通过会计实务考试的情况。因此,完善证书制度建设,必须将教育证书制度和劳动证书制度建立联系,以解决学历和学位证书制度与职业世界脱离的问题,这也是现行"双证书"制度和当前国务

---

[1] 王庆东. 中国学位授权体系的委托代理问题研究[D]. 沈阳:东北大学,2009.

院启动"学历证书+若干职业技能等级证书"("1+X"证书)制度试点工作的重要目标。

其次是与学历证书匹配的"双证书"制度和"1+X"证书制度。"双证书"制度将教育制度和劳动制度有机结合,旨在使高职院校学生通过全日制教育,在毕业时同时取得学历证书和职业资格证书。经过几十年的实践探索,双证书制度效果显著:学生职业素养水平大幅提升、入职适应期明显缩短、用人单位及社会反映良好[①]。但由于体例宏观、管理无序、就业准入制度不完善、法规体系不健全等,职业资格证书的认可度低,甚至形同虚设等问题也普遍存在,暴露出职业教育教学改革和管理等系列具体问题的跟进明显滞后,亟待优化现有管理或出台新的制度予以支撑,"1+X"证书制度可视为深度推进和完善"双证书"制度的重要举措。

《方案》提出,从2019年开始,在职业院校启动"1+X"证书制度试点工作,表明国家从顶层设计角度进一步明确了职业资格证书的重要性。"1+X"证书制度是技术革命推动社会分工和职业变迁的一种趋势,相比于"双证书"制度,"1+X"证书制度的开发建设主体、运行机制、管理模式等方面都发生了根本的变化。"X"的范畴涵盖了各级各类的培训证书,如各种类型的外语等级考试证书、普通话测试证书等,面临许多必须解决的问题:这些庞杂的证书种类可否及如何纳入"1+X"证书框架中?判别标准是什么?怎样将其纳入职业教育"学分银行"制度?实行"1+X"证书制度之后,职业学校是否继续推行"双证书"制度?如何处理"X"证书与职业资格证书的关系?……

目前阶段较为创新的实践是学分转换和学分银行制度。最初的学分认证、积累与转换是希望在职业院校中建立灵活开放的学习系统,打破普通教育、职业教育、继续教育之间的沟通机制,为学校内与学校外教育体系建立"立交桥"的制度保证提供技术支持。在《国家中长期教育改革和发展规划纲要(2010—2020年)》和《现代职业教育体系建设规划(2014—2020)》中都明确提出:搭建终身学习"立交桥""促进各级各类教育纵向衔接、横向沟通,提供多次选择机会,满足个人多样化的学习和发展需要""建立继续教育学分积累与转换制度,实现不同类型学习成果的互认和衔接"。目前,我国学分银行主要还是在教育系统内部(如开放大学)运转,在教育系统内外的沟通方面做了

---

① 李红卫.职业学校"双证书"制度实施现状调查[J].职业技术教育,2012(34):39-44.

大量的探索，在一定程度上可以推动终身教育、终身学习理念的实现，支持了线上学习与传统校园学习的融合，在实现普职融通方面起到了一定作用①。应该看到，我国颁布的政策已经切实表明资历框架是终身教育体系建设的制度基础，期望以资历框架中相应的"学分银行""学习成果认证"等制度统筹考核终身学习的全过程，但从效果看，对于如何跨越教育和人力资源管理两个部门的资历认证，尚未形成有效机制。

2. 人力资源领域的制度实践

首先是专业技术人员的职称制度。职称制度是以职务（工作）和单位特定人力资本为基础的公共部门用人评价制度，②是我国专业技术人才管理工作的重要组成部分，是评定、使用、开发各类人才的有力工具。2007年《国务院办公厅关于清理规范各类职业资格相关活动的通知》（国办发〔2007〕73号）决定，将职业资格纳入职称框架体系，这里具体有三项制度：职业准入类资格、职业水平评价类资格、专业技术职务任职资格。随着产业结构和职业结构的发展变迁，现行专业技术人员的职称制度的局限性和深层次矛盾已逐渐凸显，需要重新定位职称的功能和制度体系，提高职称与职业资格的可比性和等效性，推进国际互认与合作。

其次是工勤技能岗位的考核制度。机关事业单位工勤技能岗位升级考核（考评），主要是指由各级政府（主要为省级及以下）工考部门按照职业技能标准及规范对在职的机关、事业单位技术工人进行岗位对应职级技能等级的考核。对该项制度学界研究不多，主要原因是机关、事业单位的工勤岗位比例在逐年降低，有些省份已经将其纳入统一的国家职业资格制度中，但是，目前中国现阶段在区、市及以下地区，机关、事业单位从业者中尚有大量的工勤人员，考核制度与工资待遇直接挂钩，亟待探索工勤技能岗位与资历框架衔接机制。

最后是高技能人才与工程技术人才职业贯通机制。部分行业和职业领域的资历框架也在建设之中。教育部2011年开始实施"卓越工程师教育培养计划"，目标之一就是改革完善工程师职务聘任、考核制度。《人力资源社会保障部关于在工程技术领域实现高技能人才与工程技术人才职业发展贯

---

① 吴南中，吴易雄.职教体系学分银行的建构理念与推进策略[J].中国职业技术教育，2016(33):26-32.
② 孙一平，蔡学军.职称制度基本概念界定与政策取向的辨析[J].中国人事科学，2018(08):63-71.

通的意见(试行)》(人社部发〔2018〕74号)提出"支持工程技术领域高技能人才参评工程系列专业技术职称""鼓励专业技术人才参加职业技能评价""建立评价与培养使用激励相联系的工作机制"。这是人力资源管理部门内部打破原有身份限制,建立人社部门内部资历框架"立交桥"的重要尝试。按照《华盛顿协议》,要以国际工程联盟、国际咨询工程师联合会等国际组织为平台,参与国际工程师标准制定,加强工程技术人才的国际交流,加快工程师资格的国际互认,而我国高技能人才与工程技术人才的职业贯通机制与国际水准还存在较大差距。

2.3.2　政策实践评述

总体来看,教育领域主要是从推动人的终身学习、发展、提升的角度来展开,通过资历框架中对不同场所的学习成果和人力资本投资的承认来提升人们终身学习的动机,从最初的"双证书"到现在提出的"1+X"证书的角度,体现职业教育作为一种不同于普通教育的类型,彰显其与产业结构的适应和对职业标准的对应关系。人力资源管理领域更多侧重于运用国家资历框架解决各类学历证书、学位证书、资格证书、水平证书等证书制度对人才评价、人才学习成果认定、人力资本投入情况进行综合性管理,为用人单位和国家提供政策支持。目前,在广东、苏州等地都有资历框架的试点工作,但全国性的资历框架建构工作尚在起步阶段。教育部门和人力资源管理部门的资历框架相关政策实践,具有相应的运行机构和评价标准,构成了中国特色国家资历框架建设的出发点。对于人力资源管理部门和教育部门分别主管的资格和学历学位证书对应转换,需要明确转化方式、标准和内容,在这方面资历框架的"框架性"体现不足,有很多障碍需要突破,如不同资历体系间的转化和互认等缺乏细化的标准。尽管如此,教育和人力资源两个领域的政策实践为全国资历框架的建设打下了良好的基础。

第 3 章　职业技能竞赛中评价方式研究的理论基础

本研究旨在以科学伴随典型实验的方式，建立实操考试、COMET 职业能力测评项目、实际工作绩效三者之间的三角验证关系。具体通过对同一群体考生采取两种不同的测试方法进行测评并得到测评结果，以测评成绩预测未来实际工作绩效，通过 360°绩效评估对实际工作绩效进行测定，从而确定不同测评方法的预测效度，并在 COMET 职业能力测评中深入分析不同维度对工作绩效的预测效度。在此基础上，为职业能力的测评选择合适方法，为方法的推广应用提供依据。本研究的理论框架如图 3-1 所示。

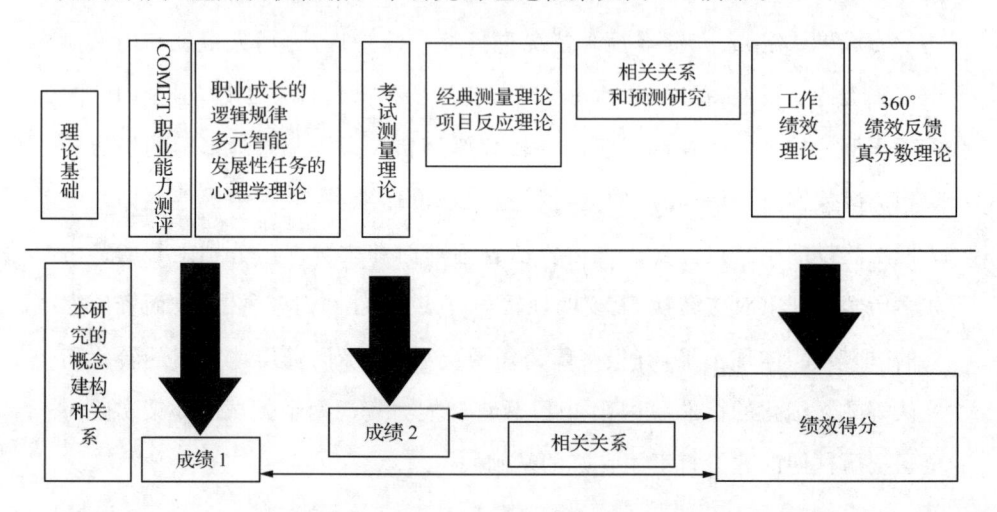

图 3-1　本研究的理论框架

3.1　技能评价的理论基础

本研究的主要对象是技能评价的理论基础及其评价方式，因此有必要对研究中使用的两种主要评价方式——COMET 职业能力测评和实操考试的理论基础进行介绍,为开展研究打下坚实基础。

3.1.1 职业能力测评的理论基础

COMET 大规模职业能力测评项目①是一个职业教育的国际比较研究项目,其内涵相当于职业教育的国际学生评估项目(The Program for International Student Assessment,PISA)。COMET 能力模型和测评模型凭借独特的优势与特征,已经得到广泛认同。基于从初学者到专家的能力模型,COMET 职业能力测评开展了一系列的研究,在不同国家的不同专业开展了测评活动,除了针对学生的测评之外,还有针对教师职业能力的测评②,也有"针对 COMET 缺乏对动手能力测评的批评,提出了职业认知能力与职业行动能力的划分"③。

COMET 能力测评的对象是职业能力,指的是针对一个专门职业的认知倾向,即能力水平和能力轮廓所表现出来的能力特征,它是完成综合性职业工作任务的计划和构思能力。要求从业人员在工作中"要参与设计过程并承担责任,这个过程的目的始终是寻找明智的妥协方案。能力测评方案就是按照这一基本观点开发的"④。开发测评模型需要有能力模型,该项目的能力模型就是从初学者到专家的能力模型。

关于职业能力的测评方法研究,测试技术的复杂性应该进一步得到重视。不仅在比较教育研究中需要考虑不同国家教育体系的差异,还需要从心理学测量的角度对开放性测试题目的合理性给出充分解释;尤其当职业实践问题繁多时,这种对开放性的合理化解释是很重要的支撑。在这个领域,马滕斯(Martens)和罗斯特(Rost)通过对 COMET 模型进行实证检验,认为"COMET 模型可以用来解释不同解决方案均可完成开放性的职业任务"⑤,

---

① COMET 采用大规模能力诊断(large-scale diagnostics)方法,对学生的职业能力、职业承诺和职业认同感发展情况进行评价。
② 张志新.基于测评的职业教育教师职业能力研究[M].北京:清华大学出版社,2016:2.
③ 周瑛仪.大规模职业能力测评的预测效度——基于 COMET 方案在汽修、数控与电气专业领域的研究[D].北京师范大学,2015.
④ 赵志群,等.职业能力测评方法手册[M].北京:高等教育出版社,2018:3.
⑤ Martens T, Rost J. Der Zusammenhang von Wahrgenommener Bedrohung durch Umweltge-fahren und der Ausbildung von Handlungsintentionen[J]. Zeitschrift für Experimentelle Psychologie. 1998 (4):345-364.

完成了对开放性的合理解释。后来马滕斯（Martens）等又成功地对 COMET 职业能力模型和测评模型的信度、效度和测试质量进行了心理测量学检验[①]；张志新也对 COMET 职业教育教师的职业能力模型进行了测量学验证[②]，完成了心理测量学领域的实证研究。已有研究充分给出了使用 COMET 职业能力测评模型开展能力诊断和测评的依据。

职业能力测评实施的首要步骤是建立能力模型，建构测评的初始内容框架。其能力模型是三维结构的，按照从初学者到专家的逻辑结构逐渐提升。COMET 职业能力模型最直接的理论基础是专家智能研究发现的"从初学者到专家"结合学习理论中行动导向和情境学习、心理学中的发展性任务、职业教育设计导向的指导思想等相关理论，提出了职业教育三维 COMET 职业能力模型，如图 3-2 所示。

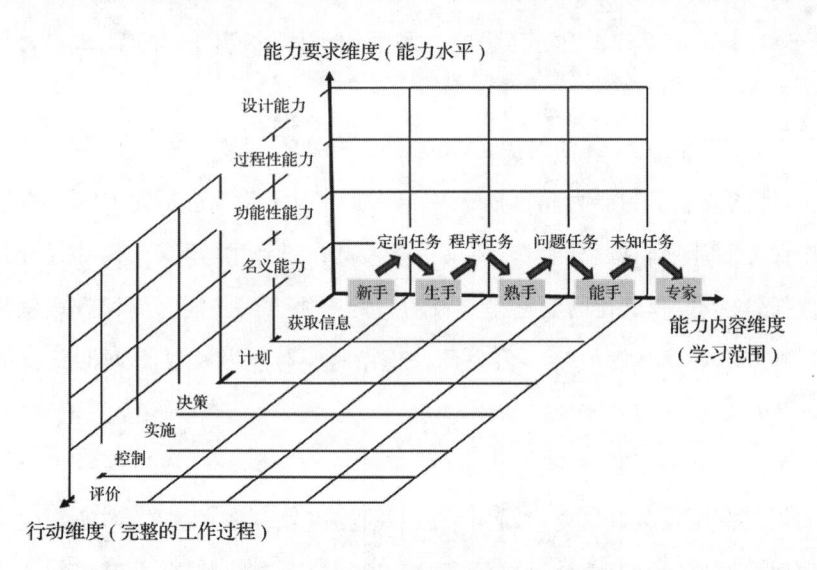

图 3-2　职业教育三维 COMET 职业能力模型[③]

该模型的三个维度[④]中行动维度包含六个行动阶段（包括获取信息、计划、决策、实施、控制和评价），能力内容维度是根据职业成长规律，依次将从新手、生手到专家的不同成长阶段的任务进行梳理，明确为定向任务、程序任务、问题任务和未知任务四个层次。能力需求维度则涵盖了名义能力、功能

---

① Martens T, Rost J. Zum Zusammenhang von Struktur und Modellierung Beruflicher Kompetenzen[C]. In: Rauner F, Haasler B, Heinemann L, at el. Messen beruflicher Kompetenzen. Bd. I. Münster: LIT, 2009: 91-95.
② 张志新. 基于测评的职业教育教师职业能力研究[M]. 北京：清华大学出版社, 2016: 61-62.
③ 赵志群, Felix R. 职业能力测评方法手册[M]. 北京：高等教育出版社, 2018: 54.
④ 主要包括：能力要求维度、行动维度和能力内容维度，其中，能力要求维度涵盖四个能力级别。

性能力、过程性能力和设计能力等。

1. 能力内容维度

能力内容维度主要是指能力的层次性，对应的是从新手到专家的成长过程中依次需要完成的任务，包括入门者（新手）需要完成的职业定向任务，高级入门者（生手）需要完成的程序任务，熟练者（熟手）需要完成的问题任务和精通者（能手）需要完成的不可预见的未知任务，进而成长为专家。这些任务也都对应着不同的职业知识。

德莱弗斯兄弟（H. L. Dreyfus，S. E. Dreyfus）提出："人类的理解是一种类似于知道怎样在世界生存的能力，而不是知道许多事实和规则。"[1]依据飞行员、驾驶员以及成年人第二语言习得的能力发展过程，将能力发展划分为从初学者到专家五个连续阶段[2]，每一阶段的基本思维特征是：初学者（novice）（新手）和提高者（advanced beginner）（生手）都会学习和运用规则指引，依据客观事实和特征做出判断，其区别在于是否考虑情境因素。他们不需要做任何判断，只需按照客观知识指引行动即可。有能力者（competent）（熟手）可以从冗杂信息中区分信息的重要性，对情境因素考虑已成为工作中的常态，且需要有意识地做出计划翔实决策。也因此要为自己的行为负责，并在情感上关注结果，这是提高者与初学者和有能力者的重要区别。此时，提高者逐步形成了李（Ree）等所界定的一般知识是"流体"（fluid）的[3]，并应用于特定的经历中。熟练者（proficient）（能手）的特点是形成了"知道怎样（know how）"的知识或者知觉[4]，类似于李（Ree）等所界定的特定知识是"晶体（crystallized）"的，是经验改造后的一般知识[5]。对于专家而言，熟练的操作技能已经与他们融为一体，根据他们过去的具体经验进行判断，而且他们

---

[1] Dreyfus H L, Dreyfus S E. Mind over machine：The Power of Human Intuition and Expertise in the Era of the Computer[M]. New York：Free Press，1986：17.
[2] Barbaba J, Daley. Novice to Expert：A Exploration of How Professionals Learn[J]. Adult Education Quarterly，1999（49），133-147.
[3] Ree M，Earles J，Teachout M. Predicting Job Performance：Not Much More Than g[J]. Journal of Applied Psychology，1994（4）：518-524.
[4] 因为经历-回想-情境-有效方式，所以采取行动时他们已经无须经过有意识的思考。熟练者和专家（expert）都具有"整体相似性"的识别能力（holistic similarity recognition），这是一种无须分解组成部分的特征就能识别出其中规律的直觉。
[5] Ree M，Earles J，Teachout M. Predicting Job Performance：Not Much More Than g[J]. Journal of Applied Psychology，1994（4）：518-524.

的判断是缄默的,往往是难以用语言解释的,蕴涵于其行为之中,不是那些与行为相分离的规则知识。专家的思考是批判性的反思,而且只在结果关键、情况新颖、时间充裕的情况下才对自己的直觉进行反思。在其他情况下他们可以流畅地、轻松自如地仅凭直觉操作。

本奈尔(Benner)在德莱弗斯兄弟模型的基础上,进一步发展了能力发展模型。并通过对护士职业能力的研究,提出了从初学者到专家的成长体现在:"决策的依据从具体规则转变为自身经验;对情境的看法从分散转为一个整体;由合法的边缘参与逐渐转化为核心参与者。"[1]劳耐尔在德莱弗斯兄弟五阶段模型的基础上,将人的职业成长阶段划分为四个阶段,即初学者(novice)、提高者(advanced beginner)、专业者(professional)和专家(expert),并将每个阶段典型工作任务的类型和特点进行了归纳。

周瑛仪从三个角度[2]对从初学者到专家的五个职业能力发展阶段进行了归纳。COMET职业能力测评的能力模型是分层次的。按照逻辑顺序依次出现,不同层次从业者的决策与处理方式、对情境和对角色的知觉也在不断地深化。具体来说,模型中提出的四个阶段均有其典型工作任务。

典型工作任务(professional tasks)[3]是与"发展性任务"[4]一脉相承的,它应该具备以下几个方面的特点:第一,全面性。即要求技术技能人员在面对开放式的综合性测试题目时,要全面考虑劳动安全、生产成本、社会接受度与环境保护以及企业竞争环境等因素,跳出狭隘的技术视野去寻找与工作情境相关设计空间和问题解决空间。第二,典型性[5]。其工作内容和方法方面应具有职业的鲜明特点,且任务的职业特点是大家公认的、程序较为复杂的、内容综合全面的,完成任务需要一定资格和能力。第三,完整性。不能仅仅是一个步骤或者工序,结构要完整。第四,发展性。即为解决问题留有设计的空间。同时,具有促进该职业领域的职业能力发展的潜力。第五,实践性。完成该任务需要与实际工作密切相关的"工作过程知识",典型工作任务应该

---

[1] Benner P. From Novice to Expert[J]. American Journal of Nursing, 1982 (3): 402-407.
[2] 决策与处理方式、对情境的知觉、对角色的知觉。
[3] 赵志群. 职业教育工学结合一体化课程开发指南[M]. 北京:清华大学出版社, 2009: 33.
[4] 赵志群. 典型工作任务分析与学习任务设计[J]. 职教论坛, 2008(12): 2.
[5] 表现职业工作的内容和形式,通过对它的描述,能够理解该任务在整个企业经营过程大环境中的意义。

来源于实践①。第六，教育性。它应该来源于真实工作任务，但不是完全照搬，应该由教师根据教育教学要求进行适度的修正，使之可以教授、可以考核。任务是否"典型"，是由具有丰富实践经验的专家型工作者（实践共同体）通过"实践专家研讨会"等判断的，"典型"要求它是可以反映该职业独特的工作方式、独有的工作内容的工作任务。

具体来说，模型中列出的四个阶段的典型工作任务的概念及其特点如下：职业的定向任务是生手阶段的任务。在该阶段，学生要对职业有一个整体的认知，是感性的、直观的、总体的、表面的。通过该阶段的任务，学生可以对职业建立初步的认同感，对职业和工作有总体的认识。完成这样的任务，标志着学习者从新手向生手的进步。

程序任务②目标是建立职业责任感。该阶段的知识特点是职业的关联性，培养学习者关联性思考的能力，系统地完成任务要求学习者整体化的思考技术与组织的结构、具体的工作情境之间的关系。该阶段需要学习者具有透过现象寻找、总结规律的能力，在掌握规律的基础上独立完成工作。这些典型工作任务的完成，标志着学习者已经从生手向熟手迈进。职业成长发展逻辑规律的学习范围见表 3-1。

表 3-1　　　　　　　职业成长发展逻辑规律的学习范围③

学习范围：从初学者到专家		图示	任务类型	任务完成方式
学科系统化的深入知识	如何用系统化的专业知识来解释如何在具体的工作情境解决实际问题		不可预见的工作任务	经验导出，非限定的任务处理
具体与功能性知识	为什么具体的工作是这样的，它是怎样发挥作用的		蕴含问题的特殊工作任务	理论导出，非限定的任务处理

---

① 熊娟.基于学习领域的高职教育学习情境设计及实践[J].职教论坛，2010(30)：56-59.
② 是熟手阶段的任务。该阶段的工作任务有设备检修、流程或系统调整等，有一定的难度。
③ 费利克斯·劳耐尔，赵志群，吉利.职业能力与职业能力测评 KOMET 理论基础与方案[M].北京：清华大学出版社，2010：33.

续表

学习范围:从初学者到专家		图示	任务类型	任务完成方式
关联性知识	事物是怎样的,为什么是这样,而不是那样相互关联		系统的工作任务	系统化基于规律的任务处理
定向和概括性知识	本职业主要涉及什么内容		职业定向的工作任务	在指导下限定的任务处理

蕴含问题的特殊工作任务是能手阶段的典型工作任务。该阶段的工作任务需要拓展到教材以外的知识,仅仅依靠现有规则或程序不能完成,需要培育反思能力以及质量和效益意识。这些工作任务蕴含着问题,必须要先分析任务,在此基础上确定问题才能做好计划。对问题的敏感性和对问题的感知能力,在掌握基本知识、通用规律基础上的解决问题的能力是该阶段学生要具备的素质。熟手向能手转化的标志是这类蕴含问题的任务的完成。

不可预见的工作任务是专家阶段的典型工作任务。这些工作任务的结果无法事先预见。需要在系统化的专业知识基础上,建立起工作实践与学科知识之间的联系,这一阶段与前面阶段相比要有独特的属于"实践专家"的能力——研究性学习的能力和组织能力,形成专家的缄默知识,即经验丰富的技术工人所特有的、与生产劳动过程相关的、通过经验性学习(而非学科系统化知识)在工作经验与理论反思的特定关系中产生的工作过程知识。不以新手、生手或者熟手的基于纯理论的行为来取代直觉,即解决任何结构松散的问题时所需的高水平技能都基于丰富的实践经验[1]。经验是能力发展过程中的关键,因为经验是产生直觉的唯一途径。从专业者到实践专家需要实践和敬业精神的结合,这个过程需要持续一段时间。实践专家需要完成的任务是:在相互冲突的要求之间"寻找平衡点,达到一定程度妥协,这就要求反思和革新能力。在反思专业工作基础上,整合学科系统化的知识才能完成不可

---

[1] Dreyfus L, Dreyfus E. Mind Over Machine: The Power of Human Intuition and Expertise In the Era of the Computer [M]. New York: Free Press, 1986:17,22-23,47.

预见的工作任务"①。

对能力内容维度的解释,搭建在职业能力发展理论及阶段划分的地基之上,把典型工作任务作为标志,区分不同的能力发展阶段。不同层次的典型工作任务既可以作为测评工具开发时的重要参照,也可以作为不同教学阶段设计课程改革方案的依据。

2. 能力要求维度

能力要求维度不仅与能力内容维度共同构成了对职业能力进行解释的框架,也构建了名义能力、功能性能力、过程性能力和整体化的设计能力四个层级的能力要求。其中设计能力是最高的,也是COMET职业能力测评模型希望考生可以达到的,即对工作任务进行反思,提出多种设计方案,并且这些方案是抱着对社会负责的态度提出的。

具有名义能力的人员属于风险群体,仅掌握部分表面的、概念性的知识。以日常口语的形式运用专业术语。功能性能力是进行专业工作的基础,需要掌握基本知识和技能,对相互关系和对实际工作的意义则不做要求。在测评指标体系中,给出了两个一级指标用于考核考生是否达到功能性能力。其中,"直观性/展示"要求表述容易理解,答案结构合理,逻辑清晰,表达方式合理,正确运用专业术语,并且从专业角度讲,涉及的广度是合适的。"功能性/专业正确的答案"要求从专业角度进行说明,既考虑本学科发展的最新成果,又关注在实践中的可行性,且恰当地表达职业活动中的复杂关系。

过程性能力要求理解流程关联性,但是与情境无关。在测评指标体系中,运用"持久性/使用价值导向""经济性""工作过程导向"三个一级指标来考核过程性能力。

设计能力级别最高,要求学生有系统思维,不仅关注任务本身的复杂性,还要考虑各种环境条件带来的不同要求。劳耐尔(Rauner)等提出设计导向思想,这是人文主义的职业教育思想,其设计的核心是参与"设计"未来工作世界的发展,而不仅是适应环境和工作条件,且设计要本着对社会、经济和环境负责任的态度。完成工作任务需要妥协,妥协的基础是考虑不同的设计方案,在反思基础上考虑多方因素。测评指标体系用"环境与社会接受度""家

---

① 庄榕霞,赵志群. 职业院校学生职业能力测评的实证研究[M]. 北京:清华大学出版社,2012:39-40.

庭、社会与文化环境要求""创造性"三个一级指标来考核。

能力要求维度为构筑测评指标体系提供了重要框架,为不同层次的能力要求赋予了不同指标和权重,可以在利用不同能力发展阶段的典型工作任务作为测评任务时,为构建评价指标提供重要参考。

3. 行动维度

行动维度主要指职业行动的完整过程。具体来说,包括明确任务,获取相关信息,制订、选定与实施方案,检查控制与评价反馈的完整循环。按照行动导向的理论,完整行动过程可以分为六个阶段。

(1)明确任务(获取信息)。即明确工作任务和工作目标,并设法获取与完成与任务有直接联系的信息。本阶段的重点是明确问题情境(problem situation),即描绘出工作目标、弄清困难及需要做的工作。在复杂工作中,需要投入大量时间和精力去弄清问题的实质。从学习理论上讲,问题情境反映了工作过程学习的核心。

(2)计划。根据已明确了的任务设想出工作行动的内容、程序、阶段和所需条件。这里首先要根据给定条件列出多种可能性,想象出具体的工作过程,这对学生的工作经验提出了较高要求,因此往往需要较大的学习支持。

(3)决策。即从上述多种可能性中选择最佳的解决途径,这需要科学和理性的决策能力和决策技术。决策常以小组的形式做出。

(4)实施。即狭义的工作过程。实施过程与决策结果常有一定偏差。学生应及时观察并记录这些偏差并做出合理调整,在评估反馈中分析产生偏差的原因。

(5)控制。教学中质量控制的基本手段是科学表述的学习目标,这既包括综合性的能力目标,也包括操作性强和可检验的行为目标,特别是技能目标。

(6)评价。从多方面对工作和学习的过程及成果进行评价,不仅是找到缺陷,更重要的是找到产生缺陷的原因,并做出相应的修正。

这个维度从行动的角度要求典型工作任务是完整的。而在测评题目当中,这些过程都要明确为可评价的具体操作,比如实施方案就包括着装、安全检查、工量具检查、材料准备、安全规范操作、职业素养体现、生产工艺或者服务流程实施等。

对 COMET 职业能力模型的理论基础进行梳理，对模型的不同维度进行介绍，目的是为使用模型开发技能评价工具提供指导。模型使用的设计导向的职业教育思想、情境教学、职业能力发展阶段等理论，以及开发模型所使用的实践专家讨论会、典型工作任务分析等方法，还可以为指导"三教"改革提供理论和方法指引。

3.1.2　考试测量的理论基础

考试因其性质、目的、内容、方法、手段的不同，又分化为众多类型，从目的角度来看，可以分为选拔考试（常模参照型考试）、合格考试（标准参照型考试）、研究性考试等[①]，但均可分别归属于社会和学校的两大考试系统。

1. 考试形式

考试从题型来看，主要有选择题、填空题、有限制的主观展示和拓展的主观展示四种。其中前两种一般作为理论知识的题型，后两种则是实操考试（实操测评）。

（1）选择题。需要考生选出正确答案或最佳答案，呈现形式可以是单项选择题，亦可以是多项选择题，可以是判断题，可以是配对题等。

（2）填空题。考卷本身不提供选项，需要考生从自身大脑的积累中找到一个合适的词、短语甚至文章段落来回答问题。

（3）有限制的主观展示（限制性实操测评）。这类测试会给定考生一部分限制条件，在这些条件限定的框架内答题，这类测试的答案没有唯一性。展现形式可以是书面作答的命题短文，也可以是给定条件下选择实验设备或者测量温度等实验，可以借助电脑等工具进行资料查询等操作。

（4）拓展的主观展示（延展性实操测评）。这类测试用更多综合性成分替代有客观标准的内容，呈现形式包括作文、实验等。该类测试注重知识和技能的综合运用，以解决真实情境中问题为目标。如果存在有型的结果可以测评，还允许受试者对其作品在最终评价前进行修改和自我评述。

---

① 依据其他标准还可以分为母语考试、外语考试；个体考试、团体考试；论文式考试、标准化考试、变通式考试.

考试题型的比较见表 3-2。

表 3-2　　　　　　　　　　考试题型的比较①

知识考试		特征维度	实操测评	
选择题	填空题		有限制的主观展示	拓展的主观展示
低	←	测评任务的真实性	→	高
低	←	测评任务的复杂性	→	高
少	←	测评所需的时间	→	多
低	←	评分的主观性	→	高

2. 实操考试的理论基础——项目反应理论

项目反应理论(Item Response Theory,IRT)也称为题目反应理论,作为人力资源和社会保障部职业技能鉴定考试命题系统的理论依据之一②,该理论是"将被试对项目的反应概率同项目特征关联起来的一种估计"③。项目反应理论的核心是建立数学模型,估计模型中的参数。它建立在单维性、局部独立性、项目特征曲线三个基本假设之上。

在职业技能鉴定考试中,项目反应理论主要运用在理论知识考试中,理论考试的客观题型和较大题量可以为项目反应理论的实施提供平台。在实操考试命题中可以参考项目反应理论中的理念,如将项目难度、区分度、猜测和能力特征曲线等考虑在内。对职业教育的技能评价而言,项目反应理论对操作过程或者结果可以客观化,对划分步骤或者精确测量的职业技能或者专业可能有效。对项目的划分太细,缺乏整体的思维,对主观感受为主的服务类职业或者专业技能的评价无法通过这种过度分拆得到希望达到的评价效果。

3. 实操考试数据采集方法——观察法

观察法是"研究者主要通过视觉获取信息,有意识使用感官或仪器对现象进行感知,并对信息进行描述,获得信息的过程"④。观察法根据不同的标准可以分为不同的类型;根据观察场所可以分为实地观察法和实验室观察

---

① 诺曼·E 格伦隆德.学业成就评测[M].罗黎辉,孙亚玲,译.南京:凤凰出版传媒集团,江苏教育出版社,2009:12.
② 劳动和社会保障部培训就业司、职业技能鉴定中心.国家职业技能鉴定教程[M].北京:北京广播学院出版社,2003:189.
③ 杜洪飞.经典测量理论与项目反应理论的比较研究[J].社会心理科学,2006(06):15-17.
④ 水延凯.社会调查教程[M].北京:中国人民大学出版社,1996:172.

法；根据观察者角色可以分为局外法和参与法；根据观察程序可以分为结构法与非结构法；根据观察对象分为直接法和间接法。实操考试中的观察法，其理论基础可以追溯到方法论层面的常人方法论、由常人方法论发展出的"工作分析"，以及对个人与社会规则之间的"权宜性"的考量。

目前与之相关的研究很少，原因可能是人们认为"眼见为实"，认为模拟或者真实的工作场景中的"实操"考试似乎没有值得讨论的地方。研究者为此专门查阅了相关关键词，与实操考试判分比较类似的，应该是体育比赛里的裁判，尤其是"技能主导的表现难美类"①，如体操、艺术体操、跳水、花样滑冰等。其中主要是体现难度、完成度和美的类型，与实操考试类似，主要依靠现场裁判员的打分来确定成绩，且都有事先准备好的结构化标准（评分标准或者裁判标准）作为观察的参考。有学者曾经对其在做出主观裁决时的心智模型进行了分析。实操考试以评分标准为依据，通过结构式观察对考生的实操能力进行评估，不仅要看到和探究细节，还要用标准化语言作为引导，通过评分要点让不同的观察者都集中注意某些事项，以提升评价的可靠性。观察的信度和效度受到观察方案和方法、观察范畴的选择和操作化等因素的影响。

在实操考试中，影响观察信度和效度的因素更加具体。一是裁判员或者评价者自身的物理感知能力不同；二是不同的裁判员或其他评价者自身经历和知识储备不同；三是所有竞赛（常模参照型考试）都有的顺序效应，即由于担心后续还有更好表现而在初期打分低的情况；四是以自己的标准代替统一标准的自我中心效应，这在评分者同时也是出题者间尤为常见，本研究专门明确所有的出题者均不参加评分，所有参与评分者（裁判员）统一由专家组培训。这些都可能在技能评价中影响评价结果的效度。

本研究中，在实操考试中应用考试测量理论中项目反应理论的"项目"设置的理念，尽可能细化实操考试中的命题和评分标准，同时借鉴其客观化的标准，设置尽量做到标准化、规范化；重点使用标准化的评分来辅助提升观察法的评估效果，以尽可能细化的标准提升实操考试本身的有效性。

---

① 张作舟. 难美类运动项目裁判员主观裁决过程研究[D]. 杭州：浙江大学，2017.

3.2 工作绩效评估的理论基础

本研究中作为分析不同技能评价预测效度的效标是工作绩效。本研究对工作绩效进行测量使用的是360°绩效评估,接下来对其理论基础进行梳理,以确保研究中作为预测效标的工作绩效的准确度。

3.2.1 360°绩效评估的理论基础

使用工作绩效作为技能评价预测效度的效标,需要对考生的实际工作绩效进行测量,对于考生实际工作绩效的测量采用的是360°绩效评估,它代表着包括用人单位在内的多方主体对考生工作绩效的考核,这种考核也是产教融合的重要手段,不仅是对技能评价结果的反馈,也是对学校人才质量的反馈。考核结果可以用于检验不同技能评价方式的预测效度,还可以对人才培养的效果给予反馈,推动深度的校企合作、工学结合。

支持360°绩效评估的理论基础是经典测量理论,它被称为真分数理论。所谓真分数,就是一个测量工具在测量没有误差时所得到的真分值,代表测验所要测量的能力水平或特质。其实,真分值是一个理论概念,其操作定义是指经过无数次测量所得到的平均值,其中真分数变异数还可以分为两部分:与测量目的有关的变异数和与测量目的无关的变异数。而360°绩效评估就是通过更多维度、全方位地对同一对象进行考核,以不同角度的观测分数 X 共同趋近真分数 T,是一个不断逼近真分数的过程。

360°绩效评估的核心是通过不同评价对象全方位地对被评估者的绩效表现进行评价,通过多维评价使评价结果接近实际。在这个过程中,不同评价主体的评价都可能存在误差,通过增加评价维度和主体可以冲抵这种误差。在这个过程中,引入了各利益相关方的参与。在研究中,包括服务对象、用人单位和职业院校教师、同事、同学等,一是相对全面地反映了养老服务这个技能领域需要面对的各类利益相关方;二是促进了产教融合,用人单位和职业院校教师以学生的绩效评估为媒介建立了直接的沟通对话渠道。大赛执委会由行业主管部门(民政部)和教育行政主管部门(教育部)组成,具体执行机构涵盖产业界(职业技能鉴定中心)和教育界(职业教育教学指导委员会),为采集数据、保证回收率提供了坚实的组织保障。

3.2.2 影响360°绩效评估的因素

360°绩效评估系统的操作过程中,有不少因素会影响其效果,行为主义认为360°绩效评估通过参与促进自我意识增强,进而促使行为及观念的改变,让被评估者能更全面地了解自己,从而发现自我、调整自我。[1] 评估者本身又可能是被评估者,同一人在不同阶段担任不同角色,不仅使其换位思考的共情能力增强,而且对评估结果更为认同。

有学者强调被评估者的责任心是关键。[2] 360°绩效评估要求评估者和被评估者双方均应有充分的责任心,只有这样才能保证360°绩效评估系统的有效性。[3] 有学者强调了不同评估者在系统中影响力的不同,如领导行为在系统运行中的作用角度,同样的行为可能从不同角度评估会得出相反的结论。[4] 也有学者认为360°绩效评估提出个体态度对评估反馈的态度与组织因素中身份意识、管理风格、反馈的文化支持等比自尊等个体因素的影响要明显得多。[5] 还有学者指出被评价者越是愿意接受反馈,其绩效越是可能得到提高。[6] 不同个性、工作性质的被评估者对360°绩效评估系统的反应也有所不同。[7]

3.2.3 医护领域内360°绩效评估的应用

本研究针对的是老年服务与管理专业、养老服务的相关职业领域,在该领域以及之前做过的360°绩效评估相关的研究不多,但是该领域与医疗护理领域的关系紧密,工作对象、工作流程和工作环境类似,国家政策层面也鼓励

---

[1] Allan H, Church, David W, et al. Advancing the State of the Art of 360-degree Feedback[J]. Group & Organization Management. 1997(22):149-161.
[2] Lisa H. From all Directions[J]. Credit Union Management, 2002(11):28-29.
[3] 冯明.360°反馈及其操作、研究和应用[J].外国经济与管理,1998(11):3-5.
[4] Paul W B, Atkins, Robert E W. Self-versus Others' Ratings as Predictors of Assessment Center Ratings: Validation Evidence for 360-degree Feedback Programs[J]. Personnel Psychology, 2002(4): 871-904.
[5] 丰琳. 绩效反馈研究的新进展[J].人类工效学,2003(03):48-50.
[6] 时雨,张宏云,范红霞,等.360°反馈评价结构和方法的研究[J].科研管理,2002(05):124-129.
[7] Todd J M, Debora R D, Mitchell, et al. Predictors of Attitudes Toward a 360-degree Feedback System and Involvement in Post-feedback Management Development Activity[J]. Journal of Occupational and Organizational Psychology,2002(1):87-107.

"医养结合",而在医疗护理领域已经做过一些360°绩效评估的研究,对本研究有重要借鉴意义。

360°绩效评估在医护领域的首次应用发生在加拿大,用来帮助被评估者提升绩效,在反馈信息的基础上制订计划以解决被评估者的持续发展问题。国际上,英国、美国、荷兰等国也在医学领域中探索了360°绩效评估,开展了相关应用和实证研究。研究的对象包括各个专业的医师,也包括医学生。研究的主要内容既有绩效项目,也有对360°绩效评估本身质量的研究。①

专家组依托对医护领域360°绩效评估所用量表,研究开发了对养老服务人员的360°绩效评估量表。结合对规培医师360°绩效评估,研究对评价对象(考生)开展养老服务时的360°绩效评估,选定了包括上级(教师)、同级(同学)、服务对象、个人四个维度,从而为开展绩效评估的定量研究提供了工具。

本研究测量的三个变量(实操考试分数、COMET职业能力测评分数和工作绩效分数)都属于连续分数变量。而对连续分数变量之间的相关内容进行分析时,一般采取皮尔逊积矩相关系数(Pearson's r);如果关系和预测不是线性相关的,还会考虑使用散布图来进行观察,在观察的过程中如果发现变量之间关系不是线性相关的时,可以考虑使用相关比率。

本章对三个核心变量(实操考试分数、COMET职业能力测评分数和工作绩效分数)各自所依据的理论基础进行分析,并对研究它们之间相互关系的相关理论方法进行介绍,旨在建立研究整体的理论框架,保证每个变量的测量均有其科学的理论基础,对其关系研究选择的相关方法和测量工具也是有理论依据的,为下一步开展设计和实施研究奠定基础。

---

① 何明宇. 规培医师医学人文素养的360°评价研究[D]. 重庆:第三军医大学,2017.

第 4 章 职业技能竞赛中评价方式的研究设计

本研究基于技能评价理论与实践范式的现实需求,探究不同职业技能评价方式对考生评价结果与实际工作绩效之间关联的影响,以实证研究结果论证不同职业技能评价方式的预测效度,并对影响预测效度的因素进行分析,从而考核不同技能评价方式的有效性呈现,以期为开展职业技能等级证书制度的试点、实施和推广,以及职教高考或毕业考试和技能大赛的开展提供评价工具。如图 4-1 所示。

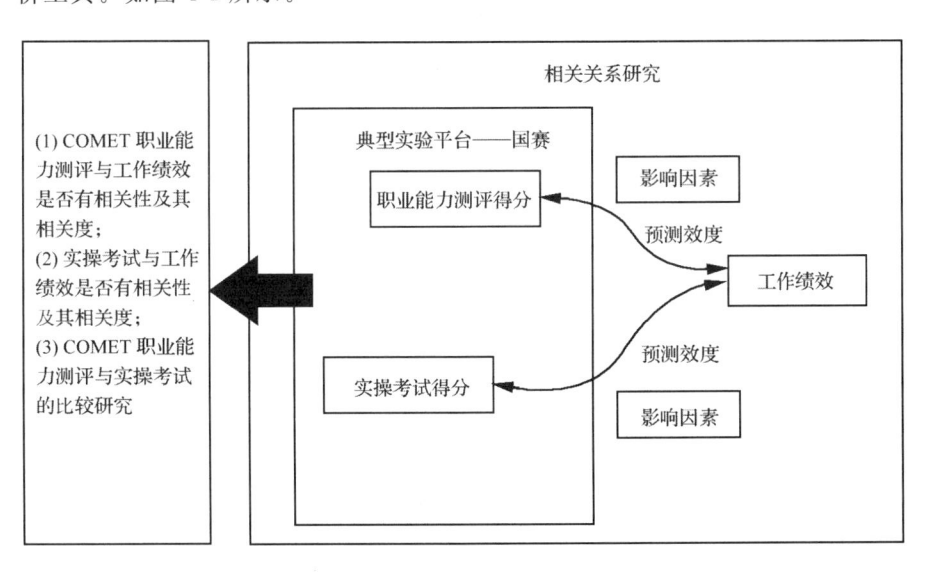

图 4-1 本研究的框架

4.1 研究设计的原则

本研究选择了两种不同的技能评价方式,对同一目标群体考生开展评价活动,需选择一个平台作为典型实验项目的载体。平台选择以及平台选定后技能评价题目的设计均需遵循特定的原则。

4.1.1 典型实验平台选择的原则

本研究采用典型实验设计,需要依托一定的平台开展。本研究采用干预性(intervening)伴随方式,整个研究过程是一个组织或群体的改变过程,其目标强制性较强。[①] 在选择实验平台时需要面对现实中的"实践问题",并且能够保证实验的各参与方能够按照理论构建、检验和使用的方式来进行。本研究遵循以下原则选择平台:

一是社会必要性原则。养老服务人才的培养具有社会意义,中国老龄化程度不断加剧。随着医疗条件改善,带病生存时间也在延长。[②] 自 21 世纪以来,人口老龄化趋势不断加剧,并以平均每年 0.22% 速度增加,[③]这对养老服务从业人员的数量和质量都提出了更高的要求。因此,对养老服务技能人才的培养有助于通过高质量养老服务的供给,优化我国传统养老模式,实现在全体老年人获得优质晚年生活与良好生存尊严的同时,在一定程度上实现年青一代养老压力的缓解与社会发展贡献力的提升。

二是对教学改革的有用性原则。本研究设计的出发点是通过技能评价方式的比较研究,得出可以指导教学改革的模型和工具。养老服务赛项对应的主要专业是老年服务与管理专业,该专业同时也是"X"证书体系中第一批的"养老照护技能"证书和第二批的"失智老年人照护"证书的主要推广对象。"X"证书的有效实施需要技能评价来作为保证。以该专业的技能大赛赛项作为技能评价的研究对象,得出的结论可以为该专业的"X"证书技能评价活动

---

① Sloane P, Gössling B. Modellversuchforchung Reloaded[J]. ZBW, 2014(1):133-151.
② 健康中国行动推进委员会办公室 2019 年 7 月 29 日新闻发布会文字实录 http://www.nhc.gov.cn/xcs/s7847/201907/520f21e5ac234785bcc363a286866fb0.shtml.
③ 张鹏飞,苏畅.人口老龄化、社会保障支出与财政负担[J].财政研究,2017(12):33-44.

提供实证基础,并通过"X"证书的推广来推动该专业的教师、教材和教法改革活动。

三是便利性原则。研究者长期负责、参与该赛项工作,例如,2010—2017年,该赛项未进入国赛,是由民政部职业技能鉴定指导中心和全国民政教育教学指导委员会联合组织的竞赛,研究者负责该项工作。2018年、2019年两年作为国赛赛项,研究者作为执委会成员和主要组织实施者参与相关工作。

基于以上三个原则,考虑老龄化社会对为老年服务专业人才培养规模和质量的要求,根据实践专家的意见,结合开展研究的便利性,本研究选择老年服务与管理专业进行测试的预测效度研究。选择养老服务领域作为大赛的研究对象,满足社会对养老服务人员的需求,满足对教育教学活动指导和经验推广的需求以及开展典型实验研究的便利性需求。

本研究在很大程度上是一个行动研究项目,研究者和参与组织、实施技能大赛的管理者和教师都是行动研究者。研究者与有关领导、行业企业专家、教师等共同设计项目,启动技能评价方式方法创新实践,并通过多种手段促进所有参与者共同发挥作用。研究者有三重身份:一是专家,为竞赛活动建立科学的评价技术体系和组织实施细则;二是外部咨询者,确定技能大赛存在的问题,对赛题设置、评分方式和专家选择等问题进行全面评估;三是支持者,在组织实施、人员培训和评分等各个环节提供伴随性指导,随时发现实践中的问题,并指导解决相关问题。

4.1.2 评价工具的设计原则

对于整个研究来说,最核心的部分是技能评价。在评价工具的设计和选择方面,则主要遵循以下原则:

第一,典型性原则。要在典型工作任务的基础上开发测评题目,选择的测评工具要能够代表测评专业所对应职业或者工种的典型特征,而不能与其他职业相交叉或者重复,甚至是同样操作的简化。这在养老护理员与护士的职业活动中尤其容易出现,曾经在面向职工的全国比赛当中出现过第一梯队(约前30%)的获奖选手都是护士,或者说参加比赛的护士都获得了较好名次。2010年首届竞赛,实操题目全部为护士技能,包括测血压、外伤包扎、胸外按压心肺复苏等。所以本研究将其作为第一原则,目的就是研究在测评工具的设计上体现老年服务与管理专业的典型性、养老护理员职业的典型性。评价内容的选择均在"专业教学标准"和"职业技能标准"的范围内开展。在此基础上,使用同一组实践专家召开实践专家讨论会来开发测评工具,保证测评内容的关联性。

第二,阶段性原则。典型工作任务具有层次性特征,且每个层次的典型工作任务的完成意味着受测者在该情境下已经符合该层次的职业素养要求和职业能力要求。从职业的角度看,初级技能、中级技能、高级技能和技师级技能应有所区分;从专业的角度来说,中职教育、高职教育、入职后教育等要有不同的任务。

第三,教育性原则。传统的职业技能鉴定由人力资源和社会保障部门设计,更多的是从用人单位的角度考虑问题,其测评工具开发的出发点是基于管理性原则,从人力资源开发的角度,以用人单位为本位,把人作为工具或者资源来设计。本研究的目的是服务于教育,从发现、开发人的潜力,促进人的全面发展的角度来设计,不再将人异化为劳动的工具和资源,不能背离人的全面发展这个目标,体现以人为本的理念。

评价工具的开发,需要先进技能评价理论、方法、工具的支撑。相关理论及其开发的技能评价工具的有效性,不仅是保障技能大赛内容设计规范与科学的关键,也是技能评价效力的关键,进而为"X"证书的实施提供工具,这也是本研究的核心所在。大赛在通用制度的框架内,为各赛项具体命题留出了一定的设计空间,研究结合世界技能大赛理念,在养老服务技能赛项中,采用实操考试和COMET职业能力测评两种技能评价方式对同一群体(各省、自治区、直辖市选拔参加国赛的选手)进行测量。

4.2 研究目的与假设

本研究的出发点是采用典型实验方法对目前不同类型的职业技能评价方法进行比较分析,如以前的职业资格证书、过去和现在都依然存在的大赛获奖证书,以及新近出现的"X"证书等,它们各自有不同的评价工具。本研究对各类评价方法进行深入和系统的研究,旨在验证目前最主要的两种技能评价方式对工作绩效的预测能力。这种预测既是职业教育产教融合的要求,即职业教育评价结果与产业部门用人单位实际绩效直接对接,同时也能验证不同评价方式对于人才培养的指导和促进作用。

研究假设：

假设1：COMET职业能力测评成绩与学习者的工作绩效正相关。

假设2：实操考试成绩与学习者的工作绩效正相关。

通过研究以下问题来证实或者证伪上述假设。以两种技能评价方式的结果与工作绩效的相关系数分析为判据，将两种评价方式的评价结果与360°绩效评估的绩效结果的相关系数作为预测效度的效标，来判断接受其虚无假设或者接受原假设。

首先考核COMET职业能力测评与工作绩效的关系，包括COMET职业能力测评与工作绩效是否有相关性及相关度，COMET职业能力测评哪些方面更能够预测工作绩效，包括"直观性/展示"等八个一级指标与学习者工作绩效之间的相关关系的假设。此外，还对影响COMET职业能力测评预测工作绩效的因素进行分析。

其次研究实操考试与工作绩效的关系，包括实操考试与工作绩效是否有相关性及其相关度；由于实操考试在测试中每个操作的标准化步骤分得过细，同时在测试中为了实施方便，仅进行了总体评分的统计，未详细统计每个操作步骤的得分，因此该假设不再进一步细分。需要继续分析实操考试能够预测工作绩效的哪些方面，以及影响实操考试预测工作绩效的因素分析和改进措施。

本研究还分析COMET职业能力测评与实操考试的关系，包括两者对工作绩效预测效度的比较分析，以及两种技能评价方式的成本效益分析。

在回答上述问题的基础上，依据实证研究结果对两种主流技能评价方式对工作绩效的预测效度进行比较，给出结论，并进一步分析两种技能评价方式对技能的评价中可以评价技能的哪些方面，以及不能评价出哪些方面，以此作为"X"证书在推广过程中的实证依据，为推动教师、教材、教法改革提供坚实的理论基础。

4.3 研究方法

4.3.1 总体研究设计

职业教育研究需要理论与实践相结合。科学知识对社会创新需要的指导通过项目形式实现。行动研究有利于将实践中的隐性知识显性化,促进创新实践的发展。研究者从事的工作又具有职业教育指导的实践性质,因此本研究总体上的方法是科学伴随下的典型实验。

从工作研究和科学伴随的角度出发,以"技能评价"的预测效度为研究对象,考虑参与测评对象的投入度对测评效果及测评质量的影响至关重要,故以学生"国赛"为数据搜集对象,将理论模型通过高利害性的政策实践实施,在实施过程中搜集相关的数据信息,以确保理论模型在研究过程中能够得到研究对象的密切配合。在整个数据搜集过程中,研究者以科学伴随的角色出现,从总体上,科学伴随的行动研究属于典型实验。

本研究总体采取的是混合性的研究方法。[①] 在研究设计中量的研究走的是实验的路径,而质的研究则强调尽可能在自然情境下搜集原始资料。对本研究而言,从研究设计之初,就遵循实验的方法,一开始就有意识地要对两种技能评价方式进行比较研究,具有目的性。一旦进入实际研究过程,又不像普通实验那样再去控制变量,而是选择考生在参加竞赛时的自然状态进行研究,按照竞赛进行的正常程序搜集相关的数据。数据搜集完成之后,又采用相关分析的方法进行分析,即回到了量的研究的路径上,但对导致相关关系结果进行原因分析,对研究的数据做出判断和解读时,则采用质的研究的路径给出解释性理解。

4.3.2 数据搜集过程与方法

本研究采用测评法搜集数据,具体内容包括评价方案选择和试题内容设计。

1. 评价方案选择

COMET 职业能力测评适用于本研究是因为它的能力模型和测评模型兼顾职业要求和职业教育目标,测试任务源于职业的典型工作任务,采用开放式测试形式保障测试的内容效度。

2. 试题内容设计

依据专业教学标准和职业标准,由实践专家研讨会确定典型工作任务,

---

① 陈向明.质的研究方法与社会科学研究[M].北京:教育科学出版社,2004:10.

采用两种类型考试：一是书面测试，主要以 COMET 职业能力测评为主；二是实操测试。两者共同确定考生的职业能力发展水平。

本研究利用由教育部牵头的全国职业院校技能大赛养老服务技能赛项，将实操评价和 COMET 职业能力测评两种技能测评方式引入技能大赛，对国赛参赛选手这一经过层层甄选的高水平群体的能力进行评价。重点在于对同一测评对象采用不同的技能评价方式进行评价，以 COMET 职业能力测评方案为基础开发了书面测试部分的测评任务，并开发了解题空间。借助原有职业资格鉴定考试的方式建立了技能操作部分的考试题库，以"工作准备""沟通评估""实施过程""综合评价"为一级指标开发了评价标准。将这两个信号与后续选手在实际工作中通过 360°绩效评估测得的绩效进行分析，从而分析两个成绩的预测效度，进而分析两种成绩所代表的评价方式对工作绩效的预测效度，为开展"X"技能评价工作提供实证基础。

采取的具体研究方法如下：一是在数据采集方法层面采用观察法和问卷法；二是在数据分析方法层面采用相关分析的方法；三是在构建研究的过程和解释说明层面采用其他一些辅助方法。

具体包括搜集资料的方法和数据分析的方法。在搜集资料的过程中主要使用实操考试中的观察法，COMET 职业能力测评中的非标准化作品评定法，以及 360°绩效评估中对绩效数据搜集采用的调查问卷法，且涵盖选手的背景信息。在资料分析方面，主要以 SPSS 为工具进行相关分析，这又属于量化的方法。

在数据搜集中，尤其通过实操考试进行技能评价时，主要采取观察法。实操考试中进行技能评价时采用的是非参与式观察法，置身于考生考试过程之外，作为旁观者和记录者对考生的实操考试过程进行评价，得出分数。

问卷法是社会研究中的常见方法。通过问题研究，设计要测量的变量，并将变量的测量指标化，变成一个个具体的问题，编制成一套问卷。在研究中，360°绩效评估就是以对不同的评价主体发放绩效问卷的方式进行的。同时，为了辅助研究和对影响因素的分析，也设计了背景问卷，对考生的学习背景、职业认同感等进行问卷调查。

4.3.3 数据分析方法

针对具体的分析内容，本研究采用的数据分析方法见表 4-1。

表 4-1　　　　　　　　　数据分析方法

研究	分析内容	数据分析方法
研究Ⅰ COMET 职业能力测评的质量分析	难度分析 区分度分析 信效度分析	得分率检验 内部一致性系数 Cronbach's α 系数、结构效度和专家效度检验
研究Ⅱ COMET 职业能力测评的结果对工作绩效的预测效度检验	预测效度检验	相关分析
研究Ⅲ 实操考试的结果对工作绩效的预测效度检验	预测效度检验 相关分析	相关分析

4.4　研究内容

根据研究目的和研究假设,本研究可以分为三个子研究:

研究Ⅰ:COMET 职业能力测评的结果对工作绩效的预测效度检验。

研究Ⅱ:实操考试的结果对工作绩效的预测效度检验。

研究Ⅲ:两种评价方式对工作绩效的预测效度比较和影响因素研究。

其中,研究Ⅰ对应假设 1"COMET 职业能力测评成绩与学习者的工作绩效正相关";研究Ⅱ对应假设 2"实操考试成绩与学习者的工作绩效正相关";前两个研究主要为了证实或者证伪假设。研究Ⅲ则是对研究Ⅰ,Ⅱ的研究结果进行分析,包括两者的关系、两种预测效度的比较、影响因素的分析等,在对研究Ⅰ,Ⅱ形成研究结论的基础上对其进行分析、解释,并为研究结论的应用提供支持。

4.5　研究设计中的关键点及控制措施

本研究的主要对象是三个测评结果之间的预测效度,除了通过数据分析得到相关系数之外,数据的使用还需要保证相互之间的关联性、可比性。因此,在使用测评法时,有三个关键点需要加以控制,具体措施如下。

关键点一:评价COMET职业能力测评和实操考试的指标与绩效评估指标之间的可比性。

实操成绩实行百分制,将COMET职业能力测评得到的成绩折算成百分制,将360°绩效评估结果亦折算为百分制,以保证测评指标的变量性质均为连续分数变量,性质一致,从而保证在进行相关分析时相关指标的可比性,可以使用皮尔逊相关分析。

关键点二:360°绩效评估中各类评价者的权重确定。

360°绩效评估在本研究中涉及四类评价者,分别是上级、同级、本人和服务对象,而最终使用的绩效结果呈现形式只有一个,需要用分配其不同权重的方式将其合并为统一的绩效值。为保证研究的科学性,研究者采取了专家法对不同评价者进行赋值,并应用层次分析法确定其权重。

关键点三:在开展技能评价的过程中保证考生的参与度和真实展现。

在技能评价中,如果结果的使用与考生的利益关系不大,就很难得到他们真正的配合和支持,搜集到的数据可靠性就不能保证。本研究中,将这两种评价方式放在对学生、教师、学校激励作用很大的"全国职业院校职业技能大赛"的环境中进行,赛事结果对学生升学、教师评职称、院校排名都具有重大影响。通过这种典型实验的方式,保证了考生的参与度,从而保证了数据质量。

第 5 章　职业技能竞赛中评价方式研究的过程

本研究共历时 3 年,其中 2017 年主要做好准备工作,2018 年和 2019 年是具体实施和分析总结的时段。数据是连续两年,也是至截稿时为止仅有的两届养老服务技能赛项(国赛)的数据(2018 年之前未进入国赛,2020 年受新冠肺炎疫情影响停赛)。具体来说,研究过程包括以下几个阶段:

5.1　技能评价工具开发

技能评价工具包括实操考试和 COMET 职业能力测评两个部分。按照教育部全国职业院校技能大赛执行委员会的要求,第一年(2018 年)开发了 16 个 COMET 职业能力测评任务和 14 个实操任务,第二年(2019 年)开发了 10 个 COMET 职业能力测评任务和 10 个实操任务,两者均基于职业标准和专业教学标准开发,以便对同一研究对象同时评价其职业认知能力和职业行动能力。其中实操考试以评分者的观察作为数据获取方法,对考生在考场中的实际操作进行分步观察,计算得分。COMET 职业能力测评采取笔答方式。

在实际测试前,COMET 职业能力测评 2018 年任务仅公布部分内容,依据 COMET 方案对测试任务数量的说明,以职业的典型工作任务为基础开发测评任务(每个发展阶段有 3~4 个典型工作任务),每个专业开发 2 个测试任务,即可代表相应阶段职业工作和学习内容的 50% 以上,考虑教育部大赛要求每个赛项的赛题不能少于 10 套,因此对相关赛题的情境做适度变换,实现等值转化。在 COMET 职业能力测评方案中,每个被试需完成一个测评任务的方案编写,测试时长为 2 小时。

为保障测试任务开发的科学性,提高测试任务的质量,本研究专门成立了测试任务开发小组,小组由 1 名方法专家(研究者本人)、4 名职业院校教师、3 名企业专家组成。职业院校教师不仅专业能力突出,教学经验丰富,而且具有技能竞赛试题开发经验,能够保障测评任务的内容效度,同时兼顾职业教育的发展性目标。企业专家具备扎实的专业技术和丰富的企业从业经验,而且具有技能竞赛开发经验,能够保障测评任务的内容效度,同时兼顾企业对工作者的要求。研究者本人熟悉 COMET 职业能力测评方案和教育测量技术,能够检测任务开发的过程,还能够对测评任务的质量进行评价,从理论和技术上保障测试任务开发的科学性。

测评任务共经历两次开发,第一次历时五个半月,耗时较长,原因是需要对企业专家和职业院校教师进行 COMET 相关知识的培训,并对职业标准、专业教学标准进行深入的学习和研讨(培训和研讨共计一周左右),确定命题方向。此后,根据上述会议确定的命题方向,命题组到相关机构进行深入的现场调研,与部分实践专家进行沟通,形成初步思路。在此基础上,经过 2 个月的调研之后,形成初步方案,并召开"实践专家讨论会",会议邀请 16 名业内知名度较高的一线实务专家参与命题工作。

第二次开发一共集中了三次,合计耗时 10 个工作日,具体做法包括:对第一次开发的测评工具实施情况进行集中反馈,明确第二次开发的方向;根据教育部要求开展赛项规程编制,同步修订测评工具,并形成公示稿;在赛前说明会上,根据参赛院校反馈,对其中两套题目进行删减。

测评内容包括以下几个方面:《国家职业技能标准:养老护理员(2011 年修订)》和人力资源和社会保障部推荐教材,参照高级技能及向下涵盖的要求,对其职业活动的过程、结果进行评价;题库开发要涵盖养老护理员职业的典型工作任务,且可以与现实中的养老机构实践相对应;书面测试和实操考试在各自领域内分别反映考生的职业能力;书面测试题目设计要留有足够的发挥空间,可供考生根据自身能力设计不同的方案;要求考生在参与测试时在有限时间内充分使用图表、文字等方式方法展示其职业能力。

5.1.1　COMET 职业能力测评任务开发

使用 COMET 职业能力测评作为测试模型,测评题目需要体现开放性特征,以提供解题空间的方式呈现问题的解决方案,而不是像客观题一样提供唯一正确答案。给予被试充分的开放空间,保证其展示对工作过程知识的掌握程度,体现其职业能力,充分发挥其考核能力[①]。

  在开发测试任务前,研究者告知职业院校教师和企业专家本研究的目的,并就 COMET 职业能力测评方案和命题要求对他们进行培训。针对研究目的,职业院校教师和企业专家建议以 COMET 能力模型中"提高者"阶段的代表性工作任务为基础开发测评任务,因为多数学习者在接受完职业教育后可以达到这一发展阶段。在保障测试任务的代表性和真实性的基础上,经过2个月的讨论与协作,开发小组分别开发出了 16 个平行的测评任务(涵盖 7 个典型工作任务,为满足教育部全国职业技能大赛的赛题库要求,对具体的情境描述进行了调整)。最初开发出来的测评任务在情境描述和测评要求方面都与 COMET 职业能力测评方案存在一些差距。COMET 职业能力测评方案采用开放式测评任务,给被试留有充足的解决空间,允许他们给出多种可能的解决方案。而专业小组最初开发出来的测评任务,问题情境描述比较具体,测评要求也比较详细,留给被试的解决空间较小。出现这种状况的原因可能是测评任务开发小组还不了解 COMET 职业能力测评方案,因而不能很好地理解它的测评理念。研究者将搜集的评分者培训材料分发给任务开发小组成员,任务开发小组成员通过评分,从"做中学"熟悉 COMET 职业能力测评的理念和测评任务的特色。接着经过三轮修改,开发出了 16 个符合 COMET 职业能力测评方案要求的平行的测试任务。

  为满足 COMET 职业能力测评的严谨性要求,情境的调整幅度涵盖的评价指标和提供的新的解题空间的占比均约为 50%。基于典型工作任务提炼一个完整的工作过程,依据它们开发次级指标。

  按照《养老护理员国家职业技能标准(2019 年版)》的规定,该职业包含"失智老年人照护员"工种,这是该职业下设的唯一工种。2019 年教育部公布的第二批"1+X"证书中,在第一批已有"老年照护"证书的基础上又增加了"失智老年人照护"证书,这反映了目前失智老年人正在增多,对失智老年人照护的要求是社会的现实需求,提高老年服务与管理专业的人才培养和技能评价水平也是养老服务产业对人才培养的迫切需求。在技能评价的题目开发过程中,尤其是 COMET 职业能力测评题目的开发中,重点在失智老年人

[①] 赵志群,等.职业能力测评方法手册[M].北京:高等教育出版社,2018:3.

照护上发力。在题目的设计上,除了关注传统的对失能半失能老年人的生活照料和技术护理外,更加突出对失智老年人心理的把握,注重失智老年人在心理、生理、疾病照护、日常照护等方面的独特性。提供丰富的情境,让选手有机会展示在失智老年人照护领域积累的知识和相关技能,将关爱老年人的价值观和职业精神贯穿在评价方案之中,这是 COMET 职业能力测评方案与传统实操考试相比更具有优势的特点。

COMET 职业能力测评方案的一级指标比较抽象,本研究将它在老年服务与管理专业中具体化,满足当前测评指标与 COMET 职业能力测评指标的融合。开放性的问题对裁判员的职业能力也提出了很高要求,由于测试答案的不唯一性,裁判员对评价标准的统一性把握会存在一定的差异,这在后面的裁判培训中通过专门方法加以解决。老年服务与管理专业 COMET 职业能力测评任务的情境描述如下:

老年服务与管理专业 COMET 职业能力测评任务(样例)

情境描述:马＊＊,88 岁,汉族,大学文化……子女需乘车探望。

任务要求:作为一名养老护理专业人员……创造性要求。(详见竞赛官网公布的赛事文件)①

对于此类情境和测评内容,专家认为符合养老护理员职业情境中对养老护理员职业人职业能力的综合要求;这样的方式方法,是从"职业的效度"(用人单位用什么?),而非"课程的效度"(教师教什么?)的视角来评价学生的职业素养与职业能力。

情境中涉及该老年人的年龄、民族、文化程度、生活自理能力、基础身体状况及目前接受的治疗和护理情况;同时对其家庭情况、过去照护经历、附近设施、经济承受能力和机构收费情况等进行了介绍。

上述情境实际是希望考生按照典型工作任务中完整的工作过程的要求,先从情境中审慎地发现线索,获取全面的信息,从而明确任务;在任务明确的基础上进行方案的设计,进而根据职业认同和工作过程知识,做出判断和决策,选择并实施最优方案;除了做出方案之外,还要解释方案的缘由,并进行评价,形成工作过程的循环。

在任务要求中,重申了职业定位和要求,更为关键的是对能力要求维度

---

① 2019 年全国职业院校技能大赛赛项赛卷(赛题库)——GZT-2019004 养老服务技能赛题库(0513 更新).zip EB/OL. http://www.chinaskills-jsw.org/content.jsp id＝2c9fe79267755ded016a12c7d03d01b9&classid＝ff8080814 ead5a9701512656496470341.

的三个等级八个一级指标进一步提出要求。这些指标相互之间可能存在矛盾和对立,需要考生根据自己的工作经验和在此基础上形成的职业认同感,做出判断和取舍,找到一个"妥协"的方案。

这种新的测评形式和内容,也对测评工作的组织实施与策划提出了新的挑战。开放性的问题对评分者(测试者、裁判员)的职业能力也提出了很高的要求。由于测试答案不是唯一的,评分者对评价标准方面会存在一定的差异,且自身的工作经历、教学经历,甚至卷面印象等会导致判分的主观性,因此可能影响判分的准确度。为了保证评价的信度,研究中增加了评价者人数,从原定的2名评价者增加到7名,以期保证评价者的信度。

5.1.2 实操考试任务开发

实际操作是一个复杂的过程,包含很多重要的过程和环节。根据小组专家的意见,本研究在实际操作与具体的观测指标之间增加了二级指标,用以测量实际操作。本研究中开发了同样基于职业标准和专业教学标准的实操测试,用以评价被试的职业行动能力。

老年服务与管理专业"实操"的二级指标为"工作准备""沟通评估""实施过程""综合评价"四项,其中"工作准备"包括根据测评题目对老年人的具体情况设置的情境进行分析,以便在物品准备间认真挑选进入操作间服务所需要的小件物品和耗材。

2018年实操考试模型主要以《国家职业技能标准:养老护理员(2011年修订)》为基础,以工作过程完整性为准则,整合了职业标准中规定的职业活动、工作内容和技能要求,使测试题目在设计上更加符合职业教育特点,将更多的肢体技巧性岗位作业能力、头脑思维型岗位作业能力的测试等融合到测试题目当中。一方面,避免测试那些通过单纯的应试训练就能提高的肢体熟练型作业能力,引导参赛院校和选手避免锦标主义,促进赛事准备与日常教学的融合;另一方面,体现竞赛的教育性特点,引导院校、指导教师和选手从发展性目标的角度来训练、提升。

以养老服务人员的典型工作任务为导向,结合养老护理员国家职业技能标准和养老服务人员工作过程,研究者整合了15个具体操作,涵盖职业标准中5个职业功能的内容。

在实操中又引入了标准化老年人的概念,进一步提升职业行动能力测试的客观性和可比性。标准化老年人是仿照医护领域"标准化病人"的要求,在养老护理领域选择资深的一线养老护理员,经过专家组有针对性的培训,对所有的选手均采取相对一致的反应,相对真实模拟被照护老年人的真实反应,区别与原来对实物模特的单向度的、无交流的自说自话。与此同时,让标准化老年人针对类似的操作或者沟通话语给予基本相同的反馈,以进一步考核选手深层次的综合职业能力和职业素养,提升测试效度。同时,标准化老年人的设置,也为选手提供大体相同的标尺,基本上保证了测试信度。

5.2　360°绩效评估的问卷开发

在综合考量各类绩效测评方法的基础上,选择了360°绩效评估考核结果作为绩效的表征。原因在于该方法可以全面地反映被测评对象的行为表现和结果,如通过上级、同级的反映性评价可以测试出被试行为的表现,个人自评可以反映其努力程度,从服务对象的评价中可以得到测试成绩。这些方面可以体现综合绩效观。在具体问卷开发上,本研究的绩效问卷模型基于医院规培医生360°绩效评估问卷[①]。选择以医院规培医生问卷为基础,基于以下几个原因:一是规培医生和老年服务与管理专业学生都需要与人交流;二是两者的工作都与服务对象的健康相关;三是规培医生不同于住院医生,还需要像学生一样,学习和接受评价。

在此基础上,针对老年服务与管理专业学生的专业特征、年级阶段、工作学习特点进行有针对性的改进。对测评主体、测评问卷的项目等进行有针对性的修改。问卷题目采用Likert五点式量表作答方式,按"偶尔""较少""有时""经常""总是"顺序依次记为1~5分。

结合养老服务人员的实际,编制了初步问卷,征求了5位行业专家的意见,并对34名参加培训的一线工作者进行了预调查,在结合上述调研的基础上,在召开赛前说明会和赛后资源转化培训班时,向参加培训的职业院校指导教师征求对360°绩效评估问卷的意见,并针对他们提出的问题对相关指标进行解释,最终达成共识,形成了4个角度的360°绩效评估问卷。其中上级问卷共有9个指标,同级问卷共有9个指标,自我问卷共有15个指标,服务对象问卷共有12个指标。具体见附录3。

---

① 何明宇.规培医师医学人文素养的360度评价研究[D].重庆:第三军医大学,2017.

5.3 技能评价的实施

5.3.1 样本情况

本研究依托 2018 年、2019 年两年的全国职业院校技能大赛养老服务技能赛项实施,以所有有效参赛选手(共计 147 名)整群取样,测评对象为高职院校的学生,他们均已接受不同培养方案下的职业教育,且部分拥有企业实习经历,2018 年参赛选手 64 名(其中一名选手成绩被取消),其中大一学生 7 名,大三学生 7 名,大二学生 50 名。2019 年参赛选手 83 名,其中大一学生 17 名,大三学生 15 名,大二学生 51 名。大三学生在参赛后就业,直接采用就业后工作场所采集数据,大一学生采用的是认识实习阶段实习单位意见,大二学生使用的是顶岗实习阶段实习单位意见。2018 年的选手分布在 21 个省的开设老年服务与管理专业的 39 所高职院校,2019 年赛事规模有所扩大,分布在 23 个省的开设老年服务与管理专业的 48 所高职院校。

参赛选手年级分布如图 5-1 所示。

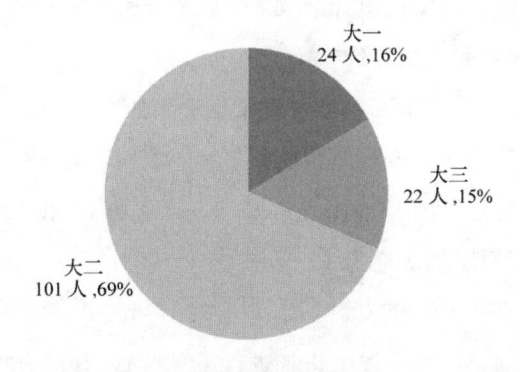

图 5-1 参赛选手年级分布

5.3.2 准备工作

本研究为了利用竞赛平台开展研究,在竞赛准备工作的过程中,研究者做了以下方面的准备:

第一,做好理论导入。实操考试及项目反应理论在职业院校的师生中传播较为普及,COMET职业能力测评的相关理论和测评工具在实践中的应用目前尚不广泛。因此,在首次使用COMET职业能力测评时,研究者利用赛前说明会的时间对广大参赛院校的指导教师进行了培训,做好理论的导入。便于师生做好准备,理解测评目的,以便在竞赛实践中实现研究目的。

第二,做好与教育部大赛要求的各项衔接。教育部大赛已经有超过十年的积累,各方面的制度已日趋完善,因此在场地准备、工具材料设备准备、文件资料准备和人员准备方面要在教育部竞赛制度的框架下做好实验的设计工作。(详见竞赛官网公布的赛事文件。①)

第三,组建裁判库。裁判库由以下专家组成:一是各地教育行政部门推荐的职业院校教师;二是由民政部职业技能鉴定指导中心推荐的历届职业技能大赛养老护理员职业的裁判员、养老护理员裁判员。这一组成方式充分体现了产教融合的理念。这一过程也增加了组织和实施实操测试的难度。由于产业界和教育界各自的基础和工作经历不同,因此对于试题达成一致理解需要较多的培训和协调工作。在整个评价实施过程中,除进行赛前集中的培训外,还在赛后举办了资源转化培训班,将职业院校教师和行业裁判共同组织起来,进行深入总结,进一步凝聚共识,为以后竞赛积累人才。

第四,对评分者进行培训。为保证评分者的评分信度,研究者在开始考试前一周,就组织所有参加测评的裁判员开展评分者培训。对行业实践专家、COMET职业能力测评专家进行了为期4天的培训,进一步分析职业能力模型,并逐项分析解决方案中进行评分的8项一级评分指标。本研究对一级指标下的二级指标数量进行了修订,且适度调整了两年的评分标准。这些评分点不具有领域特殊性,即不是针对特定专业或者职业情境制定的,所以在评分者培训中,需要对这些评分点进一步解释说明②。在完成基础性工作,真正开展实际测评之后,对试卷进行匿名化处理,由评分培训者(一般为专家组成员)从已经回答完毕的试卷中抽取真实的、质量较高的学生答卷(解决方案),交由参加培训的评分者进行统一的评分。结合专业或者职业对于领域特殊性的要求,这些评分者按照具体内容和专业能力的需求,解释和评判评

---

① 2019年全国职业院校技能大赛拟设赛项规程(5月5日更新)——GZT-2019004养老服务技能赛项规程(4月19日更新).docx[EB/OL]. http://www.chinaskills-jsw.org/content.jsp id=2c9fe79267755ded0169adeea5e70177&classid=de7bd19628f54879be3fb10f40de8767.
② 赵志群,等. 职业能力测评方法手册[M]. 北京:高等教育出版社,2018:38.

分点。同时,使参加培训的评分者可以掌握并对每个二级指标及其级别划分有清晰的定位。目的是让参训的评分者能够找到被试解决问题的相应得分点及其对应的级别,逐渐熟练评分。对于真实的工作情境,这些评分者也应该更加熟悉。在对较高质量的试卷进行评价培训之后,参训的评分者应该具备从试卷中找到解题空间对应的评分标准、得分点及其应得的等级能力,在对高质量试卷统一评分培训完成后,需要抽取高、中、低不同档次的试卷进行评分方法训练。就一个试题不同档次的试卷进行独立评分,在完成评分之后,7名评分者进行集中讨论,每名评分者对其评分阐述意见,描述评分的依据,促使7名评分者对40个评分点的把握等形成小组统一的评判标准。在这个过程中,使用Finn系数对评分者的一致性进行考查。对于偏离度较大的评分者,可以要求其展示其依据。依据COMET职业能力测评指标在考生完成考试后,经过三次对试卷加密后进行评分。这个评分者数量实际已经超过了经典COMET职业能力测评的要求。在经典COMET职业能力测评中,一般只需要2~3名评分者,由于竞赛是高利害性活动,社会关注度较高,为了测评结果更有说服力,本研究增加了评分者的数量。

5.3.3 评价过程

本研究实操和方案的题目不同。在实际工作中,所有考生均使用同一套题目(测评工具统一),扩大评分者人数,以保证测试的信度(评分者信度)。COMET职业能力测评使用的一组7人评分,去掉1个最高分和1个最低分后取平均分。实操考试采取观察法现场评分①的形式,2018年实操考试采用两组。2019年实操评分方法与第一年有所变化,采用三组评分。

为保证评分的客观公正,采用抽签加密方式进行双匿名评审。在此基础上,还要求参赛选手统一着装进入赛场,并按照赛事管理规定的抽签加密办法进行两次加密。

COMET职业能力测评不分组,直接进入笔试考评站点,进行书面作答。测评过程中,被试先完成方案编写,到时间即上交方案。方案编写的时间为120分钟。安排在赛事第一天进行。赛事第二天全天为实操考试,如图5-2所示。

---

① 为保证信度,要求7名裁判同时打分,去掉1个最高分和1个最低分后取平均分。

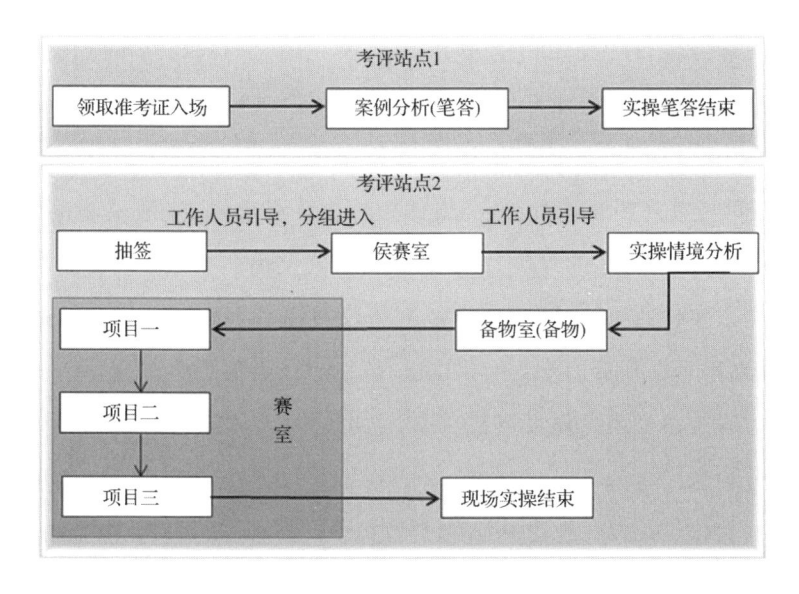

图 5-2 评价实施过程

第二天完成实操测试。为保障实操考试的顺利实施,针对测评任务准备的考场条件提前 3 个月在网上公示,各参赛院校可以根据考场准备的情况自由设计解题空间。承办校可以根据考场条件准备考试的场地、设备、设施及材料等。

5.3.4 评分

评分裁判的任务分为笔答阅卷评分和现场实操评分两类。笔答阅卷评分主要针对的是 COMET 职业能力测评,在竞赛当中被称为"方案设计",为了提高评分者信度,COMET 职业能力测评的评分组设置为一组,以保证评分者不发生变化,对所有选手的试卷开展评分。COMET 职业能力测评专家还在选手测评完成后,又参加了半天的培训,主要针对已经实际完成的试卷进行试打分,并在试打分的过程中,对评分者的评分信度进行分析。该组裁判不少于 5 人(实际执行时是 7 人),在经历统一培训后,7 名裁判独立评分,互相之间的评分各自记录,不进行同步亮分。

2018 年,实操考试选手分为两个组,分别进入两间赛室,由两组不同的裁判分别打分。其优势是每一组裁判要打分的对象数量与裁判组的数量成反比,在同样的时间内,每组裁判要评分的数量与可以给每名选手的展示时间成反比。也就是说,裁判分组、选手也分组时,可以根据裁判组的数量给予每名选手更充裕的操作时间。从组织者的角度来说,可以设计更为综合的任务。但其缺点也很明显,由于评分者不同,裁判组之间的成绩不能直接排序,在竞赛评奖中只能分组评奖;在数据分析时,需要进行调整。

2019年实操评分方法与2018年有所变化,将原有的综合性任务一拆为三,在三间赛室内接续进行,由三组评分者依次流水作业评分。这样做的优势是,保证了所有选手的评价者是相同的,形式上提高了评分者信度,降低了参赛者提出申诉的风险;同时一个裁判组仅关注一个简单操作,注意力容易集中,裁判水平由于更加专业细化也更容易提升;劣势也很明显,综合性的任务又被拆解为一个个操作,即便出题时给出的是整体化的情境,进入的是三个场所分别操作。

这些变化也是以设计为基础的典型实验的特征。2018年的实践中出现问题,2019年就及时调整和纠正,决策行为的发生也是典型实验为了取得"反思性实践"[1]知识的重要手段。

5.3.5 评价实施中存在的问题

在准备工作相对较为充分的前提下,评价实施中仍然发现了一些问题,这些问题有助于将研究导向更加深入的层次。

第一,评分信度是依靠增加评分者数量来解决的。在目前的技术条件下,信度提升也有其他途径,增加数量是最容易获得师生认可和制度规定的方式。在这个方面存在着研究技术路径与现实考量之间的妥协。

第二,在评价方案设计阶段,研究者希望通过典型工作任务的形式统一指导实操考试和COMET职业能力测评两种测试方式,但是实施中教育部的制度安排要求给出尽可能客观化、标准化的评分标准,而且要求越细化越好。在遵守该制度的过程中,逐渐将实操考试的评分方式回归到逐项、逐条的细分模式,进而失去了典型工作任务的完整性,这可能也是实操考试最终预测效度较低的原因。这个问题的存在,也为未来实操考试的改进提供了方向。

第三,从2018年的竞赛结果分析看,还存在师生对于新导入的理论存在理解不到位的情形。通过2018年底的赛后总结培训,2019年大部分考生对于COMET职业能力测评的理解逐渐深化。说明理论的导入不仅需要在事

---

[1] 赵志群. 典型实验:职业教育发展创新项目的方法论思考[J]. 教育发展研究,2019(19):52-58.

前进行,还需要及时地总结、归纳、推进。

5.4 工作绩效评估的实施

绩效评估的方案选择使用 360°绩效评估方式进行,360°绩效评估在实施中主要通过对不同评价对象进行问卷调查,因此实施的主要过程是问卷的发放与回收。

360°绩效评估问卷的发放与回收分为两次:第一次为 2018 年度竞赛结束后,在赛事资源转化培训班上征求参赛院校的竞赛指导教师意见,解释说明指标并达成共识之后,对问卷采集方法进行培训,并提出统一要求,继而通过竞赛通知渠道安排各职业院校教师组织实施问卷的采集工作;第二次是在 2019 年竞赛结束后 1 个月内即进行的,由于第一次已经对问卷指标较为熟悉,仅对新参加比赛的职业院校教师进行重点培训和指导,以确保他们将问卷中指标掌握清楚,解释明白,以便评估者填写。

在这个过程中存在着关键的质量控制点。一是采集过程由各个职业院校的竞赛指导教师具体实施,并不是由同一名采集者完成,即存在采集者素质差异性问题。二是每名选手的 360°绩效评估者具有多类型特征,即每名选手有其自己的教师(上级)、同级、服务对象等,并不像竞赛中一样使用统一的评分组(裁判组)对选手进行评价。因此,存在测评对象面对不同测评者的现象,即可能同样的绩效表现在不同的选手所面临的评价尺度上存在主观性,信息源可能存在问题。三是有意扭曲信息,由于采集者是职业院校教师,前边的实操测试和 COMET 职业能力测评都是高利害性的测试活动,有可能职业院校教师作为采集者在汇总采集的信息时,存在有意夸大绩效数据的倾向。

为了避开这些可能的质量缺陷,研究者在赛后资源转化培训班上,对相关教师进行培训时专门强调了以下几个方面:一是研究的意义在于对竞赛当中使用的测评工具进行测试,要求教师本着负责任的态度,认真做好相关组织填报工作;二是针对采集方法的培训,要求教师做到标准基本统一,对参与采集信息的教师的培训提出了高质量数据采集的要求,要求他们在采集过程中,及时传达相关要求,将数据采集的意义传达到位;三是对问卷的指标进一步解释说明,尽可能降低主观程度,加强可以量化的指标,并通过相对客观的量化指标，将评分者的主观评价尽可能地精准表达；四是明确告知教师，绩效数据不作为任何排名的依据，但是绩效数据采集质量（包括提交数据的及时性、准确性、全面完整性等）作为未来评选组织奖的依据，以此提升他们对提高绩效数据质量的责任感；五是在绩效问卷回收之后，进行初步的评价，通过随机数测试的方法，对各职业院校提供的数据进行初步筛选，存在编造嫌疑的，会联系相关教师，重新测试后再上报数据。

回收过程通过电子邮件的方式开展。2018年，由于是首次测试，各职业院校存在认识程度不一致、采集方法和手段不熟悉等问题，最后一个学校交上回收问卷已经是在布置工作后3个月左右了。2019年则相对迅速，原因一是大部分职业院校的指导教师变化并不大，已经参加过2018年的竞赛，不仅对这项工作有预期，而且对具体操作也比较熟悉，从布置问卷发放到全部问卷回收缩短到了15个工作日。回收后，研究者进行了问卷的录入工作，为分析工作打下了良好的基础。

第6章 职业技能竞赛中评价方式研究的结果

本章对前期研究过程中通过各类实操考试、COMET 职业能力测评、360°绩效评估等测评工具,经由竞赛裁判员、指导教师、同事、同学、服务对象、本人等各评分者评价得到的数据进行分析,据以验证在问题提出阶段所设定的假设。

6.1 测评中使用的试题分析

6.1.1 COMET 职业能力测评试题及解题空间

1. 竞赛使用试题分析

COMET 职业能力测评使用的是情境性题目,并配有解题空间。由于 COMET 职业能力测评的开放性,这个空间并不是参考答案,且没有正确和错误的严格区分。这个空间主要为了方便评分者的评分工作,相当于路标,是辅助工具,不是评分标准。

下文将结合 2018 年经过抽签之后最终确定的竞赛实际使用的试题,对解题空间中的个别指标进行分析。

情境描述: 李奶奶,98 岁,丧偶,10 年前出现记忆力下降,经常说自己丢了东西,怀疑有人进了她的房间,觉得冰箱内存放的食物被人动过,有人要害她……整日惶恐不安,极度缺乏安全感,被认为是老人糊涂了,未予重视。近3年来,老人脾气越来越暴躁,偶尔出现攻击行为,与人沟通较少,不愿意出门,外出活动明显减少,而且拒绝就医。近半年来,老人表现睡眠颠倒,夜间游走,曾用碗舀坐便器内的水喝,随处大小便。2个月前老人不慎跌倒,导致左髋关节骨折,医生建议采取保守治疗,制动。老人目前活动受限,长期卧床,不能自行进食,如厕困难。

老人是参加过抗日战争的离休干部,是一所知名大学的高级知识分子,独居,有两个儿子,其中一个亡故,另一个远在边疆省份且患有高血压病,他委托本地亲友偶尔来家照看老母亲,故老人日常生活由保姆照顾。但现在保姆提出长时间休息不好,而且还被攻击,不堪重负,准备辞职。老人居住小区公共设施完善,距离老人住所往北1公里有一所日间照料中心,往南5公里有一家高端养老机构,往东4公里有一所医养结合机构。亲属们认为老人需要24小时照护,如果继续在家则无法改变现状,希望把老人送到适合的养老机构。①。

任务要求:

您作为养老机构的一名工作人员,请确定老人目前存在的主要健康问题,制订详细的解决方案,解释措施依据,以便在您休息时其他人能接替您的工作。

制订方案时应考虑:直观性/展示;功能性/专业化,正确的答案;持久性,当前与远期的照护目标;效率/经济性;工作过程导向;环境与社会承受度与影响;家庭、社会与文化环境;创造性。②

表 6-1 中共有 8 个一级指标,每个二级指标均有完全满足、基本满足、基本没满足、完全没满足四个选项,分别对应原始赋分 3,2,1,0。现在以其中一个一级指标"家庭、社会与文化环境"为例,分析解题空间的使用。

---

① 2018年全国职业院校技能大赛高职组赛项正式赛卷及评分标准——GZT-2018033 养老服务技能赛卷及评分标准.zip. http://www.chinaskills-jsw.org/content.jsp id=2c9080b46254d2d101639ef184010528&classid=ff8080814ead5a97015217ea88d208a8.

② 同①.

表 6-1　　　　　　　　　　2018 年竞赛解题空间①

一级指标	二级指标	
	序号	内容
直观性/展示	1	表述对养老服务专业人员来说容易理解
	2	整体结构合理,概括清晰
	3	容易阅读,表达格式合理,恰当用图表
	4	运用养老服务专业术语有效
功能性/专业化	5	符合养老服务专业工作程序与要求
	6	体现养老服务专业发展新成果
	7	具有养老服务专业实践可行性
	8	与个案的需求问题相对应
持久性	9	目标具有长期性,不局限于当前结果
	10	考虑了养老服务人员与被服务者双方的要求
	11	反映了养老服务人员决策和行动的自主独立
	12	考虑了养老服务的便利性因素
效率/经济性	13	在效率与经济上合适
	14	在时间安排上妥当
	15	在经费开支上合理
	16	分析了各项投入和质量保证的关系
	17	考虑了为工作完成的后续支出
工作过程导向	18	适合所在部门管理结构和工作流程
	19	考虑了本任务之前和之后的相关任务、完成过程及其理由
	20	考虑了将所有必要的信息传达给所有的参与方
	21	反映了与养老服务工作过程相关的特有能力
	22	考虑了养老服务专业的工作界限与跨部门合作(如与社工、医生、护士等相关人员的合作关系)

---

① 2018 年全国职业院校技能大赛高职组赛项正式赛卷及评分标准——GZT-2018033 养老服务技能赛卷及评分标准.zip. http://www.chinaskills-jsw.org/content.jsp id＝2c9080b46254d2d101639ef184010528&classid＝ff8080814ead5a97015217ea88d208a8.

续表

一级指标	二级指标	
	序号	内容
环境与社会承受度与影响	23	体现了人性化的工作与组织
	24	具有相关法规(如老年人权益保障法、相关卫生法规等)依据,运用理由恰当
	25	考虑了养老服务中人体工程学的运用,理由合理
	26	体现了劳动保护和事故防范的相关规定
	27	符合环境保护与资源再利用的要求,且理由得当
	28	对个案服务的延展广度合适
	29	考虑了社会环境对服务进一步拓展的影响
家庭、社会与文化环境	30	考虑了个案的家庭背景
	31	考虑了个案所在机构和社区的环境条件
	32	关注了与个案服务任务相关的社会因素
	33	分析了与个案相关的文化因素
	34	关注对社会与文化的影响
	35	反映了个案服务活动中的关系
	36	反映了文化与美的意识
创造性	37	包含超出问题解决常规范畴的内容
	38	提出了不寻常、有价值的内容
	39	表现出对个案问题的敏感性
	40	充分使用了题目的设计空间

以表 6-1 中给出的情境分析,第 1 个二级指标"考虑了个案的家庭背景"主要希望考生考虑老人的个人情况、子女情况、身份等,比如情境中提供的"老人是参加过抗日战争的离休干部,是一所知名大学的高级知识分子,独居,有两个儿子,其中一个亡故,另一个远在边疆省份且患有高血压病,他委托本地亲友偶尔来家照看老母亲,故老人日常生活由保姆照顾"。第 2 个二级指标"考虑了个案所在机构和社区的环境条件",主要希望考生在给出的方案中结合机构和社区的情况撰写方案,比如情境中提到的居住社区的情况。第 3 个二级指标"关注了与个案服务任务相关的社会因素",要求考生要考虑针对老人的情况,社会有哪些约束因素,比如针对参加过抗日战争的身份、高

级知识分子的身份等,都要在拟订方案时充分考量。第 4 个二级指标"分析了与个案相关的文化因素",要求考生制订方案时考虑中国的传统"孝文化"等因素。第 5 个二级指标"关注对社会与文化的影响"要求在制订方案时,不仅针对个案,还要有对社会的关注,关注方案可能对社会与文化带来的影响,比如中国人大部分不愿意将老人送往专门的养老机构,有些老人自己也不愿意这样做,如果选择机构养老的方案,该如何呼应社会与文化的需求。第 6 个二级指标"反映了个案服务活动中的关系",要求考生要考虑现有服务过程中,已经在情境中体现的保姆的具体情况等因素。第 7 个二级指标"反映了文化与美的意识",在情境中通过对老年人的文化水平、工作经历和社会地位来暗示可能的审美情趣。上述解题空间二级指标在实际使用时要综合判断,不能像使用参考答案或评分标准时那样看到一个采分点给一个分数,它为评分者对方案进行评价时提供一个地图,可以从这些方面进行考核。

对比 2019 年竞赛中实际使用的试题,可以看到解题空间也在不断地优化、调整。

情境描述:田爷爷,76 岁,3 年前出现面部表情呆板,目光呆滞,动作缓慢、笨拙,身体僵硬,走路时呈"慌张"步态,转弯时经常跌倒,被诊断为帕金森综合征,生活不能自理。近期老人情绪低落,脾气暴躁,伴有行为改变,经常怀疑别人偷了他的东西,还总说有人要害他,夜间入睡困难伴游走,有时候极其抗拒沐浴、更换衣服,家属及保姆难以照顾。

老人曾任某大型药厂车间主任,育有四个孩子。两个儿子,两个女儿,其中大女儿在国外,两个儿子自由职业,小女儿做生意。日常生活由保姆照顾,现保姆提出,老人照护难度越来越大,要求涨工资。老人的子女考虑,保姆照顾老人不专业,不细心,希望老人能够入住正规养老机构。

距离老人居住小区往北 10 公里有一所日间照料中心,往南 30 公里有一家医养结合养老机构,子女认为老人现在需要 24 小时生活照护及精神陪伴。[①]

任务要求:您作为养老机构的一名工作人员,认为老人应入住哪个类型的养老机构?请确定老人目前所存在的主要健康问题,制订较详细照护方案,解释措施依据,并能与老人、家属、其他相关专业人员沟通,保证照护工作的有效性和可延续。

---

① 2019 年全国职业院校技能大赛高职组赛项正式赛卷——GZT-2019004 养老服务技能赛卷及评分标准.zip. http://www.chinaskills-jsw.org/content.jsp id=2c9fe79267755ded016abd890ba10547&classid=ff8080814ead5a97015217ea88d208a8.

制订方案时请考虑到：直观性/展示；功能性/专业化；持久性，当前与远期的照护目标；经济性，适度合理；服务流程和工作过程导向；社会接受度；环境保护与环境适宜性改进；创造性。

照护方案应包括以下三个方面：明确问题；提出照护方案；解释为什么这么做，而不是选择其他解决方案。①

表 6-2 中一级指标在 2019 年调整为"环境保护与环境适宜性改进"，将原有涉及家庭、社会与文化环境的部分整体纳入"社会接受度"一级指标，更加突出了对环境的关注。这种变化，一是由于情境不同，虽然在两年大赛使用的情境中，老人均有失智症出现，但是在 2018 年的情境中尚未决定是否要进入机构养老，而在 2019 年的情境则已经明确要进入机构养老。是否进入机构养老的决策过程必定要更加关注家庭、社会和文化的影响。确定要进入机构养老之后，选择机构和照护方案的过程则更加突出技术性、环保性。因此，在评价的二级指标设定上，更多地考虑了机构的需求。同样，这些解题空间中的指标也只是评分者对考生提供的方案进行评价的一个路标，并非直接判断的标准。

表 6-2　　　　　　　　　　2019 年竞赛解题空间②

一级指标	二级指标	
	序号	内容
直观性/展示	1	表述对工作相关方沟通容易
	2	从专业角度看，表述恰当
	3	整体结构合理，层次分明，条理清晰
	4	使用图表恰当
	5	表述专业规范
功能性/专业化	6	对应本案例老人的照护需求
	7	体现养老服务专业发展新成果
	8	具有养老服务专业实践可行性
	9	使用专业术语，具有相关知识说明支撑
	10	方案内容正确

---

① 2019 年全国职业院校技能大赛高职组赛项正式赛卷——GZT-2019004 养老服务技能赛卷及评分标准.zip http://www.chinaskills-jsw.org/content.jsp?id=2c9fe79267755ded016abd890ba10547&classid=ff8080814ead5a97015217ea88d208a8.

② 同①.

续表

一级指标	二级指标	
	序号	内容
持久性	11	具有长期性,设计了后续照护
	12	考虑了养老服务人员与被服务者双方在长期照护中需求变化与任务扩展的可能性
	13	说明了长久照护中可能出现的问题
	14	考虑了服务实施的便利性
	15	分析了方案对本案例老人的合理性与适宜性价值
经济性	16	在效率与经济上合适,被照护对象认可
	17	在时间与人员安排上妥当
	18	提供服务的成本与服务机构基本收益关系合理可行
	19	考虑了为工作完成的后续支出
	20	考虑了职业服务过程的效率
服务流程和工作过程导向	21	工作流程和管理适合照护人员及其机构、照护对象双方的情况
	22	按照工作过程设计
	23	考虑了本任务前后及平行任务之间的相关关系,说明了理由
	24	反映出专业核心能力,以及自主决策与行动的能力
	25	考虑了与本专业工作范围相关人员、机构的合作
社会接受度	26	运用了相关法规(如老年人权益保障法、医疗保险相关规定、长期照护险相关规定、相关卫生法规等)
	27	运用了劳动保护和事故防范相关规定
	28	体现了人性化的工作与组织
	29	提出了符合人体工程学的建议
	30	分析了文化、习惯、职业等与科学养老照护的相互影响
环境保护与环境适宜性改进	31	考虑了照护废弃物的回收处理与再利用
	32	考虑了降低照护环境引起感染或污染的可能性
	33	考虑了照护用品的环保性、适宜性
	34	考虑了环境保护、节能与提高能源利用率
	35	考虑了照护环境舒适、适宜与美的协调

续表

一级指标	二级指标	
	序号	内容
创造性	36	包含超出问题解决常规范畴的内容
	37	提出了不同寻常的内涵,并且很有意义
	38	方案的设计思路与质量具有明显的创新性
	39	表现出对本个案问题的职业敏感性
	40	充分使用了题目所提供的设计空间

2. 命题特点分析

测评试题再现了养老机构真实的工作情境。在养老机构的实际工作中,如果考生(从业者)可以充分地获取老年人的信息,则在分析老年人的生活服务需求时就能够更加精准,在设计、提供解决方案时被客户接纳的程度也更高。考生的工作过程知识,尤其是缄默知识掌握得越充分,职业认同感越强,提出的方案越能体现出对社会和未来负责的态度。

测评试题体现了完整的工作过程,要求考生从给出的情境中获取有用的信息。2018年,为了提高区分度还专门规定了会在抽取情境之后进行改进,实际上是隐去了情境中的第二段,尤其是关于社会接受度部分的信息。2019年,由于教育部的规定更加严格,因此将行业特色赛项视同常规赛项管理,即在试题公布方面不再留有修改空间。这实际上不太符合COMET职业能力测评的操作流程,因为COMET职业能力测评是不公布情境的,而在实际应用中,由于在教育部统一的规定下实施,只好适度做出一些妥协。

命题工作是在方法专家的直接指导下,由实践专家经过数轮讨论共同形成的,且2018年与2019年的试题的二级指标并不完全相同。2018年,由于首次在该领域使用COMET职业能力测评,因此实践专家对各指标的理解不够充分,最终规定第1,2,3,8个一级指标的二级指标都是4个;第4,5个一级指标的二级指标都是5个,第6,7个一级指标的二级指标都是7个。其中的原因各不相同,主要是初次使用的有些一级指标下的二级指标不易细分,有些一级指标下的二级指标则不易归纳,但是总体还是保留了40个二级指标的规模。到了2019年,专家组对COMET职业能力测评的理解更为深刻,命题时兼顾了形式与内容,标准化呈现形式和职业内容之间的达成妥协水平也更高,40个二级指标的分配也就平均到了8个一级指标,即每个一级指标下设5个二级指标。

6.1.2 实操试题及评分标准

1. 竞赛使用试题分析

最终在经过抽签之后,确定2018年竞赛中实际使用的试题如下:

情境:王丽奶奶……外出活动。(部分内容,完整版见竞赛官网公布的赛事文件。)

操作:测体温(基础护理)、鼻饲(生活照料)、轮椅转运(康复训练)。

表6-3是经过简化的评分标准表,其中删除具体项目的得分这一列,并且简化了一些步骤的要求,仅保留其中一个步骤进行解读。从步骤5中可以看出,实操考试的评分标准是严格按照规范化操作流程制定的:首先,每个一级指标对应相应的二级指标,一、二级指标之间是完全的包含关系,即其逻辑框架是严密的,无重复、无遗漏;其次,每个指标给出严格的评分标准,这不是参考,而是要求评分者严格按照这个操作流程和标准进行评分,既不能使顺序错乱,也不能不符合标准,正确就得分,错误不得分,标准是客观的;最后,每个指标都是一个具体的项目,不仅给出操作的类型(口述、操作、口述+操作),还给出了操作的具体要求,基本上没有创新的空间和基于情境的考虑。基于此,这些评分标准可以评价的应该是非常客观的部分,或者说评价的只能是技能的客观部分。在开展竞赛的过程中,按照教育部的要求,这个评分标准还需要提前作为赛题库在赛前公开。这种公开得到了广大参赛院校的一致好评,因为依据这些标准,参赛院校在组织选手备赛时的针对性就增强了。在教育部审批赛项时,谁的评分标准更客观、精细,通过专家评审的可能性更大。这样做一是为了比较两种技能评价方式,二是为了顺利通过教育部的评审,因此采取了这一命题方式。

表 6-3　实操评分标准表(部分内容,完整版见竞赛官网公布的赛事文件)[①]

项目总分	技术操作要求
步骤 1	工作准备(14 分)
步骤 2	核对沟通(9 分)
步骤 3	鼻饲前准备(12 分)
步骤 4	检查胃管(15 分)
步骤 5 进行鼻饲 30 分	5.1 测试温度: (1)操作:……;(2 分) (2)操作:用推注器抽吸少量鼻饲饮食,……,温度适宜;(2 分) (3)口述:……。(2 分) 备注:未测试温度,扣 6 分。 5.7 固定鼻饲管: (1)操作:用新的无菌纱布包好……在老年人枕边;(2 分) (2)口述:……放平;(2 分) (3)口述:避免误吸。(2 分) 备注:鼻饲完毕立即放平床位,扣 6 分。
步骤 6	整理记录(8 分)
	……
合计得分	

2019 年的试题在 2018 年的基础上进行了改良,主要体现在将操作的步骤进行了归拢整理,类似概括的过程,将所有单项操作均概括为"工作准备""沟通评估""实施过程""综合评价"四个步骤,期望逐步向更加标准化的方向发展,相当于在原有操作过程上构建了一个不同实操的评分标准间可以横向

[①] 2018 年全国职业院校技能大赛高职组赛项正式赛卷及评分标准——GZT-2018033 养老服务技能赛卷及评分标准.zip. http://www.chinaskills-jsw.org/content.jsp id=2c9080b46254d2d101639ef184010528&classid=ff8080814ead5a97015217ea88d208a8.

比较的框架。其中的重点都是实施过程,将原有操作的部分,尤其是个性化部分都纳入这一部分,并按照完整工作过程的方式进行了改良,为各个操作都加上了沟通评估的信息获取、计划决策和后续的综合评价等环节。作为评估反馈,从评分标准的框架来说,已经向典型工作任务①的方向靠近了。

2. 命题特点分析

一是两届实操考试命题有很大的不同。虽然都是三项具体实际操作,但是2018年与2019年的试题并不完全相同。虽然两年都以一个完整情境将三项操作串联起来,形成具有逻辑关系的连续操作,但是在具体的实施中,2018年是在一个考场中,由一组裁判对三个操作依次进行评价,选手三个操作项目的时间可以相互借用,总体不超时即可,这给予了选手更大的设计空间。2019年则在三个考场分别考核三项操作,每个单项操作由一组裁判打分,每项操作限定的时间均相等,且相互之间不能借用,给予了更严格的限制,选手的设计空间变小了。从裁判组的角度来看,每个裁判组只能观察到一项操作,失去了从整体上把握选手操作能力的机会;从专家组命题的角度来看,这其实是"走了一段回头路"。将三项操作连在一起,可以构建更为全面的考核测评环境,提供更为充分的测评时间,但正如在实测时所分析的那样,教育部大赛组织部门不支持分组产生奖项,参赛院校对获得奖项十分关注,因此在上级不支持、下级不认同的双重压力下,实践中需要根据不同情境做出新的判断。这也是COMET职业能力测评理论的一个核心概念,即考查一个从业者职业认同感水平,实际上就是让从业者在具体的情境中,在不同的甚至是相互矛盾的准则之间找到一种妥协的方案。当理想的测评方案(功能性)与现实(社会接受度)冲突时,只能在两者之间找到一个妥协的点。2018年的试题是一次改革探索,2019年的试题则是在探索之后做出的调整。

二是两者都基于职业标准和教学标准,具备完整的工作过程,在获取信息、明确任务之后,自行制订和确认工作方案并实施,在此基础上开展检查和控制,最后形成评价反馈。除了常规的操作之外,还有确认、实施后的现场恢复等内容要求。在2019年的命题中,将所有测评的一级指标进行标准化,统一规定为"工作准备""沟通评估""实施过程""综合评价"四个部分,其中"沟

---

① 赵志群,等.职业能力测评方法手册[M].北京:高等教育出版社,2018:47.

通评估"就是信息获取过程,"工作准备"和"实施过程"两个指标实际上包含了"方案制订"和"实施过程",最关键的是所有题目中都明确了最后的"综合评价"部分。

三是测试较为全面地展示了学生的职业行动能力。两年的实操考试都是三个具体操作项目,原因就是从职业标准的角度来看,养老护理员国家职业技能标准规定了养老护理员的职业功能包括 5 个,即基础护理、生活照料、康复护理、心理护理和培训指导。其中心理护理和培训指导一般没有单独设计操作测评,而是被整合在基础护理、生活照料和康复护理三个操作之中。

6.1.3 小 结

从命题特点的分析可以看出,命题基本上遵循了研究设计的思路。实操考试更加关注标准化的外显动作的考核,通过观察法来实现对考生技能的评价;COMET 职业能力测评以典型工作任务为基础,突破了实操考试场地、设备和时间的限制,对考生对工作过程知识的理解程度做出判断,进而评价考生的职业认知能力。从研究的设计来说,希望两种技能评价方法充分体现两者背后的测量理论和能力模型。在对实操试题和 COMET 职业能力测评试题进行分析后,可以确定在本研究中,试题基本实现了研究设计的意图,试题测评的结果可以用于分析两种技能评价方式。

6.2 技能评价的统计指标检验

为开展职业能力测评、实操和工作绩效之间的三角验证工作,需要首先对职业能力测评本身的难度、区分度、信度和效度进行分析。四者测评的对象是一致的,均为参赛选手。首先进行的是 COMET 职业能力测评+实操方案的难度、区分度和结构效度分析,主要是从测量学角度对测评任务的质量进行分析,同时以结构效度检验来验证研究的整体设计是否成立,从而为后续研究打下基础。

6.2.1 难度分析

难度是衡量试题难易程度的指标。如果题目过难或者过于容易,则无法区分优秀考生、一般考生以及低分考生之间的能力差别。因此,要对技能评价的效度进行分析,首先要进行难度的衡量,确保技能评价工具能够有效区分不同能力的考生。

在教育统计与测量学中用"得分率"这一概念来描述难度。理论上,得分率为 0.50 说明题目难度适中,得分率低于 0.30 说明题目难度较大,得分率高于 0.90 说明题目难度较小。题目难度太小或太大,区分度都不高,会出现"天花板效应"或"地板效应"。本次测评中每个指标都采用了等级评定的方式进行打分,以指标得分的均值除以该指标的配分,得到某一指标的得分率,作为测评难度的参考指标,见表 6-4。

表 6-4　COMET 职业能力测评任务难度分析结果($N=146$)

一级指标	二级指标	配分	均值	标准差	得分率
直观性/展示	F_1	3.00	2.45	0.42	0.82
	F_2	3.00	2.31	0.39	0.77
	F_3	3.00	2.10	0.42	0.70
	F_4	3.00	2.30	0.32	0.77
	F_5	3.00	2.14	0.45	0.71
功能性/专业化	F_6	3.00	1.74	0.26	0.58
	F_7	3.00	1.99	0.70	0.66
	F_8	3.00	2.18	0.40	0.73
	F_9	3.00	1.94	0.46	0.65
	F_{10}	3.00	2.04	0.21	0.68
持久性	F_{11}	3.00	1.84	0.44	0.61
	F_{12}	3.00	1.78	0.51	0.59
	F_{13}	3.00	1.71	0.46	0.57
	F_{14}	3.00	1.76	0.47	0.59
	F_{15}	3.00	1.82	0.25	0.61

续表

一级指标	二级指标	配分	均值	标准差	得分率
经济性	F_{16}	3.00	1.75	0.19	0.58
	F_{17}	3.00	1.71	0.27	0.57
	F_{18}	3.00	1.89	0.49	0.63
	F_{19}	3.00	1.65	0.60	0.55
	F_{20}	3.00	1.80	0.32	0.60
服务流程和工作过程导向	F_{21}	3.00	2.57	0.65	0.86
	F_{22}	3.00	2.47	0.83	0.82
	F_{23}	3.00	2.16	0.33	0.72
	F_{24}	3.00	2.20	1.02	0.73
	F_{25}	3.00	2.40	0.86	0.80
社会接受度	F_{26}	3.00	1.83	0.70	0.61
	F_{27}	3.00	1.85	0.61	0.62
	F_{28}	3.00	2.38	0.57	0.79
	F_{29}	3.00	1.88	0.28	0.63
	F_{30}	3.00	2.29	0.37	0.76
环境保护与环境适宜性改进	F_{31}	3.00	1.36	0.58	0.45
	F_{32}	3.00	1.49	0.56	0.50
	F_{33}	3.00	1.56	0.56	0.52
	F_{34}	3.00	1.40	0.52	0.47
	F_{35}	3.00	1.62	0.23	0.54
创造性	F_{36}	3.00	1.16	0.23	0.39
	F_{37}	3.00	1.18	0.31	0.39
	F_{38}	3.00	1.17	0.30	0.39
	F_{39}	3.00	1.57	0.19	0.52
	F_{40}	3.00	1.65	0.28	0.06

从难度上看,各项二级指标除F_{40}外,其余的得分率均在0.30~0.90范围内,属于适中的范围。得分率最高为0.86,最低为0.39。从分布上看,基本上符合认知发展规律,即能力级别越低的指标,得分率越高,所有二级指标中得分率最低的0.06就是最后一个指标。

从8个一级指标(表6-4)的层面来看,在整个创造性指标(共5个二级指标)的范围内,也比其他7个一级指标的得分率低,说明试题的设计符合职业成长的逻辑规律,即越到高层次的能力,得分率就越低。

从功能性能力、过程性能力、设计能力这三个能力层级(表6-5)看,得分率也体现出递减的趋势,从功能性能力的0.72到过程性能力的0.64,再到设计能力的0.56。

表6-5　　COMET职业能力测评测试任务难度分析结果($N=146$)

指标	指标名称	得分率
K_1	直观性/展示	0.76
K_2	功能性/专业化	0.67
K_3	持久性	0.63
K_4	经济性	0.58
K_5	服务流程和工作过程导向	0.69
K_6	社会接受度	0.70
K_7	环境保护与环境适宜性改进	0.52
K_8	创造性	0.46
K_F	功能性能力	0.72
K_P	过程性能力	0.64
K_G	设计能力	0.56
	总体	0.57

从难度上看,各指标的得分率均在0.40~0.80,属于适中的范围。得分率最高为0.76,最低为0.46。从分布上来看,基本上符合认知发展规律,即能力级别越低的指标,得分率越高。在功能性能力方面,得分率仅为0.72,在过程性能力方面则下降到了0.64,在设计能力层次则下降到了0.56。说明试题设计符合职业成长的逻辑规律,即越到高层次的能力,得分率就越低。除了COMET职业能力测评的难度之外,本研究还需考核另一种技能评价方式——实操考试的难度。由于实操考试分项过于细致,具体分项目数据没有统计,因此仅考查其总体得分率,见表6-6。

表 6-6　　　　　　　实操考试难度分析结果（$N=146$）

项目	配分	均值	标准差	得分率
实操考试	100.00	79.79	8.41	0.80

从表 6-6 中可以看出，实操考试的得分率为 0.80，在难度上属于较为容易的范畴。因为 COMET 职业能力测评的分项难度最高为 0.76，最低为 0.46，总体为 0.57，比实操考试的难度要高，但未达到得分率的上限 0.90，总体来说上两种测评方法都具有一定的区分度。

从难度分析的结果可以看出，COMET 职业能力测评的总体难度高于实操考试的难度。结合 COMET 职业能力测评题目和实操考试题目的分析，研究者发现，实操考试的难度较低是有理论基础的。因为实操考试的命题方式是分解项目，分解后的每个项目都有成为有是非对错之分的客观题，同时，教育部大赛规则要求题目和评分标准要提前公开。因此，实操考试是通过考核考生模拟工作场所的操作来进行评分的，并不是直接背诵或者默写评分标准。因为参赛选手只需要拿着题目和评分标准反复练习即可，其命题的客观化、标准化特征，导致了备赛过程中的记忆力比拼。

综上所述，可以得出如下结论：一是 COMET 职业能力测评和实操考试的难度都处于可以区分能力高低的范围，两种技能评价方式都可以对技能进行评价；二是 COMET 职业能力测评与实操考试相比，在技能评价方面有更高的区分度；三是结合两种题目的特点和竞赛规则，COMET 职业能力测评和实操考试能评价考生的技能部分是不一样的，实操考试更多地考评可以客观化的部分。

6.2.2　区分度分析

区分度[①]是指标或者整体方案对考生实际技能的区分程度，即高能力考生比水平较低的考生更有可能得分。计算时，需要考虑的是各级指标对整体的反映程度，实际上也是反映结构效度。COMET 职业能力测评一级指标项

---

① 项目区分度的定义为被试在测验中获得的总分与项目分数之间的相关系数，由此得到的区分度也叫内部一致性系数。闫成海，杜文久，宋乃庆，等.高考数学中考试评价的研究——基于 CTT 与 IRT 的实证比较[J].华东师范大学学报（教育科学版），2014，32（03）：10-18.

目区分度见表 6-7。

表 6-7　　　　COMET 职业能力测评一级指标项目区分度

Pearson 相关系数	K_1	K_2	K_3	K_4	K_5	K_6	K_7	K_8	总分
K_1	1	0.930**	0.933**	0.789**	0.459**	−0.568**	0.904**	0.773**	0.897**
K_2	0.930**	1	0.949**	0.855**	0.524**	−0.458**	0.944**	0.865**	0.952**
K_3	0.933**	0.949**	1	0.812**	0.509**	−0.472**	0.929**	0.794**	0.930**
K_4	0.789**	0.855**	0.812**	1	0.694**	−0.211*	0.800**	0.815**	0.910**
K_5	0.459**	0.524**	0.509**	0.694**	1	0.238*	0.506**	0.601**	0.706**
K_6	−0.568**	−0.458**	−0.472**	−0.211*	0.238*	1	−0.450**	−0.179*	−0.235**
K_7	0.904**	0.944**	0.929**	0.800**	0.506**	−0.450**	1	0.834**	0.928**
K_8	0.773**	0.865**	0.794**	0.815**	0.601**	−0.179*	0.834**	1	0.907**
总分	0.897**	0.952**	0.930**	0.910**	0.706**	−0.235**	0.928**	0.907**	1

注：**表示在 0.01 水平(双侧)上显著相关。

从表 6-7 可以清晰地看出,采用各一级指标与 COMET 职业能力测评成绩的相关系数进行计算,除了 K_6 之外,其余一级指标与总分的相关性都在 0.70 以上,属于强相关。这既说明了 COMET 职业能力测评各一级指标具有良好的区分度,也充分展示了 COMET 职业能力测评方案良好的结构效度。

6.2.3　信度分析

所有影响信度的因素都会影响评价的效度,如何保障技能评价的信度是研究中首先要考虑的。本研究是典型实验,是在实际的竞赛活动中进行的,重测或者复本信度的测量方式都无法实施,研究的信度通过以下方式检验：

一是检验 COMET 职业能力测评的信度。采用功能性能力、过程性能力和设计能力与 COMET 职业能力测评总分来测定其内部一致性信度,Cronbach's α 系数为 0.858[①]。由此可以看出,COMET 职业能力测评的信

[①] 一般认为,Cronbach's α 系数大于 0.80 就属于可以接受的信度值。

度是符合要求的。

二是检验实操考试的信度。由于实操考试分项数据获取困难,因此无法通过计算内部一致性来测定实操考试信度,研究通过折半信度来考查实操考试的信度。通过两年选手成绩随机混合,按照单、双号折半计算,其折半相关系数达到 0.872,属于可以接受的范围。

此外,两种技能评价方式通过增加评分者数量都可以提升评分者信度。评分者均为 7 名,且去掉一个最高分、一个最低分后取平均值,以增加评分者数量的手段来保证评分者信度。

6.2.4 效度分析

一是分析 COMET 测试的效度。通过 SPSS 对 COMET 职业能力测评的 8 个一级指标进行 $K\text{-}S$ 检验[①]。对 8 个一级指标运用最大方差法进行主成分分析,抽取特征根大于 1 的公因子有 2 个,这 2 个公因子解释总变异的 90.278%,其中第一公因子解释总变异的 73.135%,第二公因子解释总变异的 17.143%。充分证明了 COMET 职业能力测评具有良好的结构效度。

二是分析实操考试的效度。实操考试的数据有限,但是实操考试的效度也可以检验,包括题目对于职业标准中明确的职业功能的覆盖程度所代表的职业效度和教学标准内容所标记的课程效度。这就需要专家效度的证明,实操考试命题之初就邀请了 7 名专家对实操考试命题的内容效度进行评估,检验评估过程贯穿命题始终,其中最关键的就是命制试题是否符合职业标准和课程标准。在命制完成后,还向 35 名行业专家和 32 名学校专家征求意见(未进行打分)。专家一致认为符合标准,有较高的内容效度。在正式成为赛题之前,还在民政职业教育教学指导委员会网站上进行了为期 3 个月的公示,公开向全社会征求意见,也未收到不同意见。同时以这些赛题为技术文件的赛事申报材料也顺利通过了教育部组织的赛项评审,说明在社会和专家层面,该考试具备一定的内容效度。

本节重点说明两种技能评价数据来源的质量。从难度、区分度、信度和效度方面展开了论述。在难度上,主要考查了 COMET 职业能力测评试题各二级指标的难度系数以及实操考试的难度系数。总体上两者的难度系数均

[①] KMO 统计量为 0.890,Bartlett 球形检验 $p<0.001$,可以做因子分析。

介于上限与下限之间的有效区域,由此也反映出两种技能评价工具的有效性。其中,COMET职业能力测评的难度系数稍高,实操考试的难度系数稍低,但总体上两者都在区分不同能力层级考生方面具有有效性。在区分度方面,通过内部一致性考查了COMET职业能力测评的区分度,确认了8个一级指标中的7个都具有良好的区分度。对COMET职业能力测评信度,以其功能性能力、过程性能力和设计能力与总分来测定其内部一致性信度,Cronbach's α系数达到了基本的信度要求;实操考试的折半信度系数也超过了0.80,信度符合要求。

本研究的重点是预测效度,是效标关联效度。为了说明数据的质量,研究还对两种技能评价的内容效度或者结构效度进行了分析。对于数据分层比较详细的COMET职业能力测评,本研究采用了定量的$K\text{-}S$分析,并证实了结果的有效性。对于数据相对单一的实操考试,研究者通过专家的背书来保证内容效度。在确保数据来源的技能评价方案的内部结构效度是可以接受的前提下,进一步分析技能评价数据与工作绩效数据的关系。

6.3 基于COMET职业能力测评的技能评价结果对工作绩效的预测效度检验

开展COMET职业能力测评的技能评价结果对工作绩效的预测效度检验,首先要对工作绩效的量纲与COMET职业能力测评进行统一,在统一量纲的过程中,要确定不同评价者开展的绩效评估的权重,以及每个评价者内部的权重。在这个过程中,研究者通过多次组织专家讨论会和调查,对问卷内容和不同评价者应该赋予的权重进行了多次修订。

6.3.1 绩效评估者的特点和(问卷题项)权重划分

360°绩效评估问卷共有4种,每种有不同数量的项目。为了确定每个选项的权重,本研究邀请专家和职业院校教师共同确定了问卷项目的重要性,按照层次分析法(Analytic Hierarchy Process,AHP)进行了权重确定。

1. 上级评价

本研究中的上级评价是由被评价者在工作中的直接上级进行的。由于被评价者(考生)的特殊性,因此在评价者的界定上,选择两个类型的评价者作为其上级:一是实习工作中的直接汇报者,即汇报链、指挥链上最近的上级;二是职业院校的指导教师,这是学生在学业成长过程中的直接上级。

上级对绩效进行评估是传统的绩效评估方式,也是上级管理下级的重要手段。其他绩效评估方法,如 KPI、OBM 等,也都以上级为重要的评价者。上级对下级工作的整体比较熟悉,对工作结果有直接感受,对日常工作过程细节把握也比其他层级的管理者更为清晰。其中涉及 9 个评估项目,基本上包括了上级对其进行评价的各个方面。具体有:结合老年人实际情况,做出最有利于老年人的照护决策;能与老年人建立良好的信任关系;注重心理、社会因素对老年人疾病发生、发展及转归的影响;能有效保护老年人隐私;在与老年人的交流中,语言通俗易懂,信息量适当;在老年人表达不同意见后,能尊重老年人意见;能体察老年人的情绪和感受,理解其想法和立场,恰当地进行回应或处置;遵守规章制度;工作积极,能及时填写照护记录。

上级评价的优势是了解更为全面,能够从更高的维度评价考生工作对整个工作单元、工作过程乃至工作单位的贡献程度,而且依托这些评价指标和相关结果对考生进行绩效反馈,进而推动绩效提升。上级一般是从考生所在的一线岗位成长起来的,从职业发展的阶段来说,比被评价的对象(考生)具有更加成熟的职业发展阶段。如果说考生是初学者或者高级初学者,那么上级一般应是熟手或者高手的阶段,有些上级可能已经达到专家水平,这样的评价既是对选手直接工作结果的认定,同时也是从更加成熟完善的职业发展水平上对不够完善的考生提供职业成长、职业能力提升和工作过程知识等方面的支持和帮助。

2. 服务对象评价

根据老年服务与管理专业的操作性特点,本研究中将传统 360°绩效反馈中的客户确定为服务对象。老年服务与管理专业的培养规格是"能够从事老年人照护、老年人能力评估、养老管家(养老秘书)、养老事务性管理、老年社会工作等工作的高素质技术技能型人才",除了基本素养要求外,从事的工作均为服务性工作。因此,服务对象的评价至关重要,在专家排序的过程中,曾有部分专家将其排在上级之前或者与上级并列。

服务对象的优势在于对被测评对象的服务质量有直接感受,因此,他们对绩效结果的感受更加符合个人需求,但也存在主观性比较强、个人感受非专业化、对不同服务人员的分工不同缺乏专业认识等因素的影响,从而有可能对被评价者有超出专业要求的期待等主观因素的影响。

服务对象问卷共有12个项目。具体包括:对老年人有礼貌;及时充分告知老年人的基本情况和照护方案,采取对老年人最有利的照护方案;值得老年人信赖;尊重老年人对照护方案的不同意见与选择;帮助解决老年人的焦虑等不良情绪,能及时发现老年人的情绪变化,有效地进行安抚;解答老年人有关的卫生法规、养老、医保政策的问题;与医护及其他专业人员交流毫不费力,说话明白易懂,交流顺畅;保护老年人的隐私,不在无关人员前谈论老年人的病情;认真了解老年人的想法和意愿;处理问题时充分考虑老年人的诉求,听取老年人的想法,体会老年人的感受;不索取财物和牟取其他利益;工作认真负责。经过对服务对象的试调查,这些项目基本上可以反映对服务者的评价需求。

服务对象是考生工作中最直接的感受者,实际上也是服务的最终购买者,其重要性不言而喻。但是在这个过程中,存在着几个变量可能会影响评价效果:一是有些服务对象已经失去意识,或者间断性失去意识,比如失智老年人,已经成为限制民事行为能力人,这种情况下无法让其对考生的工作做出准确的评价。同时,也要看到,实际上越是这种需要协助的类型(在养老护理领域被称为介助老年人或者介护老年人),对考生的职业能力要求越高,需要其应对的复杂局面越多,面对的工作任务的挑战性也越高。二是服务对象的水平参差不齐,素质千差万别,各种类型的老年人都存在,其评价的基础也不一样,有些包容性强的老年人给出的评价较为宽松,有些要求较高、苛刻,甚至有不合理需求的老年人给出的评价就会导致分数较低。所以,在实践中既要发挥其重要的评价职能,同时还要注意到其局限性。

3. 同级评价

在评价者的界定上,本研究选择两个类型的评价者作为其同级:一是实习工作中的同事,在实际工作中由于考生的特殊身份,有可能在不同岗位间轮换,本研究选择的是最近与其从事相同工作的人员;二是职业院校的同学,这是考生在学业成长过程中的陪伴者,遇到问题时的讨论对象。这些同级,由于日常工作经常在一起,因此在工作过程的观察方面比其他评价者更为直接。

同级评价由于日常观察的连贯性、评判的专业性等,因此在绩效评价中应该得到重视。但是同级评价由于受人际关系的影响较大,不仅有同级相互之间的影响,还可能有上级的影响,因此其与服务对象评价类似,有一定的主观性偏差。

同事、同学层面的问卷共有 9 个项目,具体包括:结合老年人实际情况,做出最有利于老年人的照护决策;能与老年人建立良好的信任关系;注重心理、社会因素对老年人疾病发生、发展及转归的影响;能有效保护老年人隐私;在与老年人的交流中,语言通俗易懂,信息量适当;在老年人表达不同意见后,能尊重老年人意见;能体察老年人的情绪和感受,理解其想法和立场,恰当地进行回应或处置;遵守行政规章制度;工作积极,能及时填写照护记录。

4. 本人评价

本人对自身的认识更清楚,对自我要求严格的人,自我评价还能促进自主改进,有利于被评价者认同评价中提出的问题,但也存在过高估计自己的倾向或者寻找借口、隐瞒失误等情况,导致评价偏于主观。这一层面的问卷共有 15 个项目:从老年人实际情况出发,做出最有利于老年人的决定;公平合理地利用各种医疗及服务资源;在老年人和家属表示不同意见后,能够尊重老年人和家属的意见;充分考虑心理因素与疾病的关系;安慰老年人,消除其焦虑等负面情绪;与老年人建立良好的人际关系;解答老年人有关卫生法规、养老、医保政策等问题;保护老年人的隐私;表达的意图能被老年人充分理解;根据实际情况,选择最有效的沟通方式;通过表情、语气和肢体等非语言信息,准确判断老年人的情绪与情感状态;从老年人的角度考虑问题,充分听取和理解老年人及家属的诉求;工作不需要他人的督促,严格要求自己;及时、准确地完成各种照护记录;清楚自己的职责、权利和义务等。这些基本的绩效项目对于考生自我评价来说比较全面。

此外,针对四种评价者,研究者也要确定其权重。在确定权重的过程中,首先采用德尔菲法,向 5 位行业专家和 7 名职业院校教师发放了确定四类评价者重要性排序的问卷,经过一轮问卷和专家沟通后,专家均同意采用该方法。通过德尔菲法确定排序,然后应用层次分析法确定各指标的权重。

在此基础上,研究者根据问卷结果,确定了每名选手的绩效总成绩。本部分对 360°绩效评估问卷的处理过程进行了相对详细的介绍,特别是对不同评价主体的特点进行分析,对确定其在整个 360°绩效评估中所占权重的产生过程进行了阐释。由于学生在工作或者学习中面临的上级、同级及服务对象都是不同的,因此360°绩效评估问卷的填写者是不同的,同样的工作在不同的评价者之间得到的评价可能不一样。对此,研究者首先通过提前培训发放问卷的指导教师,使指导教师能够充分理解360°绩效评估反馈问卷的各项指标;同时基于360°绩效评估的多元评价原理,本研究对不同依据的评分者信度进行了均衡,认为通过4类评价者的多元评价,评分者信度可以保证360°绩效评估结果的信度。这一点在360°绩效评估问卷的数据分析上可以得到有力的证明,将有效问卷的得分折合为百分数之后,均值为91.73,标准差为6.17,说明得到的原始数据比较符合正态分布。

工作绩效测量的信度也是利用360°绩效评估,通过增加评价者的数量来实现评分者信度。此外,对工作绩效进行的随机分布后的折半信度计算,得到的折半信度系数为0.903,属于可以接受的范围。

6.3.2 基于COMET职业能力测评的技能评价结果对绩效的预测效度

1. COMET职业能力测评结果对绩效的整体预测效度

根据层次分析法确定的权重和问卷搜集到的信息,研究者将选手的绩效转化为百分制。2018年从64名选手中收回有效问卷64套(每名选手4份,共256份),其中有一名选手触犯否定项,实操成绩记0分,将其数据从分析中删除,有效数据共计63套。2019年从83名选手中,共收回有效问卷83套(每名选手4份,共332份)。全部为有效问卷,合计有效问卷146套,共584份。

同时,按照COMET职业能力测评的级别划分方式,将40个评分点得分、8个一级指标得分和3个能力层级得分也转化为百分制量纲。以选手姓名作为对应项,建立二维表后纳入SPSS进行分析。

从图6-1可以看出:虽然有特异点的大量存在,但是主流仍然是正相关的关系。如果允许剔除特异点,则相关性还将进一步加强;除了在中部的拟合线周围的点以外,其他一些距离较远的点之间仍然呈现正相关的趋势。

在进行相关性分析时得到的数据也证实了上述结论,见表6-8。

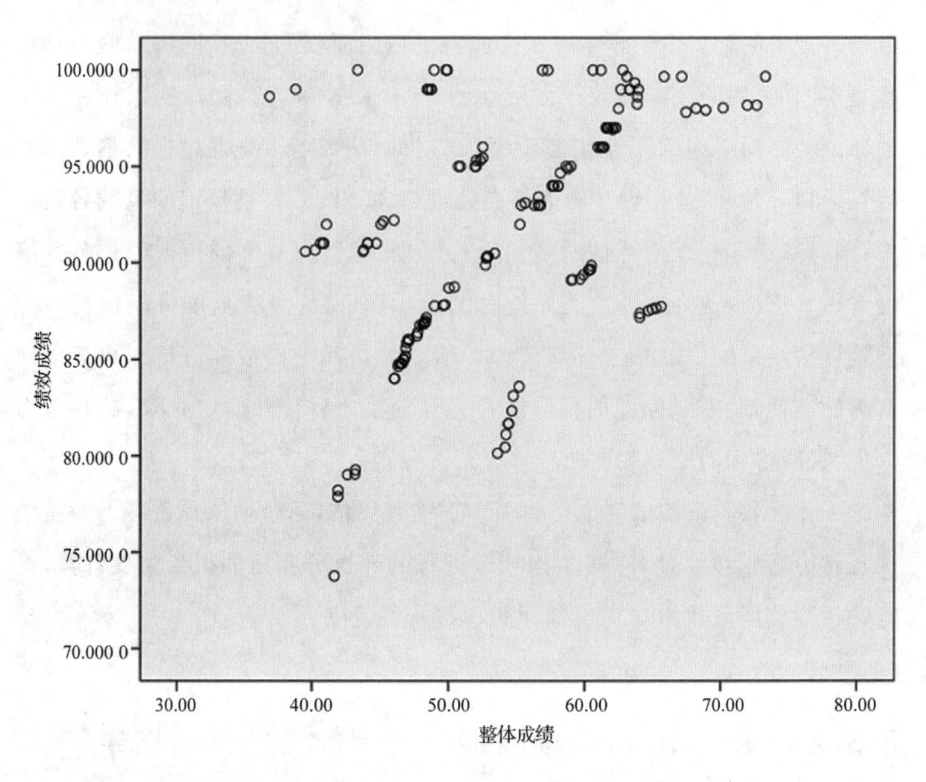

图 6-1　COMET 职业能力测评整体成绩与绩效成绩散布图

表 6-8　COMET 职业能力测评的整体成绩与绩效成绩的相关性

项目		整体成绩	绩效成绩
整体成绩	Pearson 相关性	1	0.460**
	显著性（双侧）		0.000
	N	146	146
绩效成绩	Pearson 相关性	0.460**	1
	显著性（双侧）	0.000	
	N	146	146

注：** 表示在 0.01 水平（双侧）上显著相关。

从结果上可以清晰地看出，COMET 职业能力测评整体成绩与绩效成绩的相关性达到了显著相关的水平，为 0.460，在 0.01 的水平上已经达到了显著相关[①]。对绝大部分情况而言，相关（或效度）系数达到 0.300 或以上即可

---

① 根据 Biddle 的统计标准，在实践中测试分数与真实工作表现之间的相关（或效度）系数很难超过 0.50。

认为测试是有用的,能够预测工作表现。因此,研究认为 COMET 职业能力测评结果可以在很大程度上预测实际的工作绩效。COMET 职业能力测评的整体成绩对绩效的预测效果较好的原因有以下几个:

第一,COMET 职业能力测评的整体理念是职业导向而非课程导向的,工作绩效考核的是职业活动中的实际表现,两者在理念上是相同的,都是面向职业的,只不过是一个考核在校期间的潜力,另一个是对工作中实际表现的考核。

第二,COMET 职业能力测评所考核的能力涵盖比较全面。从功能性能力、过程性能力到设计性能力,不仅考核较低层级的能力,还考核相对较高层级的能力,这些能力共同为良好绩效打下了基础。实操考试则更注重考核相对较低层次的功能性能力,而对更高层级的能力如设计性能力等,囿于工具所限,无法测定,这就导致对绩效的预测能力不足。

第三,COMET 职业能力测评考核的过程相对完整。COMET 职业能力测评的工具是基于典型工作任务开发的,其重要特征是工作过程的完整性,从获取信息到控制、评价,形成完整的反馈体系,这对提升工作绩效至关重要。以项目反应理论为支撑的实操考试则将职业活动人为割裂,部分工作做得好是良好工作绩效的必要条件,但不是充分条件,分解的动作到位并不必然带来高绩效。

本研究在这个过程中从总体分值上已经验证了 COMET 职业能力测评模型用于考试发证活动在预测绩效方面是有效的。从信息经济学的信号理论的角度出发,本研究发现了 COMET 职业能力测评支持教育学对评价的理解,即发现测评对象的潜力;从多元智能的理论角度出发,发现测评对象的智力不同方面的不同水平,也就是信息经济学上以测试结果为信号,可以判断雇员的生产力水平。从研究的数据上来看,COMET 职业能力测评得分高的考生,在实际的生产服务活动中得到的 360°绩效评估的分数也较高,两者之间呈现出较高的正相关。上述结果说明这种"信号"的假设经得起实证检验。

因此,本研究还将针对分项的各个一级指标进行分析,以进一步确认其预测的有效性及相关原理。

2. COMET 职业能力测评分项测试结果对绩效的整体预测效度

为了详细分析测试结果对绩效的预测的影响因素,研究者分别就三个能力层级的得分与绩效评估的分值进行了相关分析,结果见表 6-9。

表 6-9　COMET 职业能力测评三个能力层级与绩效成绩的相关性

	项目	K_G	K_P	K_F	绩效成绩
绩效成绩	Pearson 相关性	0.391**	0.439**	0.412**	1
	显著性(双侧)	0.000	0.000	0.000	
	N	146	146	146	146

注:** 表示在 0.01 水平(双侧)上显著相关。

从分析结果上可以看出,三个层级的能力值与绩效成绩在 0.01 水平(双侧)上均显著相关,说明 COMET 职业能力测评各层级能力对工作绩效均有预测效果,COMET 职业能力测评不但在总体上可以作为工作绩效的有效预测指标,而且对各层级能力的分层也可以预测工作绩效,工作绩效与 COMET 职业能力测评各层级均有较高的相关性。其中,过程性能力与工作绩效的相关系数最大,达到了 0.439。由此可见,在实际工作中,过程性能力对绩效有较大的影响,这也证明了工作过程相关性理论。工作过程知识是需要对工作进行有意识反思才能获得的,有些是显性知识,有些则是隐性知识。这些工作过程知识对工作绩效十分重要,仅靠实操考试考核外显的职业行动能力不能完整地考核出来。可以说,实操考试考核的行动能力是高绩效的必要条件,但不是充分条件。工作过程知识与工作绩效则是紧密相关。从具体的分析来看,功能性能力与工作绩效的相关系数为 0.391,超过了 0.300,达到了预测效度的要求。过程性能力与工作绩效的相关系数是三个层级里最高的,这也说明在目前的培养方式下,这些同学在过程性能力方面已经超过了功能性能力层级的要求,或者说在过程性能力方面,达到了更高的契合度。设计能力的相关度达到了 0.412,也是显著相关水平,说明在这个层级的能力上,被测的学生也具备了较强的潜力。

为了详细分析测试结果对绩效预测的影响因素,研究者分别就 8 个一级指标的得分与绩效评估的分值进行了回归分析,结果见表 6-10。

表 6-10　COMET 职业能力测评 8 个一级指标与绩效成绩的相关性

项目		K_1	K_2	K_3	K_4	K_5	K_6	K_7	K_8	绩效成绩
绩效成绩	Pearson 相关性	0.412**	0.409**	0.371**	0.456**	0.371**	−0.037	0.434**	0.387**	1
	显著性（双侧）	0.000	0.000	0.000	0.000	0.000	0.660	0.000	0.000	
	N	146	146	146	146	146	146	146	146	146

注：**表示在 0.01 水平（双侧）上显著相关。

从分析结果可以看出，除 K_6（社会接受度）指标外，其余 7 个一级指标在 0.01 水平（双侧）上均与绩效成绩显著相关。其中，K_1、K_2、K_4、K_7 四项指标的相关系数均超过了 0.400；K_3（持久性）、K_5（服务流程和工作过程导向）、K_8（创造性）三项指标的相关系数也都在 0.350 以上。K_6 指标出现变异，需要分析该指标相关性不强的原因。该指标对于实际身份为学生的被试来说，对社会的认知尚不全面。其原因可能是社会对环境的认知和要求都比较高，而用人单位（包括上级、服务对象、同级和本人）对该项指标的认知和要求与社会的要求并不一致，而且该指标与其他 7 个一级指标的变化趋势也不一致。具体来说，K_4（经济性）指标的相关系数最高，达到了 0.456，说明在对工作绩效影响方面，经济性指标与工作绩效中考核内容的相关性更强。分析结果中得分第二高的是 K_7（环境保护与环境适宜性改进）指标，达到了 0.434。这一结果显著超出了研究者的预期，因为该指标属于高级别的能力维度，从初始假设出发，应该是功能性和过程性能力对应的相关指标可能会更直接地反映到绩效中，设计能力应该属于潜力的范畴，而非直接反映在当期绩效中。之所以会出现这种情况，本研究分析认为是因为这个专业的特点是更加关注家庭、社会和文化环境，比如很多养老机构都会提出"替儿女尽孝"的宣传口号（在一定程度上反映着养老机构的宗旨和使命，也反映着绩效考核时的导向），所以该项指标得分较高的原因可能是专业不同。而 K_1（直观性/展示）指标达到了 0.412、K_2（功能性/专业化）指标达到了 0.409，大体也反映了在功能性能力层级中，对绩效产生的影响还是比较大的，且基本上符合初始假设，即功能性与过程性能力这两个层级更能反映当期能力。属于设计级能力层级的 K_8 指标达到了 0.387，超过了功能性能力层级的 K_3 和过程性能力层级的 K_5。同时，K_3 和 K_5 指标都是 0.371，且 K_8 指标与绩效的相关系数较高，这也反映出与人打交道的专业，在工作中需要更多的创造性，而不能像传统理解的工科类或者工作对象为物的专业那样，更加关注持久性或者过程导向。这两个指标对重复性的要求都比较高，而与人打交道，开展工作的过程仅仅是简单重复的劳动，是无法满足服务对象的多样化需求的。所以在这个过程中，创造性地解决问题就显得格外重要，而相对来说，重复性的过程导向和持久性就被比下去了。

6.3.3 实操考试的结果对工作绩效的预测效度检验

从图 6-2 可以看出，实操成绩与绩效成绩之间的关系杂乱无章，找不到正负相关或者非线性相关的规律。

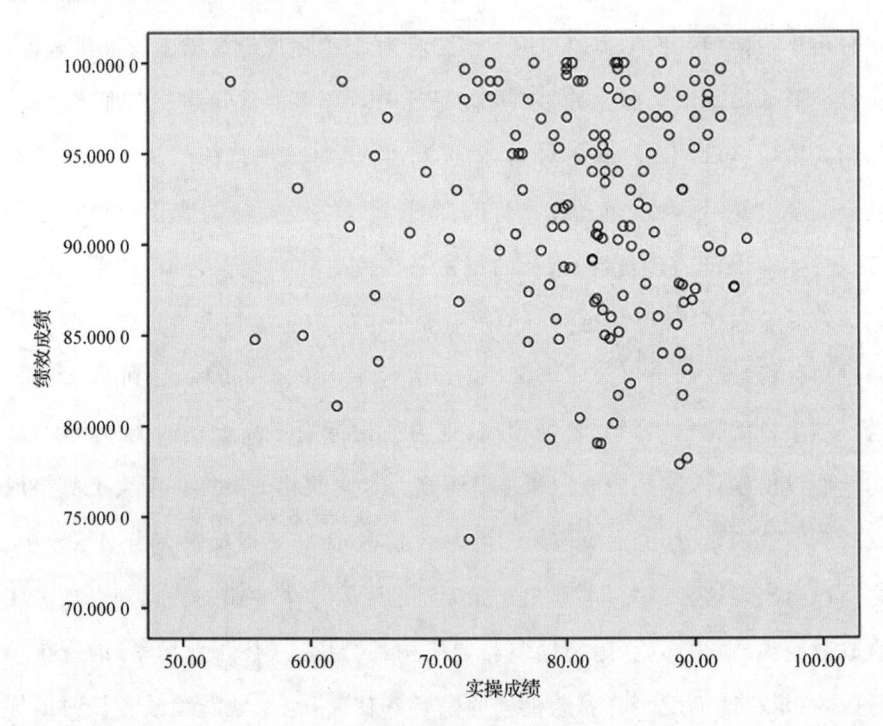

图 6-2 实操成绩与绩效成绩散布图

随后进行的相关分析也证实了这种判断,见表 6-11。

表 16-11　实操成绩与绩效成绩的相关性

项目		绩效成绩	实操成绩
绩效成绩	Pearson 相关性	1	−0.010
	显著性(双侧)		0.901
	N	146	146
实操成绩	Pearson 相关性	−0.010	1
	显著性(双侧)	0.901	
	N	146	146

从测试结果可以明显看出,实操测试的结果对工作绩效的显著性(双侧)为 0.901[①],两者之间基本没有相关性,Pearson 相关性为 −0.010,这种情况反映出实操考试的成绩无法预测未来的工作绩效。在实际工作中,研究需要在实操测试上花费大量的人力、物力和时间等资源,但是从研究结果上来看,这种测试的结果并不能为未来的决策提供清晰的信号。

从实操测试与职业教育的关系来看,实操测试的理论模型及其对职业教育的指导一般体现在标准化操作上。这类任务可以在考评分离的方式下完成,如针对有产品产生且有客观评价标准的任务。结果导向的项目中,可以以实操结果预测工作绩效,因为工作绩效和实操考试都是以结果或者产品为导向的,具有一致性。但是本研究的目的是为老年人服务,在以人为工作对象的情况下,仅仅以标准化的流程来规范的实操考试,很难体现对于工作绩效的反映或者预测情况。因为以人为工作对象的服务型职业及其工作任务,单纯的标准化操作很难满足个性化的需求,由此推断,标准化流程操作的实操考核无法准确预测养老服务行业的工作绩效。这也在一定程度上验证了观察法作为一种评价方法,由于技能内涵的变化,变得越来越不可靠。对于服务于人的专业或者职业而言,更多的心智活动是无法通过外在的动作技能直接做出判断的。

实操考试对工作绩效预测效度不高的原因包括:

第一,观察法不可靠,与专家智能研究的结果相符,评价独立于工作过程

---

① 一般来说,该值大于 0.050 则说明相关性不强,可以简单理解为不相关。

之外的能力，人们只能在具体情境或工作行动中对能力进行间接评价，工作情境在现代劳动组织和技术条件下，具有很大的不可预知性和随机性，因为要想了解是否具备在困难情境中解决复杂专业问题的能力，只能通过观察法。而观察法恰恰是一种无法准确鉴定社会现实的实证研究方法，因此不可能对职业能力进行准确的考核，只能对其进行诊断性的评价。① 能力是一种不能直接观察的内在财富，对其进行科学评价十分困难。②

第二，实际实施的实操题目与测量的绩效之间缺乏一致性。目前的实操考试限于时间、场地、竞赛相关规定等因素，需要进行分解，依据项目反应理论将整体性情境化的职业活动硬性拆分为不同的项目。为了追求准确，将项目越分越细，导致无法反映整体职业能力。目前在其他职业的实操考试中已经开始逐渐引入更为综合性的情境考核。养老服务技能赛项的实操考试在试题设计和评价实施环节有改进空间，重点关注在遵守教育部大赛有关赛题规定的同时，尽量提高实操考试的综合性和情境性，为选手提供更大的展示空间和更多的展示时间。

第三，实操考试这种形式整体上与测评的绩效相关性不高，因为实操考试的测评重点是可观察到的外显动作，这种标准化的外显动作可以被分解和客观化，可以以编程技术来实现简单、重复的劳动，这些简单重复的劳动在功能性能力层级是有一定支持和帮助的（在数据分析中也可以看出，实操考试的成绩虽然整体上与COMET职业能力测评成绩的相关性不高，但是从功能性能力到设计能力是逐级降低的），但是对于其他层级能力的评价可能存在问题。

第四，标准化操作与工作对象多样性的矛盾。老年服务与管理专业或者养老护理职业工作服务的对象不是物品或者程序（如制造业专业、物流专业、信息技术类专业等），而是活生生的人，对人进行服务时，人的多样性导致工作很难做到标准化，而实操评价的标准却是标准化的（因为竞赛要求的公平性，这些评价标准要求提前公布），这就造成了实际工作绩效和实操评价指标之间的结构性不对应，实操评价的成绩反映的可能只是背诵评分标准，按照标准化要求进行"表演"的能力，而非与实际工作绩效有关的能力。

第五，对人文关怀的忽视。人文关怀不但对老年服务与管理相关专业十

---

① 辜东莲.一体化课程教学改革:学生职业能力测评实证研究[M].北京:中国劳动社会保障出版社,2013:18.
② 同①.

分重要，而且对其他以人为对象的专业（如医疗、护理等）都很重要，即使在发展比较成熟的医疗护理类专业，也经常将服务对象看作"病人"，甚至开发"标准化病人"，重点都在于考核对"病"的治疗和护理，而不是对"人"的服务，但是实际工作绩效则更关注"人"，尤其是老年服务与管理专业的工作绩效的评估，并不能通过标准化的操作来反映。

针对研究分析的核心数据，即通过竞赛得到的实操考试成绩和COMET职业能力测评成绩，以及随后通过360°绩效评估问卷得到的绩效数据进行了相关分析。得出了如下几个方面的结论：

一是研究中使用的实操考试和COMET职业能力测评两种技能评价方式从难度、区分度、信度及效度来说都是可靠的，可以依据它们得出的数据开展相关分析。

二是COMET职业能力测评的整体成绩与360°绩效评估测得绩效的相关性较高。同时，COMET职业能力测评的8个一级指标中有7个与360°绩效评估显著相关。基于此，我们可以得出结论：COMET职业能力测评的职业技能评价方式对工作绩效有较高的预测效度。证实了假设1：COMET职业能力测评成绩与学习者的工作绩效正相关。

三是目前的实操考试成绩和360°绩效评估的工作绩效之间几乎没有相关性。证伪了假设2：实操考试成绩与学习者的工作绩效正相关。可以推出其逆命题即实操考试无法预测工作绩效成立。但该结论并不是对实操考试的整体否定，仅仅是针对目前条件下以现有方式组织的实操考试所得出的结论。

6.4 技能评价的成本分析

除了对不同技能评价的预测效度进行分析外，本研究结合实际工作情况，对不同技能评价方式的成本差异进行了分析。技能评价的成本可以分为以下几个方面：一是经济成本，如教育部大赛管理制度中规定的劳务支出、购买商品和服务的支出等；二是无形成本，如时间成本、组织管理成本等。两种测评方式都有大体相同的命题支出、裁判员培训支出和所需的评价系统支出，在此不再列出。

为了方便对比，将经济成本分为两个部分：一是COMET职业能力测评的成本;二是实操考试的成本。

两种测评方式在实施成本方面的主要区别:一是裁判员劳务支出;二是购买物品支出。COMET职业能力测评中遵循选择最大量原则,选择了7名裁判员。实操考试由于包括3个实操模块,且每个模块均需7名裁判员,故共需21名裁判员。因此,两者在裁判员劳务支出方面相差3倍。在购买物品支出方面,实操考试按照2019年的标准化设施、设备套餐,一套需要14万元左右,实际施测过程中由于需要备物、准备、不同考场等因素,实际备了4套,价值56万元;而COMET职业能力测评仅付出了几乎可以忽略不计的试卷印刷费。从有形成本的角度来看,实操考试比COMET职业能力测评具有更高的有形成本。

从无形成本来看,两者之间的差异更大。从时间成本上看,实操考试需要单个轮替进行,考生的数量直接影响考试的时长。而由于保密要求,考生又必须在一天之内完成考试。实操考试早上5时开始,至晚上10时结束,全程17小时,不仅耗时长,且由于考生数量和单个考生考试时长成反比,有效考试时间和考生数量直接制约命题的时长。而命题时长又直接影响实操考试可以考核评价的范围,时间越短,考核越不充分;同时,长时间的连续工作对裁判员的评价工作效果也会产生负面影响,而更换裁判员则会引起有关打分尺度不一的争议。而COMET职业能力测评的考生考试时长固定为2小时,由于试卷密封,评卷工作随时可以中断,裁判员连续工作的强度降低,评卷也可以更加从容、科学、准确。

从组织管理的角度来说,两者的差异也是很明显的,实操考试需要有封闭的检录区、候考区、考生备物间、若干实操考场,根据保密需要,这些区域均需封闭管理。考生行进路线设计为单向循环方式,一旦进入考试区域,除非出现紧急情况,否则考试区域一直封闭到考试结束。在此期间的餐饮、休息全部都需要封闭管理,例如:选手使用洗手间同样需要监管,以免出现泄密事件,故而对组织方的压力较大。考试过程中各种设施、设备均需有备份,以备出现问题随时更换,在人力、物力、财力方面都需富余,以备不时之需。与之相比,参加COMET职业能力测评的考生仅需要像普通的书面考试一样进入考场即可,一般的教室均可承担该项任务。而且一个考场可以同时容纳数十名考生,同时开始,同时结束,试卷密封之后,考试阶段就告一段落,组织、管理难度相比较低。

通过对比可以看出，与实操考试相比，COMET职业能力测评在实施过程中，无论是有形的经济成本还是无形成本，都是具有压倒性优势的。

本研究对各种评价工具（如试题）和评价者（如360°绩效评估各主体）的特点进行了分析，对各类评价工具得出的结果和各类评价者得出的数据和信息进行了分析。重点分析了实操考试、COMET职业能力测评结果和工作绩效之间的关系，依据相关系数得出了两种技能评价方式对工作绩效的预测效度方面的结论。

第一，COMET职业能力测评作为技能评价工具，对工作绩效有较好的预测效度，符合用人单位对技能评价的定位。即可以使用评价结果来选择未来较高工作绩效的员工，作为技能评价工作可靠的工具，鉴于书面考试可以低成本、大规模地开展，可以作为"1+X"证书制度开展技能评价工作的一种可行的技能评价模型。COMET职业能力测评的内容包含了从基础的功能性能力到高级别的设计能力的各层级能力，这些能力之间是有机融合的能力模型，不是孤立割裂的。员工的高绩效，尤其是服务类职业或专业的员工的高绩效，是与综合能力相关的，而不是与某个单项操作的技能水平相关的。这反映了经济社会发展和技术进步对人的技能的不同要求。在流水线作业的技术和生产组织方式下，员工的外显性动作技能对于绩效的影响较大；在现有的更加突出人性化的组织方式下，仅靠动作能力并不能直接带来高绩效。

第二，实操考试作为评价工具，在本次实证研究中被认为没有体现出对工作绩效的预测效度，虽然原因多样，但是从结论出发可以认为，耗费大量人力、物力、财力以及时间、空间开展的实操考试，至少在养老服务赛项中，按照现有的公布考试试题、公布评分标准、相对割裂为不同职业功能进行评价的这种组织方式，可能是相对无效的。实操考试目前的组织方式与养老服务实际的服务提供方式不太适应，养老服务的对象是人，并不是标准化的产品。基本的照护操作是开展养老服务的基础，但不是卓越绩效的充分条件。目前的实操考试只是在分项考核具体的肢体动作，其中也会少量涉及对老年人心理的关注，但总体上人文关怀相对较少。养老服务的人文关怀是以职业认同感为基础的，职业认同感通过目前的实操考试比较难以考核，因此实操考试的结果与工作绩效的相关性相对较低。实操考试与传统的理论知识考试相比已经是一种进步了，在一定程度上可以避免会写、会说但不会做的问题，对于处于打基础阶段的初学者具有一定的检验和促进作用。如果能力层级已经进入较高的阶段，则仅仅依靠外显肢体动作技能不能完全反映实际工作中的表现。在这种状况下，可以考虑进一步优化人才培养体系，以现代学徒制的方式组织教学，将实操考试作为工作场所学习中的过程性考核，在更长的周期里，在实际工作环境中进行。这样的考核方式可以让考评者（师傅）能够有更充分的时间进行观察，不仅可以考核到外显的肢体动作，还可以在工作场所中深入了解学生内隐的职业认同感和职业道德水平。

第三，总体上实操考试和COMET职业能力测评成绩的相关性不高，但从数据上可以清晰地呈现出从功能性能力、过程性能力到设计能力逐渐下降的趋势，说明实操考试能够部分反映COMET职业能力测评的功能性能力。从职业能力发展水平来看，功能性能力属于基础层级。从实操考试的设计目的和测试方式来看，实操考试与功能性能力的相关性高于过程性能力和设计能力。采用目前方式组织的实操考试通过观察法，更多地关注外显肢体动作，学生外在行动的标准化并不必然反映其对职业活动中的缄默知识或职业认同感的掌握程度。现阶段已经在医疗、护理等领域开展了综合性的实操考试，通过标准化病人等方式，提高了对考生综合素质的考量，同时将人文关怀等因素综合考虑在内。未来在实操考试的改进上，可以借鉴已经比较成熟的领域内的综合实操考试模式，在更为综合的情境下，提供更加规范的心理照护技能测量，同时兼顾培训指导等其他高等级所需的技能，可能结果会与现有实操考试的结果大为不同。

第四，从COMET职业能力测评成绩来看，所有选手（147名，含因犯规而得0分，在分析中被剔除的选手）都达到了3级水平，即都属于设计能力层级。这其实也符合国赛的基本定位，参赛选手都是各地层层选拔出来的优秀选手，所以对他们的技能进行评价区分时，COMET职业能力测评可以进行更为详细的分析。这些选手的功能性能力在初赛选拔时已经得到确认，而过程性能力和设计能力则是在全国决赛中区分出来的。进一步分析时我们是否可以猜想：如果不是选拔出来的优秀选手，而是在功能性能力层级就存在区分度的普通学生，则目前的实操考试方式是否会在区分其能力高低和指导其学习成长方面有优势？

第7章　职业技能竞赛中评价方式研究的结论及建议

7.1　主 要 结 论

本研究针对职业技能评价方式的质量问题,对我国目前两种主流职业技能评价方式,即实操考试和COMET职业能力测评,进行了比较研究,系统调查分析了以下问题:COMET职业能力测评与工作绩效的关系;实操考试与工作绩效的相关性及其相关度;COMET职业能力测评与实操考试的关系;影响COMET职业能力测评、实操考试预测效度的因素;两种职业技能评价方式的成本效益。

7.1.1　情境性测试题目的难度适中,区分度较高

在本研究的技能评价测试中,各指标的得分率均为0.40～0.80,得分率最高为0.76,最低为0.46,难度适中。从分布上来看,难度基本上符合认知发展规律,即层次越低的能力方面,得分率越高:在功能性能力方面,得分率为0.72;在过程性能力方面,得分率下降到了0.64;在设计性能力方面,得分率下降到了0.56。越高层次的能力,得分率就越低,说明依据COMET职业能力测评开发工具的结构效度符合职业成长的逻辑规律,即职业成长的过程遵循从功能性能力、过程性能力到设计性能力的逐渐进阶,功能性能力和过程性能力是基础,只有基础扎实,才能在设计性能力上取得相对较好的成绩。

按照经典测试理论,测试的中等难度题目的区分度相对较高。[1] 开放性

---

[1] Bortz J, Drtz J. Forschungsmethoden und Evaluation[M]. Berlin: Springer, 2002: 219.

测试题目与标准化测试不同,要想获得理想的区分度并不是一件容易的事,因为在标准化测试中可通过调整选择题的干扰项(错误选项)让所设计的题目达到预先设定的难度和较高的区分度,但这在职业技能评价测试中是不行的。在职业技能评价测试中,实际工作任务的复杂程度在很大程度上决定着测评题目的难度。如果通过对错误选项的人为操控(如巧妙的文字表述等)来调整技能评价题目的难度,则无法反映真实的工作要求,特别是涉及与生产和生命安全相关的技能时,人为降低难度是被绝对禁止的,这类题目不具备内容效度,即反映不了"职业的效度",①这也从另一个角度验证了本研究中采用的情境性测试题目的重要性。

本研究表明,来源于真实工作世界的标准化案例性任务,即本研究中确立的典型工作任务,可以用于观察和确立被试的技能发展水平。完成典型工作任务不仅需要理论知识和外在的动作技能,而最关键的是蕴含其中的抽象化和隐性数据显性化的解决问题的方式,这些技能是可以迁移的,②以此为依据进行的技能评价和颁发的技能等级证书才会有实际意义。这启发我们,未来技能评价的测试题目应当尽量符合情境性测试题目的要求,即"让被试在真实工作条件下进行工作,通过对其工作行为、工作成果的观察和必要时对特殊工作环节的解释,评价其职业能力发展水平,通过解决(或未成功解决)问题的方式,揭示实践问题解决策略"③。

7.1.2 理论知识④与实践性知识⑤不融通,可能导致评价指标变异

与原有的研究相比,本研究中的社会接受度指标存在变异。研究发现,设计能力中的 K_6(社会接受度)指标与其他指标明显不同,该指标与实操考

---

① 赵志群,等.职业能力测评方法手册[M].高等教育出版社,2018:99-101.
② Hacker W. Knowledge Diagnosis Winfried Hacker[A]. Rauner F, Maclean R E. Handbook of Technical and Vocational Education and Training Research[C]. Dordrecht: Springer, 2008:656-660.
③ 赵志群,孙钰林,罗喜娜."1+X"证书制度建设对技术技能人才评价的挑战——世界技能大赛试题的启发[J]. 中国电化教育,2020(02):8-14.
④ 与情境无关的、学科系统化的、为实践辩护的、客观的知识,引自 Raner F. Die Bedeutung des Arbeitsproyesswissens fur Eine Gestaltungsorientierte Berufsbildung[A]. Fischer M, Rauner F. Leanfeld: Arbeitsprozess[C]. Baden-Baden, Nomos, 2002:34.
⑤ 与情境相关的、不明确的、指导和反思实践的、主观的知识,引自 Raner F. Die Bedeutung des Arbeitsproyesswissens fur Eine Gestaltungsorientierte Berufsbildung[A]. Fischer M, Rauner F. Leanfeld: Arbeitsprozess[C]. Baden-Baden, Nomos, 2002:34.

试成绩呈现负相关,与绩效则几乎不相关,其得分率为0.70(高于另外两个设计性指标和过程性指标的得分),成为8个一级指标中的变异值。该指标不涉及具体操作,考核的是被试对职业活动的整体理解和职业认同,需要学科系统化的知识来作为支撑。实操考试则更关注具体操作的标准化和规范化,要求在给定的条件下熟练地操作,依靠的是实践性知识。两者之间存在负相关的原因可能是,在两类知识未能实现跨越与融通的情况下,不同的理念之间可能会相互冲突:实操考试要求在特定框架内进行规范操作,而设计性能力则要求突破现有框架,在更高的层面实现职业活动的目的和创新。与绩效的低相关可能是由于用人单位(包括上级、服务对象、同级职员和本人)对该项指标的认知和要求与社会的要求不一致,绩效评价中对于这类问题的体现不充分,即在360°绩效评估中,参与者对外界社会接受度的重视程度不同,导致绩效结果对该指标相关性不大。对于实际身份为学生的被试来说,他们对环境和社会承受度方面的认知与其他评价主体的认知不同。得分率较高,说明被试与COMET职业能力测评者的意图是一致的。绩效相关性低,说明答题结果不能完全反映用人单位的需求。学者与教师和学生期望的理想社会接受度在现实中可能会与用人单位降低成本的重要诉求之间存在差异。这种差异的存在,体现在该指标成绩与绩效相关性不大的表征上,证明了COMET职业能力测评在不同指标的测量上更为精细,即不仅COMET职业能力测评总体指标有区分度,各指标所反映的能力都有其独特价值。总体成绩可以作为整体能力的指标,各分项能力成绩也可以分别显示,这种分项显示也为进一步分析和提升被试职业能力提供了更为清晰的指导方向。

7.1.3 COMET职业能力测评可成为预测工作绩效的可靠方式

本研究发现,以COMET职业能力测评为基础开发的技能评价方案所得成绩与工作绩效的相关性较高,能对职业能力进行比较全面、有效的评价(结果之间的标准化相关系数为0.46),即COMET职业能力测评成绩能够有效地预测工作绩效,而实操考试不能预测工作绩效,实操考试成绩与工作绩效几乎没有相关性(相关系数为−0.01)。

实操考试由于针对划分过细的职业活动,无法体现整体的职业能力,在反映用人单位需求的工作绩效作为效标的预测效度测量时,体现出很低的相关性,可以被判定为不相关。可以进行更深入的分析,分析哪些特征更能体现出被试的职业能力(如熟悉业务流程,懂得护理知识,能够制定合理的照护计划,能够进行心理辅导等),哪些特征是被试努力程度的体现(如操作熟练,工作中认真负责,工作时间长,工作中愿意请教别人等),哪些特征是被试的基本素养(如有礼貌、尊重患者隐私等),这些特征单独看开来对于职业能力都很重要,能否在测试中整合并反映出整体能力,则是两种评价方式的重要差别。

COMET 职业能力测评的相关系数达到了 0.46,可以被判定为有效。细分的项目在传授客观的职业定向知识和程序性知识方面有一定优势,在课程开发中经常被应用,以项目反应理论开发为基础开发的测评工具,可以反映"课程标准"或者"技能等级标准"的效度;而实际工作中需要的是基于职业认同和综合职业能力的"职业效度"[1],显然 COMET 职业能力测评在保证"职业效度"方面是有效的。这也再次证明了,技能评价"不仅要评价动手操作技能,而且要评价认知技能(心智技能)"[2],而对认知技能的鉴定无法通过简单的技能操作考试实现,应关注技能动作执行的内潜性等复杂性特征[3]。

以上发现表明,按照以"典型工作任务"为基础设计的 COMET 职业能力测评方案发送的考生信号,基本可以反映其劳动生产率(以 360°绩效评估结果为指标);而以实操成绩为信号的预测效度则不高。在目前的技能评价实践中,对于老年服务与管理专业的学生而言,COMET 职业能力测评可以较为有效地预测工作绩效,而耗费大量人力、物力、财力举行的实操考试对于评价功能性能力有帮助,但是对于整体绩效的预测效度较低。这启发我们,在"1+X"职业技能等级证书的推广中,应借鉴 COMET 职业能力测评理论开发相应的测评模型,保证职业技能评价证书作为职业能力水平的有效"信号"作用,降低测评成本,提高测评效度。

---

[1] Hoey D. How Do We Measure Up? Benchmarking the World Skills Competition[A]. MacLean R, Wilson D. International Handbook of Education for the Changing World of Work[C]. Dor-drecht:Springer (2009):2827-2840.
[2] 赵志群,孙钰林,罗喜娜. "1+X"证书制度建设对技术技能人才评价的挑战——世界技能大赛试题的启发[J]. 中国电化教育,2020(02):8-14.
[3] 冯忠良,伍新春,姚梅林,等. 教育心理学[M]. 北京:人民教育出版社,2015:398.

7.1.4 现有技能实操考试有改进空间

现有方式组织的实操考试不能预测工作绩效,实操考试成绩与工作绩效几乎没有相关性,相关系数为-0.01。这种无相关并不直接否定实操考试的重要性。因为被试是层层选拔出的,实操考试的题目和评分标准是提前公布的,而且要求评分标准尽可能细化,所以在实操考试的准备中,比拼的是记忆力或者模仿的能力。与之相对,COMET职业能力测评虽然也提前公布了题目情境和评分参考的解题空间,但是仍然为被试留下了较为广阔的发挥空间。实操考试的组织形式是单个轮替的项目,导致单个项目的操作时间有限,无法进行更为详尽的观察。化繁为简是教学时常用的方法,可以将较为复杂、完整的操作进行分解,从而降低教学的难度,考试提前公布题目及评分标准也是基于方便被试的考虑。基于这种现实,实操考试应该在现有基础上继续改进和加强,尤其在"X"证书的实践中,可以从"课证合一"的角度加强过程性考核,将大量基础的功能性能力通过日常考核来体现,将考核与工作场所学习密切结合,保证学生对程序性知识的掌握。将改良的实操考试融入教学改革实践和评价体系,提升"X"证书作为劳动力市场信号的作用。

7.1.5 选手功能性能力区分度低可能是实操考试预测效度不高的原因

实操考试成绩与COMET职业能力测评成绩的总体相关性不高,但与其中反映功能性能力的K_1(直观性/展示)、K_2(功能性/专业化)指标和反映过程性能力的K_3(持久性)指标显示出一定的相关性,说明实操考试在较低能力层次与职业能力测评存在相关。本研究是以全国大赛作为典型实验平台展开的,技能评价和绩效评估的对象都是层层选拔的优秀选手,他们在功能性能力和部分过程性能力上都已经达到了较高的水平,甚至可以说在本次测试中这些层次的能力已经成为常量。在评价结果的变化部分主要是较高层次的设计性能力和部分过程性能力,在这些能力的测量上,COMET职业能力测评展示出了较大的优势,因此在预测工作绩效时取得了较高的效度。推广到大批量的普通学生时,可能他们在较低层次的功能性能力上区分度较大,这种情况下实操考试的预测效度有可能表现得比目前有改观。基于以上结论,本研究提出以下建议。

7.1.6 创新点

1. 新的政策环境下,重新界定了技能评价相关概念体系

我国"1+X"职业技能等级证书制度改革引进了新的技能评价概念体系。本研究对与"职业技能"和"技能评价"有关的重要概念进行梳理和重新界定,使相关研究既能传承历史,又能在新的政策环境和言语体系中得以进行。本研究在原有"技能评价"概念、理论研究及社会学、教育学和心理学对能力研究的基础上,重新界定了"技能评价"的内涵:社会组织根据特定职业或岗位的技能要求,采用一定测量工具对特定人群进行的考试、测量和评估。依据教育测量学理论的研究成果将考试界定为有标准答案的测试方式,这种测试不仅包括理论知识的客观考试,同时也包括有标准化操作流程的实操考试。根据管理学和人力资源管理领域的绩效考核研究的结果,对本研究的个人工作绩效做出了操作性的定义,将其明确为360°绩效评估的结果。以信息经济学中劳动力市场的信息不对称为基础,将各类成绩(在校学业成绩、技能评价成绩、竞赛成绩等)和相关证书(学历证书、职业技能等级证书)作为学校培养的学生向用人单位发送的"信号"。同时从产教融合的角度,将职业院校(培养端)及其培养方案、培训评价机构(评价端)及其测评方案与用人单位(用人端)的绩效考核进行深度融合。以劳动力市场的"信号"为纽带,搭建经济学和管理学视角对教育理论的融合与验证,建立从职业院校、第三方评价机构到用人单位的循环反馈体系。

2. 为"1+X"证书制度实施提供测评工具

在实践方面,针对不同类型的职业、专业以及不同技能发展水平,本研究为"1+X"职业技能等级证书评价的方式、方法的确定提出了建议,并对传统实操考试的综合改进提出了有坚实理论基础和可靠实证依据的建议。以高利害相关性的职业技能竞赛活动作为理论方法工具实证研究的载体,促使研究对象必须用尽全力争取最好成绩,防止其在测评活动中的搭便车行为,对在此基础上搜集到的数据进行分析,对资格考试方式、COMET 职业能力测评的实证研究，对构建职业教育"1+X"证书制度的测评理论基础，如单方面采取一种方式，或者结合两方面各自的优势等提供经验证据。"1+X"证书制度作为职业教育学生培养质量的中立的第三方评价方式，除了需要政策依据和教育部门的支持，最关键的就是测评考试发证行为本身是否有坚实的理论基础与可靠的实证基础，能否得出相应的结论，为以后开展"1+X"证书制度的技能评价提供了依据。本研究用现有政策实践中的实际工具，检验了在理论上已经成熟的 COMET 职业能力测评模型在养老服务技能职业领域的应用，并对检验结果在实证层面通过多学科的工具进行实际验证，从而为该领域失智老年人照护证书的考试及发证工作提供坚实基础。目前，该证书的试点工作已经启动，题库开发过程中的主观题部分采取的就是 COMET 职业能力测评方法指导下的测评模型。

3. 将典型实验方法应用到技能评价中

将诞生于德国职业教育创新研究的典型实验（德语为 Modellversuch）和科学伴随研究（德语为 Wissenschaftliche Begleitung）方法，应用到我国技能评价方法的研究和创新实践中，有意识地将知识生产的过程融入教育实践的过程，实现了研究方法的创新。研究者结合工作开展的行动研究，将科学伴随的典型实验方法实际运用于职业教育的改革实践中是有意识地将知识产生的过程融入实践过程。通过研究方法的创新，以科学理论指导下的实践呼应职业教育各利益相关方的诉求，将教育行政部门、学校、教师、学生、用人单位、评价组织等各方诉求在竞赛的"社会情境"中得到体现。最终以研究者同时也是实践者这种新的研究范式，通过实践过程既实现了研究者本身的学习提高，也有目的地引发了"1+X"证书制度中技能评价方式的变革。

4. 为技能评价引导职业教育提供实用方法和行动指南

"1+X"证书制度提出的目的是服务国家需要、市场需求和提升学生就业能力。要完成这些任务，推动专业、课程和师资队伍建设，推进"三教"改革，如果没有针对性的理论模型作为指引，制度提出的目的将无法落实。而COMET 职业能力测评可以提供低成本、大规模职业能力测评的方案，通过设计导向和行动导向教学理念，以遵循能力发展逻辑规律的方式来考查工作过程知识，可以推动职业院校有针对性地开展教学改革活动，以单个学生的测评报告、学校的测评报告指明未来努力的方向，真正落实"1+X"证书制度的宗旨,并切实引领职业教育改革实践。

5. 有利于推进产教融合

COMET 职业能力测评方案的顺利实施,首先就需要发挥"实践共同体"的作用,而实践专家均来源于行业一线,可以将产业、行业的工作过程知识带入测评方案,通过测评方案的实施来引导职业教育与产业的深度融合。本研究在教育部门的行业职业教育教学指导委员会与人力资源和社会保障部门的行业鉴定指导中心两个管理部门的协助下,对养老服务这一领域的参赛选手进行跟踪调研,将在校时的竞赛成绩与在工作岗位上的实际绩效测量进行比对。基于信息经济学中劳动力市场的信息不对称理论,将两类成绩作为学校培养的学生向用人单位发送的"信号",以工作绩效检验这些"信号"的预测效果,从而将院校培养、第三方评价、用人单位使用三个活动纳入同一个体系,推动产教深度融合。聚焦于理论和方法工具层面的分析,将三个关键指标(实操评价与 COMET 职业能力测评的相关性、实操评价成绩与实际工作绩效的相关性、COMET 职业能力测评评价指标与实际工作绩效的相关性)对命题的理论基础和测评方法工具进行检验,以期厘清不同技能测评方法与实际工作绩效的关系,为"1+X"证书的能力测评提供理论和经验支持。

通过竞赛搭建平台,将行业中优秀企业引入职业教育,通过行业企业实践专家担任评委、裁判来引导参赛单位和选手更加了解行业和用人单位需求,以实践专家与教师的互动来提升双方共同的认知。人力资源和社会保障部面向行业职工举办的 2019 年竞赛的笔答部分,采用的也是 COMET 职业能力测评方法指导下的测评模型,该模型已经在各地进行省级预赛过程中得以充分实施,并在当年 10 月举办的全国决赛中起到了重要作用。而其中的实践专家讨论会方法,在专业教学改革、典型工作任务提炼、专业教学标准修订、人才培养方案修订、课程标准制定等工作中也将发挥重要作用。

7.1.7 研究的局限性

本研究从研究架构上属于实证研究,从实施过程上来说,又是行动研究,因此在样本的选取上并非严格的统计学随机抽样,而是在各省参加全国决赛的选手范围内展开,取样方式有一定局限性:一是缩减了样本可选的范围;二是样本代表的均为最好的选手,不能代表整个群体水平。这在 COMET 职业能力测评的职业能力等级上就可以显现出来,所有的选手等级均为3级,即最高级,使该变量成为一个常量,限制了分析的意义,在一定程度上限制了研究结论的推广性。造成实操评价预测效度较低的原因是多方面的,是否可以完全归结为专业特殊性,由于工作服务对象是人,具有主观能动性,包括这个结论是否可以继续推广到其他直接对人服务的专业职业尚不能明确。

本研究借鉴心理学、管理学、经济学、职业科学等领域的理论和研究成果,虽力求避免杂烩,但限于个人的理论水平,对相关理论的分析和应用仍存在不足之处。

由于研究时间的限制,研究者并未对搜集到的背景问卷进行更深入的分析,未对COMET职业能力测评成绩、绩效优秀者的成长环境、原有基础等进行更加深入的探讨。

由于"1+X"证书制度目前还在试点阶段,本研究仅对COMET职业能力测评模型支持下的竞赛活动所取得的成绩和工作绩效之间的关系进行了分析,虽然以COMET职业能力测评模型对失智老年人照护"X"证书的试题命制活动进行指导,但目前该证书并未实际开展"1+X"证书制度的考试测评和发证活动,未对"X"证书实施过程进行研究,也未对"X"证书的预测效度进行分析,针对层层选拔出来的"精英选手"有效的结论,是否在进行大规模标准化测评时仍然有效,目前仍是待实证的问题,需对本研究结论的普遍适用程度进行进一步的验证完善。

7.2 讨论、建议及未来研究展望

7.2.1 将综合性的评价体系应用于各类技能评价工作

职业教育的地位通过《国家职业教育改革实施方案》得到了确认和提升,但是其自身发展所面临的问题并不会因此就得到全部解决。在该方案出台之后,教育部等四部门专门印发了《关于在院校实施"学历证书+若干职业技能等级证书"制度试点方案》,其目标就是"深化复合型技术技能人才培养培训模式和评价模式改革……拓展就业创业本领"。其中,人才培养培训模式改革和评价模式改革是提高人才培养质量的重要手段。"1+X"证书制度对于职业教育改革的引领示范作用可以在改革过程中得到体现。同时,在"1+X"证书制度强势推进的大背景下,教育部及相关部委不断出台政策,指导"1+X"证书制度试点实践工作。这些政策的核心都是强调证书的质量,但保证证书质量的关键在于支撑起证书考试的测评模型可以准确地预测获证人员未来的工作绩效。从分析测试结果上来看,总体上呈现出 COMET 职业能力测评整体成绩可以有效地预测工作绩效的结论。本研究结合教育部等多部门牵头组织的全国职业院校技能大赛"养老服务技能"赛项(2018 年、2019 年的赛项编号分别 GZT-2018033、GZT-2019004)活动的实施过程,分别运用两种主流技能评价方式建立了书面测试题库和技能操作题库。以 COMET 职业能力测评方案为基础开发了书面测试部分的测评任务和解题空间。同时,借助原有职业资格鉴定考试的方式建立了技能操作部分的考试题库,以"工作准备""沟通评估""实施过程""综合评价"为一级指标开发了评价标准。选取了 2018 年、2019 年两届大赛全部共 147 名选手样本施测。采用得分率检验、相关分析等方法对测评的难度、区分度、结构效度、预测效度以及影响预测效度的因素进行检验和分析。对于究竟什么样的人才培养模式、评价模式可以起到引导教学改革的作用,学界目前并未有太多实证研究。本研究以科学伴随典型实验的框架和实证研究的方法,为选择评价模式提供了实证基础。

"1+X"证书制度的实施,是对以往职业资格考试(鉴定)的替代和升级。学历证书是主要通过学校内部的教学评价来实现的,其培养者、评价者均在学校内部,优势是过程性考核比较充分,评价者对学生的整体情况比较熟悉,但问题也同样存在,由于这项证书的产生更多的是在师生之间进行,学校评价也更加关注"课程效度",而非"职业效度"。在这种情况下,迫切需要引入独立于师生之外的第三方的培训评价组织,关注"职业效度"的"X"证书的必要性。

"1+X"证书制度可以保证独立性,但并不是天然就具备"职业效度",其证书制度实施的基础,即培训培养模式和测评模式,是否能够保证制度设计的初衷,就需要方法论和技术基础。本研究通过在两届国赛中的行动研究,搜集了大量第一手数据,在此基础上,建立了以 COMET 职业能力测评为核心的培养培训模式和测评模式。本研究表明,COMET 职业能力测评对职业能力可以做出较为全面、相对有效的评价,不但可以诊断职业能力的水平及特征轮廓,而且能够有效地预测未来的工作绩效。在COMET职业能力测评模型指导下开展测评实施方案的开发,测评结果分析研究可以对学生职业能力的发展水平做出科学的诊断。在测评结果的分析中,也可以提供有关院校和学生在培养质量方面的关键参数,帮助职业教育参与者改善教与学的质量,为产教融合和校企合作提供实证基础,本研究的实证数据可以为"1+X"证书制度的实施提供理论支撑。

在开发"1+X"证书的培养和测评模型时,可以参考COMET职业能力测评方案。经过一系列实证检验,COMET职业能力测评解释框架的科学性基本得到了认可,模型的优势在于不仅可以为开展考试并依据考试结果发放证书提供工具模型,也可以为教师的教学设计、教学改革提供直接的支持。结合背景问卷调查等,还可以为不同学校之间、不同地区之间的同专业的比较提供实证数据,为学校开展人才培养相关工作提供理论支持。

对于不同能力层级的技能等级考试,可以变换技能评价方式。如对于较低层级主要通过实操考试考查其功能性能力;对于较高层级,则重点采用COMET职业能力测评。对不同的职业是否可以考虑采用不同的技能评价方式,如对职业行动能力要求较高的工科类职业或者专业,主要采用实操考试方式开展技能评价和发证;对职业认知能力和职业认同感要求较高的服务类职业或者专业,则主要采用COMET职业能力测评。

7.2.2 COMET职业能力测评方案支撑下的技能评价可以推动产教融合平台的建设

COMET职业能力测评方案实施的基础是实践专家讨论会。如果用COMET职业能力测评方案支撑目前正在实施的"1+X"证书制度,"1"是学历证书,颁发主体是学校;"X"证书的颁发主体是培训评价组织,截至2019年8月共计两批15家,全部是行业企业或者单位,因此在制度总体构架上,搭建了产教融合的平台。"1+X"证书制度的COMET职业能力测评方案可以从区域、院校和教师(或者课程)层面促进教育教学改革,对职业院校也可起到积极作用,它不仅可以帮助教师更好地理解职业教育的特点,还可以帮助他们开发课程,设计教学,对教学效果进行科学的评价。

在教学中,教师可参照COMET职业能力测评模型的内容维度开发和设计学习任务。首先,与企业的实践专家合作,按照职业效度的标准甄别典型工作任务,依据学生情况、学校基础教学条件等个性特点来确定学习任务,根据职业能力的成长规律来设计教学内容。COMET职业能力测评方案针对能力模型要求维度所设计的评分表,可以作为教师和学习者开展教学和学习评价的诊断工具。教师和学习者可以共同协商,使用评分表中的哪些指标进行评价或自评。

7.2.3 技能评价实施需要更多的理论研究予以支撑

目前的"1+X"证书制度在有关部委的强势推动下,各省、自治区、直辖市,各相关的职业院校乃至应用型本科院校都积极参与其中。这当中有大量的财政资源投入(仅中央本级财政经费在2019年就安排了12亿元,各省、自治区、直辖市还有配套资源,各个院校还有大量投入),有领导的重视,但是如果没有合适的理论支撑,没有开发出科学的测评工具,证书在预测工作绩效或者工作潜力方面效度不高,将会浪费大量的人力、物力、财力和时间。

而要做好这些基础性工作,在审定相关发证机构的条件时,除了需要考核基本的软硬件条件外,还应该对其测评体系、测评试题、支持测评工作的理论模型进行实证研究,深入分析证书的效度,使经费投入可以得到希望的效果。按照教育学观点,科学的能力测评的基础,是在教育学理论基础之上建立科学的能力模型和测评模型[①]。"1+X"证书制度能够促进综合评价,此基础上推动校企合作,产教融合,提升人才培养质量,而不应为证书而证书。证书的含金量来自社会的认可度,社会的认可度来自测评结果的效度,测评结果的效度来自测评模型的科学性,科学的测评模型需要大量实证研究予以验证。本研究可为养老领域"1+X"证书制度的实施提供实证基础。

7.2.4 应做好技能评价相关工作与国家资历框架衔接

技能评价可以为"1+X"证书制度实施提供支撑。它本身就是一个跨越学历证书和技能证书的体系,自身就拥有资历框架的部分属性,为什么在学

---

① 赵志群,劳耐尔.职业能力测评方法手册[M].北京:高等教育出版社,2018:15.

历证书之外,还需要"X"证书?究其根源是单纯的学历证书提供给就业市场的信号不够充分,需要有其他的证书作为补充,向雇主发送更为充分的信号。在实践中要做好两者的衔接,需要处理好以下几个关系。

一是"1"与"X"的关系。"1"与"X"之间是交叉重叠还是完全独立?从设计上来看,"X"应该是"1"的补充,即两者之间应是独立的关系,但二者又并非完全独立,存在着部分交叉。

二是"学分银行"的转化基础研究。目前政策中提出建立职业教育国家"学分银行",要对学历证书和职业技能等级证书所体现的技能进行登记、存储,进而开展认定积累和转换工作。互通、转化的基础除了硬件方面的登记、存储、转换等基础外,最核心的是两者之间在内核上具备相互转换的基础,即有共同内核。目前仅仅提出转换,具体依据什么转换,是时长还是其他指标则并不明确。现在相关的基础研究并不足以支持它们之间的转换。如果两者之间的课程体系、测评体系有共同的理论基础,比如都是在产教融合、校企合作的理念指导下,以典型工作任务作为"1"和"X"两类共同的理论基础,则可以将两个证书体系内分别涵盖的典型工作任务作为转换的基础。比如一个专业的学历证书共有 20 个典型工作任务,某个"X"证书涵盖了其中两三个典型工作任务,则获证学生按照程序规定学习该专业的学历课程时,该"X"证书涵盖的两三个典型工作任务对应课程的学分就可以直接获得,相关的课程或者模块就可以免修,进而缩短修业年限,提升人才培养效率。

7.2.5 职业技能标准的质量是否需要讨论

"X"证书理论上包括教育部门认定的机构颁发的证书和人力资源和社会保障部门认定的机构颁发的证书。在以往的教育学研究中,往往以人力资源和社会保障部门的"职业标准"作为"职业效度"的效标,无论是课程论证还是教育对接产业的情况,均以职业标准为依托。在新的环境下,尤其在教育部门不断备案新的"X"证书的背景下,这些职业证书所依托的职业标准值得再思考,对原来职业教育中"前提"进行讨论。本研究仅仅是依托竞赛平台进行了反思性研究,只对评价方式进行了实证研究,但职业标准的影响面更大,内容更加具体,应该在未来给予更大关注,并在此基础上建立证书、标准、评价机构的准入及退出机制。

7.2.6 未来研究展望

本研究的结果证明了COMET职业能力测评对工作绩效的预测是有效的,下一步可以将COMET职业能力测评模型及其工具应用于大规模的"1+X"证书制度的实施中,该制度可以进一步扩大样本量,提升代表性,甚至可以实现对学生的普查。目前研究者正在开发失智老年人照护的"X"证书相关的题库和教材,可以将模型应用于教材开发和教学环境设计、师资培养等方面,并通过对测试结果的分析进一步提升模型的预测效度。随着测评规模的扩大,测评经验的积累会对未来模型的预测效度研究提供更多的实证数据支撑,支持新的证书开发和职业教育教学改革工作。未来的研究需要扩大专业覆盖领域、样本数量和更多的技能评价方式。

在论文的修改过程中,国家职业教育指导咨询委员会公布了由教育部职业技术教育中心研究所组织编制的《职业技能等级标准开发指南(试行)》①(以下简称《指南》)。从其框架上可以看出,《指南》是参考了人力资源和社会保障部公布的《国家职业技能标准编制技术规程(2018年版)》(以下简称《规程》)②。从形式上看,两者并无太大区别,见表7-1。

表7-1 教育部与人力资源和社会保障部职业技能标准开发标准对比

条目	《指南》	《规程》
1	范围	范围
2	术语和定义	术语和定义
3	总则	总则
4	开发流程	职业标准结构要素
5	开发职业技能等级标准	职业标准内容
6	职业技能等级标准编排格式	编制程序
7		职业标准编排格式

---

① 国家职业教育指导咨询委员会关于发布《职业技能等级标准开发指南(试行)》的公告[EB/OL].(2020-06-19)[2021-02-18]http://www.chinazy.org/info/1015/4036.htm.
② 人力资源社会保障部办公厅关于印发《国家职业技能标准编制技术规程(2018年版)》的通知([TB/OL].(2018-03-16)[2021-06-18] http://www.mohrss.gov.cn/SYrlzyhshbzb/dongtaixinwen/buneiyaowen/201803/t20180316_289910.html.

第7章 职业技能竞赛中评价方式研究的结论及建议

通过对比可以看出：二者的前三条完全一样；看似《指南》比《规程》多了一条，但实际上《规程》中第4、5条的结构和内容，与《指南》第5条"开发职业技能标准"的内容基本相同。《指南》第4条"开发流程"，与《规程》第6条"编制程序"内涵大体相同。

从内容层面，《指南》与《规程》有所区别，比如最核心的部分——职业技能等级标准内容部分，《指南》提出的概念是"职业技能应体现工作任务的内容"，其开发要以工作任务分析为前提，避免传统的学科知识分析。工作任务内容需进行三级分析：第一级分析工作领域；第二级分析工作任务；第三级分析职业技能要求。从这里可以看出，其分级模式采用的是职业功能的职业培训理念。也许《指南》认为教育理念应该在"1"（学历证书）中体现，所以"X"证书更多地体现了面向用人单位人力资源开发的职业培训理念。

《规程》提出的工作要求包括四项内容，分别是职业功能、工作内容、技能要求、相关知识要求。从字面上分析，《指南》用"工作领域"代替了《规程》中的"职业功能"，用"工作任务"代替了"工作内容"，用"职业技能要求"代替了"技能要求"。从表述上看，《指南》和《规程》提出的职业技能等级标准都是三级结构，逐层深化，而且基本都是三三制（上一级一般有三个下一级的指标）。但《规程》中强调了更多的"职业教育"理念。

两种概念都采用了"名词（宾语）＋动词"的形式，而《规程》多了单独动词和动宾短语的表达形式。从表达的形式要求上，两者差别不大。

最基本的分解元素是在第三项内容，这一层次上，《指南》的概念比《规程》多了"职业"两个字，即用"职业技能要求"替代"技能要求"，在这一条上，两者的表述是不太相同的，但是具体分析来看，差异也不大。《指南》提出从"行为、条件、标准、结果"四个维度进行描述；《规程》则要求"能……＋动词……"，即体现了"行为和条件"，《规程》也给出了"每项技能应有具体的描述，能量化的一定要量化"的要求，甚至有"能在一分钟之内录入60个英文字符，准确率达到90％"的量化标准，以及要求写明"能使用……工具或设备做……"，即结果。

本研究之所以在结尾花了一定篇幅分析两个部委的职业技能标准编写

标准,都是对制定标准的一种标准化的处理方式,即标准之标准,并将其作为"未来展望",是因为在目前的"1+X"证书制度的实践过程中,这两个标准的影响极为深远。从形式上,它们都可以起到统一文本格式的作用,甚至也可以起到规范程序的作用,但是根源上缺乏对职业教育的深入研究,依然是依靠国家职业资格制度建立之初的 CBE 或者 CBT 模式,即分析式的视角,无法实现工作过程的完整性、工作任务的典型性。这种标准指导下的考试,考查的仍然只是外在的、可以量化的、可见的知识,而对于深层次的、真正影响工作绩效的、基于职业认同感和工作过程的知识(尤其是缄默知识、专家智能)的考核,无法通过这种标准来实现。

未来希望可以通过本实证研究的结果,为中国职业技能等级证书制度的改革、职业等级标准编写水平的提升、教材编写质量的提高、题库开发效度的改善提供更为科学的理论支持和实证经验支持。

附 录

附录1 研究中实际使用的 COMET 测试题目和解题空间[①]

2019年全国职业院校技能大赛养老服务技能赛项方案设计竞赛赛卷

一、情境方案设计试题

【情境描述】

田爷爷,76岁,3年前出现面部表情呆板,目光呆滞,动作缓慢、笨拙,身体僵硬,走路时呈"慌张"步态,转弯时经常跌倒的症状,被诊断为帕金森综合征,生活不能自理。近期老人情绪低落,脾气暴躁,伴有行为改变,经常怀疑别人偷了他的东西,还总说有人要害他,夜间入睡困难伴游走,有时候极其抗拒沐浴、更换衣服,家属及保姆难以照顾。

老人曾任某大型药厂车间主任,育有四个孩子。两个儿子,两个女儿,其中大女儿在国外,两个儿子自由职业,小女儿做生意。日常生活由保姆照顾,现保姆提出,老人照护难度越来越大,要求涨工资。老人的子女考虑,保姆照顾老人不专业,不细心,希望老人能够入住正规养老机构。

[①] 附录3、4均可在全国职业院校技能大赛官网上查询:http://www.chinaskills-jsw.org/

距离老人居住小区往北 10 公里有一所日间照料中心,往南 30 公里有一家医养结合养老机构,子女认为老人现在需要 24 小时生活照护及精神陪伴。

【任务要求】

您作为养老机构的一名工作人员,认为老人应入住哪个类型的养老机构?请确定老人目前所存在的主要健康问题,制订较详细照护方案,解释措施依据,并能与老人、家属、其他相关专业人员沟通,保证照护工作的有效性和可延续。

制订方案时请考虑到:直观性/展示;功能性/专业化;持久性,当前与远期的照护目标;经济性,适度合理;服务流程和工作过程导向;社会接受度;环境保护与环境适宜性改进;创造性。

1.照护方案应包括以下三个方面:明确问题;提出照护方案;解释为什么这么做,而不是选择其他解决方案。

2.评分标准:(应从以下 8 个方面论述解决方案)

(1)答题内容

①明确问题。

②提出照护方案。

③解释为什么这么做,而不是选择其他解决方案。

(2)提出的解决方案尽量满足的指标

①直观性/展示

要求表述容易理解,答案结构合理,逻辑清晰,表达格式合理,正确运用专业术语,并且从专业角度讲,涉及的广度是合适的。

②功能性/专业化

从专业角度进行了说明,考虑到了本学科发展的最新成果,关注到了在实践中的可行性,恰当地表达了职业活动中的复杂关系,与所描述老年人的特点相对应。答案包括了对老年人现状的评估及评估工具(包含量表)的使用,包含对老年人、家属进行缓解疾病症状及用药指导、心理与交流、安全、家庭经济、养老机构服务与管理等多方面照护内容,从老年人照护的专业角度做出了要点说明(生活照料、基础照护、康复护理、心理护理、机构服务管理等),包含缓解疾病症状及用药指导、心理与交流等方面照护发展的新理念、新技术、新成果等主要内容。

③持久性,当前与远期的照护目标

答案的目标是获得一个长期的照护结果,而不是短期结果;考虑到了健康保护和预防(如预防原所患疾病加重、药物的副作用、心理问题的发展等,如何提高老年人的日常生活能力,防止发生并发症,提高生活质量),想到了相关服务的便利性,在持久性方面考虑到了社会环境因素。

④经济性,适度合理

答案中的建议在经济上、时间上、人员花费上是合适的,考虑到了投入和质量的关系,并说明了理由;考虑到了后续多种花费。包括帮助家属获取相关知识,采取合理措施等主要内容。

⑤服务流程和工作过程导向

答案与所在养老机构的部门结构和工作流程相适应,考虑到了本任务之前和之后的任务及其完成过程,并陈述理由;考虑到了将所有必要的信息传达给所有的照护参与方,表现出了与照护程序相关的本职业特有的能力,考虑了本职业工作的界限(与相关专业人员的关系)。

⑥社会接受度

答案在多大程度上考虑了人性化的工作与组织设计(照护服务与管理是否适合老年人、照护人员的实际情况),考虑到了的相关规定、工效学设计,并陈述了理由;考虑到了劳动保护和事故防范的相关规定,考虑到了环境保护和经济的可持续性。

⑦环境保护与环境适宜性改进

在分析任务和得出答案时考虑到了老年人的家庭背景,注意到了所在机构和社会的环境条件,关注到了与任务相关的社会因素,分析了相关文化因素(如老年人的地域和民族特点),关注到了社会与文化后果(对老年人所出现的健康问题的影响)等主要内容。

⑧创造性

答案包含超出问题解决空间的内容,提供了一个很有创新价值的答案,显示出了对问题的敏感性,充分利用了题目所提供的设计空间,提出了需要补充的资料等。

二、方案设计评分标准表（附表 1-1）

附表 1-1　　　　　　　　方案设计评分标准表

评分标准一级指标	序号	评分标准二级指标	得分 完全满足	基本满足	基本没满足	完全没满足
直观性/展示（10%）	1	表述对工作相关方沟通容易				
	2	从专业角度看，表述恰当				
	3	整体结构合理，层次分明，条理清晰				
	4	使用图表恰当				
	5	表述专业规范				
功能性/专业化（10%）	6	对应本案例老人的照护需求				
	7	体现养老服务专业发展新成果				
	8	具有养老服务专业实践可行性				
	9	使用专业术语，具有相关知识说明支撑				
	10	方案内容正确				
持久性，当前与远期的照护目标（10%）	11	具有长期性，设计了后续照护				
	12	考虑了养老服务人员与被服务者双方在长期照护中需求变化与任务扩展的可能性				
	13	说明了长久照护中可能出现的问题				
	14	考虑了服务实施的便利性				
	15	分析了方案对本案例老人的合理性与适宜性价值				
经济性（10%）	16	在效率与经济上合适，被照护对象认可				
	17	在时间与人员安排上妥当				
	18	提供服务的成本与服务机构基本收益关系合理可行性				
	19	考虑了为工作完成的后续支出				
	20	考虑了职业服务过程的效率				
服务流程和工作过程导向（20%）	21	工作流程和管理适合照护人员及其机构、照护对象等双方				
	22	按照工作过程设计				
	23	考虑了本任务前后及平行任务之间的相关关系，说明理由				
	24	反映出专业核心能力，以及自主决策与行动的能力				
	25	考虑了与本专业工作范围相关人员、机构的合作				

续表

评分标准一级指标	序号	评分标准二级指标	得分			
			完全满足	基本满足	基本没满足	完全没满足
社会接受度（20%）	26	运用了相关法规（如老年人权益保障法、医疗保险相关规定、长期照护险相关规定、相关卫生法规等）				
	27	运用了劳动保护和事故防范相关规定				
	28	体现了人性化的工作与组织				
	29	提出符合人体工程学的建议				
	30	分析了文化、习惯、职业等与科学养老照护的相互影响				
环境保护与环境适宜性改进（10%）	31	考虑了照护废弃物的回收处理与再利用				
	32	考虑了降低照护环境引起感染或污染的可能性				
	33	考虑了照护用品的环保性、适宜性				
	34	考虑了环境保护、节能与提高能源利用率				
	35	考虑了照护环境舒适、适宜与美的协调				
创造性（10%）	36	包含超出问题解决常规范畴的内容				
	37	提出了不同寻常的内涵，并很有意义				
	38	方案的设计思路与质量具有明显创新性				
	39	表现出对本个案问题的职业敏感性				
	40	充分使用了题目所提供的设计空间				

2018年全国职业院校技能大赛养老服务技能赛项方案设计竞赛赛卷

【情境描述】

李奶奶，98岁，丧偶，十年前出现记忆力下降的症状，经常说自己丢了东西，怀疑有人进了她的房间，觉得冰箱内存放的食物被人动过，有人要害她……整日惶恐不安，极度缺乏安全感，被家人认为是老人糊涂了，未予重视。近3年来，老人脾气越来越暴躁，偶尔出现攻击行为，与人沟通较少，不愿意出门，外出活动明显减少，而且拒绝就医。近半年来，老人表现睡眠颠倒，夜间游走，曾用碗舀坐便器内的水喝，随处大小便。2个月前老人不慎跌倒，导致左髋关节骨折，医生建议采取保守治疗，制动。老人目前活动受限，长期卧床，不能自行进食，如厕困难。

老人是参加过抗日战争的离休干部,是一所知名大学的高级知识分子,独居,有两个儿子,其中一个亡故,另一个远在边疆省份且患有高血压病,他委托本地亲友偶尔来家里照看老母亲,故老人日常生活由保姆照顾。但现在保姆提出长时间休息不好,而且还被攻击,不堪重负,准备辞职。老人居住的小区公共设施完善,距离老人住所往北1公里有一所日间照料中心,往南5公里有一家高端养老机构,往东4公里有一所医养结合机构。亲属们认为老人需要24小时照护,如果继续在家则无法改变现状,希望把老人送到适合的养老机构。

【任务要求】

您作为养老机构的一名工作人员,请确定老人目前存在的主要健康问题,制订详细的解决方案,解释措施依据,以便在您休息时其他人能接替您的工作。

制订方案时应考虑:直观性/展示;功能性/专业化;持久性,当前与远期的照护目标;效率/经济性;工作过程导向;环境与社会承受度与影响;家庭、社会与文化环境;创造性。

2018年全国职业院校技能大赛养老服务技能赛项实操笔答评分表(附表1-2)

附表1-2 2018年全国职业院校技能大赛养老服务技能赛项实操笔答评分表

评分标准一级指标	序号	评分标准二级指标	完全满足	基本满足	基本没满足	完全没满足
直观性/展示	1	表述对养老服务专业人员来说容易理解				
	2	整体结构合理,概括清晰				
	3	容易阅读,表达格式合理,恰当使用图表				
	4	运用养老服务专业术语有效				
功能性/专业化	5	符合养老服务专业工作程序与要求				
	6	体现养老服务专业发展新成果				
	7	具有养老服务专业实践可行性				
	8	与个案的需求问题相对应				

续表

评分标准一级指标	序号	评分标准二级指标	得分			
			完全满足	基本满足	基本没满足	完全没满足
持久性，当前与远期的照护目标	9	目标具有长期性，不局限于当前结果				
	10	考虑了养老服务人员与被服务者双方的要求				
	11	反映养老服务人员决策和行动的自主独立				
	12	考虑了养老服务的便利性因素				
效率/经济性	13	在效率与经济上合适				
	14	在时间安排上妥当				
	15	在经费开支上合理				
	16	分析了各项投入和质量保证的关系				
	17	考虑了为工作完成的后续支出				
工作过程导向	18	适合所在部门管理结构和工作流程				
	19	考虑了本任务之前和之后的相关任务、完成过程及其理由				
	20	考虑了将所有必要的信息传达给所有的参与方				
	21	反映与养老服务工作过程相关的特有能力				
	22	考虑到养老服务专业的工作界限与跨部门合作（如与社工、医生、护士等相关人员的合作关系）				
环境与社会承受度与影响	23	体现了人性化的工作与组织				
	24	具有相关法规（如老年人权益保障法、相关卫生法规等）依据，运用理由恰当				
	25	考虑了养老服务中人体工程学的运用，理由合理				
	26	体现了劳动保护和事故防范的相关规定				
	27	符合环境保护与资源再利用的要求，且理由得当				
	28	对个案服务的延展广度合适				
	29	考虑了社会环境对服务进一步拓展的影响				
家庭、社会与文化环境	30	考虑了个案的家庭背景				
	31	考虑了个案所在机构和社区的环境条件				
	32	关注了与个案服务任务相关的社会因素				
	33	分析了与个案相关的文化因素				
	34	关注对社会与文化的影响				
	35	反映了个案服务活动中的关系				
	36	反映了文化与美的意识				

续表

评分标准一级指标	序号	评分标准二级指标	得分			
			完全满足	基本满足	基本没满足	完全没满足
创造性	37	包含超出问题解决常规范畴的内容				
	38	提出了不寻常、有价值的内容				
	39	表现出对个案问题的敏感性				
	40	充分使用了题目的设计空间				

裁判员签字：　　　　　　　　　　　　　　　年　月　日

附录2　研究中实际使用的实操题目和评分标准

2019年全国职业院校技能大赛养老服务技能赛项综合实操技能赛卷及评分标准

一、综合实操试题

【情境描述】

孙爷爷,71岁,一个月前突然感到眩晕,嘴歪眼斜,左侧面部、肢体麻木,说话吐字不清,急诊入院,诊断为脑中风。出院后,老人左侧肢体偏瘫,末梢循环差,骶尾部有一约块6厘米×7厘米的压红,表面无水泡及溃破。对于突如其来的变故,老人情绪低落,产生了悲观厌世的想法,拒绝与外界进行任何交流,现已入住某养老机构。

您作为照护孙爷爷的养老护理员,请于早上8时"为Ⅰ期压疮老年人提供照护";下午3时"指导肢体障碍老年人进行床上翻身训练";晚上9时"为老年人布置睡眠环境并协助睡眠照护"。

当老年人出现不良情绪时,请及时用语言和肢体语言进行疏导,并贯穿于所有照护服务当中。

【任务要求】

1. 确定老年人目前存在的主要健康问题及需要的照护技能。
2. 依据情境确认综合实操顺序。

3.完成综合实操任务要考虑:

①工作准备

养老护理员操作前应介绍情境及任务要求,并从自身仪容仪表、环境、物品及标准化老年人四个方面做好操作前的准备工作。

②沟通评估

养老护理员在操作前应对标准化老年人进行告知,如操作目的、方法、注意事项等,采用沟通、观察、量表或器械等方式开展健康评估,其中沟通应贯穿整个操作过程。

③实施过程

养老护理员操作中应"以老年人为中心",体现人文关怀,操作规范;操作后应做到为老年人取舒适体位,整理床单位及用物,洗手并准确记录等。注意事项在与标准化老年人沟通及实施过程中体现,不做单独口述;根据设定情境案例及任务要求,最大限度地进行实操。

④综合评价

养老护理员应对标准化老年人做到安全防护、隐私保护、健康教育、沟通交流、人文关怀等,并注意自身防护。

二、评分标准

实操1:为Ⅰ期压疮的老年人提供照护操作流程及评分标准表(附表2-1)

附表 2-1　　　　　　实操 1 操作流程及评分标准表

服务技能一级指标	分值	二级指标及关键点得分
工作准备	10分	1.简述工作情境及任务要求。(2分) 2.工作准备 2.1护理员准备: ①着装整齐,无戒指、长指甲,未涂指甲油;(1分) ②用七步洗手法洗净双手。(2分) 2.2环境准备:室内整洁、温/湿度适宜,必要时关闭门窗并用屏风遮挡;(2分) 2.3老年人准备:老年人平卧于床上,盖好被子,拉好床挡;(1分) 2.4物品准备:治疗盘、脸盆、小水壶、冷热水、水温计、毛巾、软枕或体位垫3~5个、翻身记录单、笔、洗手液,必要时备屏风、干净被服、衣裤、凡士林(润肤露)。(2分)

续表

服务技能一级指标	分值	二级指标及关键点得分
沟通评估	15分	3.沟通 将护理车推摆放在床尾,护理员站在床前,拉下近侧床挡,身体前倾,微笑面对老年人。 3.1 核对老年人房间号、床号、姓名;(2分) 3.2 向老年人解释操作的目的、方法;(2分) 3.3 向老年人交代操作过程中的注意事项;(2分) 3.4 语言亲切,态度和蔼,取得配合。(1分) 4.评估 4.1 评估老年人营养状态;(3分) 4.2 评估老年人全身及受压部位皮肤情况;(3分) 4.3 评估老年人肢体活动度。(2分)
实施过程	65分	5.操作流程 5.1 协助老年人暴露擦洗部位 ①将脸盆置于床尾椅上,物品摆放合理;(2分) ②放下床挡(1分) ③护理员站在老年人的右侧,打开盖被,S形折叠对侧;(3分) ④护理员协助老年人,先将身体移向近侧;(3分) ⑤将老年人患侧手臂放于胸前,叮嘱老年人用健侧撑住床面;(3分) ⑥健腿屈膝,健足撑住床面,将裤子脱至充分暴露骶尾部,并借助健侧肢体力量与护理员同时用力向对侧移位;(4分) ⑦护理员一只手放在老年人髋部,另一只手放在老年人颈肩部,将老年人向近侧整体翻身至床中线位置;(3分) ⑧协助老年人调整至舒适体位;健侧上肢放于枕边;患侧上肢取功能位,手心向下;胸前垫软枕;(4分) ⑨健腿屈膝,患腿取功能位;膝关节内侧垫软枕;踝关节内侧垫软枕;盖好盖被;(4分) ⑩掀开被子一角,检查皮肤;骶尾部有一块约6厘米×7厘米的压红。(3分) 5.2 擦洗 ①调配温水:将水盆放于床尾椅上,先加冷水,再加热水(模拟);(3分) ②测试水温:用水温计测试水温至50℃左右;(3分) ③将小毛巾在温水中浸湿、拧干(模拟分),包在右手成手套状;(4分) ④擦拭:护理员一只手扶住老年人近侧肩部,另一只手螺旋式擦拭老年人两侧背部和臀部;(4分) ⑤用干毛巾擦干背部和臀部;将凡士林润肤露涂抹在老年人背部皮肤。(4分) 6.操作后处置 ①协助老年人穿好衣裤,保持体位稳定舒适,整理床单位,支起床挡;(4分) ②整理物品,如有屏风遮挡,则撤去屏风,开窗通风;(2分) ③洗手;(2分) ④填写翻身记录单:记录翻身时间、体位和局部皮肤情况;(3分) ⑤鼓励老年人尽量做力所能及的活动,如关节自主运动,预防压疮;(2分) ⑥检查老年人手(脚)指(趾)甲,若过长应修剪,避免刮伤;(2分) ⑦防止局部长期受压。对有头发遮挡的枕骨隆突,耳郭背面,吸氧面罩、胃管部分压迫的不易观察到的部位的皮肤要特别注意。(2分)

续表

服务技能一级指标	分值	二级指标及关键点得分
综合评价	10分	7.其他事项 7.1 尊重老年人,沟通语言恰当,老年人出现不良情绪时,及时给予心理疏导;(2分) 7.2 最大限度地做好老年人的安全防护及隐私保护;(2分) 7.3 操作过程中勤观察、多询问,最大限度地体现人文关怀;(2分) 7.4 针对老年人的健康问题及可能发生的情况开展健康教育。(2分) 8.护理员能最大限度地进行实操,在操作中运用节力原则,注重自身防护。(2分)
总得分		

裁判长：　　　　裁判员：　　　　核分员：　　　　年　月　日

实操2:指导肢体障碍老年人进行床上翻身训练评分标准表(附表2-2)

附表2-2　　实操2评分标准表

服务技能一级指标	分值	二级指标及关键点得分
工作准备	10分	1.简述工作情境及任务要求。(2分) 2.工作准备 2.1 环境准备 ①房间干净、整洁;(1分) ②空气清新、无异味。(1分) 2.2 护理员准备 ①着装整齐,无戒指、长指甲;(1分) ②用七步洗手法洗净双手;(2分) 2.3 物品准备:毛巾、记录单、笔、免洗洗手液。(2分) 2.4 老年人准备:老年人平卧于床上。(1分)
沟通评估	15分	3.沟通 3.1 护理员轻声敲门,携用物至老年人床旁,核对老年人房间号、床号、姓名;(2分) 3.2 护理员站在老年人床前,身体前倾,面带微笑;(1分) 3.3 向老年人介绍训练的内容(指导老年人在床上向患侧及健侧进行自主翻身动作的训练)、训练的时间(每日2～3次,每次10～30分钟)、训练的目的(训练躯干旋转,缓解痉挛,提高老年人的床上生活自理能力;改善患侧肢体的运动功能,防治并发症)、了解老年人参与训练的意愿,取得老年人的配合;(3分) 3.4 询问老年人是否需要如厕。(2分) 4.评估 4.1 老年人身体状况,有无不适;(2分) 4.2 确认老年人健侧、患侧肢体;(2分) 4.3 老年人肢体活动能力。(3分)

服务技能一级指标	分值	二级指标及关键点得分
实施过程	65分	5. 翻身训练 5.1 翻向健侧 ①打开床挡,老年人取仰卧位,护理员指导老年人健侧下肢屈髋屈膝;(2分) ②叮嘱老年人健侧脚插入患侧腿的下方并钩住患肢;(2分) ③指导老年人双手叉握,健侧手握住患侧手;(2分) ④双手上肢前伸90°;(2分) ⑤头转向健侧方;(1分) ⑥指导老年人用健侧上肢的力量带动患侧上肢来回摆动2~3次;(2分) ⑦借助惯性作用翻向健侧,调整为健侧卧位;(2分) ⑧训练过程中,护理员随时观察、询问老年人有无不适,发现异常立即停止。(3分) 5.2 翻向患侧 ①老年人取仰卧位,健侧下肢屈髋屈膝;(2分) ②指导老年人双手叉握,健侧手握住患侧手;(2分) ③双手上肢前伸90°;(2分) ④头转向患侧方;(1分) ⑤用健侧上肢的力量带动患侧上肢来回摆动2~3次;(2分) ⑥借助惯性作用翻向患侧,调整为患侧卧位;(2分) ⑦训练过程中,护理员随时观察、询问老年人有无不适,发现异常立即停止;(3分) ⑧训练过程中,护理员耐心告知老年人每一项操作步骤;(2分) ⑨将每一步动作加以分解为老年人进行示范;(3分) ⑩训练过程中,老年人表现有进步时应及时给予鼓励,协助擦干汗液,避免着凉。(3分) 5.3 调整卧位 ①训练完毕,协助老年人取舒适卧位,患侧在下;(1分) ②患肩关节前伸稍内旋,患侧上肢伸展,下垫一大软枕;(3分) ③健侧上肢自然位;(1分) ④患侧下肢微屈,踝部凹陷处垫一小软枕;(3分) ⑤健侧下肢呈迈步状,其小腿下垫一中软枕;(3分) ⑥颈下垫一小软枕;(3分) ⑦后背用大软枕支撑。(3分) 5.4 训练结束 ①询问老年人的感受,有无其他需求;(3分) ②协助老年人取舒适卧位,整理床单,拉上床挡。(2分) 6. 整理用物 6.1 处理用物;(1分) 6.2 洗手、记录: ①护理员用七步洗手法洗净双手;(2分) ②记录训练时间、训练过程中老年人身体有无不适。(2分)

续表

服务技能一级指标	分值	二级指标及关键点得分
综合评价	10分	7. 其他事项 7.1 与老年人沟通,语言恰当,态度温和,体现人文关怀;(2分) 7.2 操作过程熟练、节力、动作轻柔;(2分) 7.3 操作过程中及时运用肢体语言和非肢体语言疏导老年人不良情绪;(2分) 7.4 操作过程中注意保护老年人安全、隐私,注意保暖;(2分) 7.5 操作过程中做好老年人的健康宣教,鼓励老年人要有计划性、规律性地进行训练。(2分)
总得分		

裁判长:　　　　　裁判员:　　　　　核分员:　　　　　年　月　日

实操3:为老年人布置睡眠环境并协助睡眠照护操作流程及评分标准表(附表2-3)

附表2-3　　　　实操3操作流程及评分标准表

服务技能一级指标	分值	二级指标及关键点得分
工作准备	10分	1. 简述工作情境及任务要求;(2分) 2. 工作准备 2.1 护理员准备: ①着装整齐,无戒指、长指甲,未涂指甲油;(1分) ②用七步洗手法洗净双手。(2分) 2.2 环境准备:室内整洁、温/湿度适宜;关闭门窗;空气清新;(2分) 2.3 老年人准备:老年人已洗漱、排便完毕,安全坐于轮椅上;(1分) 2.4 物品准备:根据季节备床褥、棉被、毛毯等,必要时备3~5个软枕或体位垫。(2分)
沟通评估	15分	3. 沟通 3.1 核对老年人房间号、床号、床尾卡的姓名;(2分) 3.2 解释操作的目的、方法;(2分) 3.3 解释操作过程中老年人的注意事项;(1分) 3.4 询问老年人睡眠习惯,对床铺及环境温/湿度有无特殊要求。(2分) 4. 评估 4.1 评估老年人有无睡前用药;(1分) 4.2 评估老年人身体有无不适;(1分) 4.3 评估老年人肢体活动度,身体有无留置管道;(2分) 4.4 评估床铺、被褥是否合适;(2分) 4.5 评估环境是否存在影响睡眠的因素。(2分)

续表

服务技能一级指标	分值	二级指标及关键点得分
实施过程	65 分	5.操作流程 5.1 协助老年人铺好被褥,调整舒适度 ①关闭门窗,闭合窗帘;(4分) ②检查床铺有无渣屑,按压床铺硬度;(2分) ③检查被褥软硬度,展开被褥,平铺;(2分) ④拍松枕头,枕头高度随老年人习惯适当调整;(2分) ⑤展开盖被,呈S形折叠对侧。(2分) 5.2 协助布置睡眠环境 ①调节室内空调或暖气;(2分) ②调整适宜睡眠的温/湿度;(2分) ③物品布局合理;(2分) ④便器、水杯、拐杖置于触手可及之处。(2分) 5.3 床椅转移 ①将轮椅与床呈30°~45°;(2分) ②将老年人健肢侧靠近床沿;(1分) ③固定刹车,脚踏板向上抬起;(2分) ④护理员的膝部抵住老年人的膝部,两手臂环抱老年人腰部夹紧;(2分) ⑤两人身体靠近,老年人身体前倾于护理员肩部;(1分) ⑥护理员以自己的身体为轴转动,将老年人移到床上。(2分) 5.4 协助睡眠体位 ①协助老年人脱鞋、脱裤子;(2分) ②将老年人的双腿移到床上;(1分) ③盖好下肢保暖,再脱上衣;(2分) ④协助老年人取舒适的体位(以健侧卧位为宜分);(2分) ⑤垫上软枕或体位垫;(3分) ⑥盖好盖被,拉好床挡,询问老年人是否还有需求。(3分) 5.5 促进睡眠健康教育 ①指导老年人睡前用热水泡脚,睡前不饮浓茶;(1分) ②指导老年人睡前勿进食,睡前排便、少饮水;(1分) ③指导老年睡前不看刺激性的书或电视剧、白天适度运动;(1分) ④指导老年人睡前穿纯棉宽松内衣等;(1分) ⑤指导老年人加强安全防护,如夜间如厕时,要注意防跌倒、坠床等。(1分) 5.6 关门退出 ①开启地灯、关闭大灯;(2分) ②轻步退出房间,轻手关门。(3分) 6.操作后处置 6.1 护理员夜间加强巡视,做到走路轻、关门轻;(3分) 6.2 发现老年人嗜睡或睡眠呼吸暂停的情况应及早汇报或建议老年人尽快就医;(2分) 6.3 洗手;(2分) 6.4 记录老年人睡眠时间、睡眠质量、有无异常睡眠。(5分)

续表

服务技能一级指标	分值	二级指标及关键点得分
综合评价	10分	7. 其他事项 7.1 尊重老年人,沟通语言恰当,老年人出现不良情绪,及时给予心理疏导;(2分) 7.2 最大限度地做好老年人的安全防护及隐私保护;(2分) 7.3 操作过程中勤观察、多询问,最大限度地体现人文关怀;(2分) 7.4 针对老年人的健康问题及可能发生的情况开展健康教育。(2分) 8. 护理员能最大限度地进行实操,在操作中运用节力原则,注重自身防护。(2分)
总得分		

裁判长：　　　　裁判员：　　　　核分员：　　　　年　月　日

附录3　2018年全国职业院校技能大赛养老服务技能赛项试题A

【情境描述】

王丽奶奶,82岁,神志清楚,右侧偏瘫,长期留置胃管,于今日上午入住某养老机构301室2床。老人现平卧于床上,养老护理员于9时按新入院护理常规为老人测量体温,午餐时间到了,养老护理员协助老人进食,12时30分进餐完毕。护理员了解到老人每日午睡后需坐轮椅外出活动。

一、试题

(一)基础护理

试题1. 为老年人测量腋下体温

(1)本题分值:100分

(2)考核形式:实操＋口述

(3)考核具体要求

①做好操作前的准备工作;

②做好沟通工作;

③按照操作流程,完成为老年人测量腋下体温的全过程;

④做好操作后的整理工作;

⑤掌握操作的注意事项。

(4)否定项

体温表折断,老年人受伤,该题不得分。

(二)生活照料

试题2.为带鼻饲管老年人进行进食照料

(1)本题分值:100分

(2)考核形式:实操

(3)考核具体要求

①做好操作前的准备工作;

②做好沟通工作;

③按照操作流程,完成通过鼻饲管进食的全过程;

④做好操作后的整理工作;

⑤掌握操作的注意事项。

(4)否定项

①操作过程中,泄露考生信息(地区、单位、姓名等),该题得0分。

②鼻饲前,未进行抽吸见胃液的操作,即通过胃管喂水、喂饭,该题得0分。

(三)康复训练

试题3.使用轮椅转运老年人

(1)本题分值:100分

(2)考核形式:实操+口述

(3)考核具体要求

①能做好转移前的准备工作;

②能够采用合理的沟通方式,取得老年人的配合;

③能够正确辅助老年人坐立并转移至轮椅;

④能够正确使用轮椅(转弯、上、下坡、上、下台阶、进、出电梯)转运老年人;

⑤能够对老年人做好保护;

⑥能掌握操作的注意事项。

(4)否定项

①老年人在转移过程中跌倒,该题不得分;

②从老年人患侧上轮椅,该题不得分。

二、评分标准

（一）基础护理

试题 1. 为老年人测量腋下体温实操评分标准表（附表 3-1）

附表 3-1　　　　　　　　　试题 1 评分标准表

项目总分	技术操作要求
步骤 1 工作准备 与评估 （28 分）	1.1 环境准备： (1) 口述：室内清洁；(1 分) (2) 口述：温/湿度适宜；(1 分) (3) 口述：关闭门窗。(1 分) 1.2 护理员准备： (1) 口述：服装整洁；(1 分) (2) 口述：仪容大方；(1 分) (3) 口述加操作：用七步洗手法洗净双手；(1 分) (4) 口述：了解腋下体温正常值为 36～37 ℃。(1 分) 1.3 物品准备： (1) 口述：物品备齐（3 分），少 1 件扣 1 分（2 分），少 2 件或以上扣 2 分（1 分）。口述：床、毛巾、治疗盘、清洁腋温计存放盒、腋温计消毒盒、纱布、记录单、笔、免洗洗手液。 (2) 口述加操作：检查体温计。(2 分) 1.4 老年人准备： (1) 口述：老年人平卧于床上；(1 分) (2) 口述：评估老年人神志清楚（2 分） 1.5 评估，与老年人沟通： (1) 口述加操作：30 分钟前有无进食冷热饮；(3 分) (2) 口述加操作：30 分钟前有无做过剧烈运动；(3 分) (3) 口述加操作：30 分钟前有无洗过热水澡。(3 分) 1.6 解释说明： (1) 口述加操作：向老年人解释测量体温的目的，取得配合；(2 分) (2) 要求态度和蔼，语言亲切。(2 分)
步骤 2 测量体温 （32 分）	2. 放入体温计，测量体温： (1) 操作：携物至床前，老年人取平卧位；(2 分) (2) 口述加操作：向老年人问好，一手打开近侧盖被一角；(1 分) (3) 操作：暴露老年人健侧肩、胸部；(3 分) (4) 操作：解开衣扣；(1 分) (5) 口述加操作：用毛巾擦干腋下汗液；(3 分) (6) 口述加操作：右手持体温计，将水银柱甩至 35 ℃以下；(4 分) (7) 操作：双手配合将体温计水银端放于腋窝处；(4 分) (8) 操作：体温计紧贴皮肤腋窝深处；(4 分) (9) 口述加操作：叮嘱老年人上肢屈臂过胸夹紧；(4 分) 备注：体温表折断，老年人受伤为否定项，全题不得分。 (10) 操作：为老年人盖好盖被；(3 分) (11) 口述：测量时间为 10 分钟。(3 分)

续表

项目总分	技术操作要求
步骤3 读取体温 (13分)	3.取出体温计,读数: (1)口述加操作:向老年人解释,掀开近侧盖被一角;(1分) (2)操作:取出体温计,用纱布擦净体温计汗渍;(2分) (3)操作:盖好盖被;(1分) (4)操作:右手横拿体温计;(2分) (5)操作:远离水银柱端;(1分) (6)操作:慢慢转动;(1分) (7)操作:眼睛与水银刻度在同一水平线上;(3分) (8)口述加操作:读取数值。(2分)
步骤4 整理用物 (9分)	4.用物处理、洗手记录: (1)口述加操作:将体温计甩至35 ℃以下(注意周围环境);(1分) (2)口述:用75%医用酒精消毒30分钟;(1分) (3)口述加操作:帮老年人系好衣扣,整理床单位;(1分) (4)口述加操作:询问需求,拉上床挡;(1分) (5)口述加操作:七步洗手法洗净双手;(1分) (6)口述加操作:记录时间、温度、老年人感受;(2分) (7)口述:立即向医生报告老年人体温情况。(2分)
注意事项 (8分)	5.1口述: (1)甩体温计的操作范围在胸前;(1分) (2)注意不要触及周围物品,以防破碎;(1分) (3)测量过程中告知老年人如果发生体温计滑落或脱位应保持原体位不动;(1分) (4)护理员应耐心寻找;(1分) (5)避免体温计破碎误伤老年人;(1分) (6)一旦发现体温计破碎水银外流;(1分) (7)护理员应立即戴口罩、手套;(1分) (8)用硬纸搜集包裹按医疗垃圾处理。(1分)
整体评价 (10分)	6.1整体操作过程: (1)熟悉操作流程;(2分) (2)动作准确规范;(2分) (3)有效沟通,语言亲切自然;(2分) (4)随时观察;(2分) (5)准确把握测温时间。(2分)
总得分	

裁判长:　　　　　裁判员:　　　　　核分员:　　　　　年　月　日

(二)生活照料

试题 2. 为带鼻饲管老年人进行进食照料实操评分标准表(附表 3-2)

附表 3-2　为带鼻饲管老年人进行进食照料实操评分标准表

项目总分	技术操作要求
步骤 1 工作准备 (14分)	1.1 环境准备： (1)口述：房间干净、整洁；(1分) (2)口述：空气清新、无异味。(1分) 1.2 护理员准备： (1)口述：着装整齐；(1分) (2)口述：用七步洗手法洗净双手。(1分) 1.3 老年人准备： (1)操作加口述：护理员站在床前，身体前倾，微笑面对老年人，评估、核对；(1分) (2)操作加口述：评估胃管插入长度完好；(1分) (3)操作加口述：检查胃管固定周围的皮肤情况。(1分) (4)操作加口述：无口腔内盘旋与折叠；(1分) (5)口述：询问老年人是否需要排便。(1分) 1.4 物品准备：物品备齐(5分)，少 1 件扣 1 分(4分)，少 2 件扣 2 分(3分)，少 3 件或以上扣 4 分(1分)。 口述：物品准备完好，包括餐碗(内盛 200 毫升鼻饲液)、水杯(内盛温水)、推注器 1 个、污物碗 1 个、弯盘 2 个、毛巾和餐巾纸、无菌纱布 1 块、笔和记录单、免洗洗手液。
步骤 2 核对沟通 (9分)	2.1 核对： (1)操作：将护理车推摆放在床头；(1分) (2)口述：再次核对房间号、床号、姓名、性别；(2分) (3)口述：核对饮食。(1分) 2.2 沟通： (1)口述加操作：护理员附在老年人耳边唤醒老年人；(2分) (2)口述加操作：做好解释，取得配合，态度和蔼，语言亲切。(3分)
步骤 3 鼻饲前 准备 (12分)	3.1 摇高床头： (1)口述：护理员向老年人解释需摇高床头；(1分) (2)操作：摇高床头 30°～45°。(3分) 3.2 进餐前准备： (1)口述：护理员再次洗手；(1分) (2)口述加操作：物品摆放合理；(1分) (3)口述加操作：在老年人的颌下垫毛巾；(2分) (4)口述加操作：颌下放弯盘；(1分) (5)口述加操作：打开别针，打开胃管末端纱布；(1分) (6)口述加操作：胃管末端放在颌下弯盘内，纱布放在治疗车污物碗内。(2分)

续表

项目总分	技术操作要求
步骤4 检查胃管 (15分)	4.1 详细口述三种检查胃管是否在胃内的方法： (1)口述：观看气泡；(3分) (2)口述：剑突下听诊；(3分) (3)口述：抽吸见胃液。(3分) 4.2 采用抽吸见胃液的方法： (1)口述加操作：用空推注器连接胃管末端；(1分) (2)口述加操作：抽吸见胃液；(1分) (3)口述加操作：将胃液推回；(1分) (4)口述加操作：断开连接；(1分) (5)口述加操作：推注器放在餐桌弯盘内；(1分) (6)口述加操作：盖好胃管末端盖帽，放在颌下弯盘内。(1分)
步骤5 进行鼻饲 30分	5.1 测试温度： (1)口述加操作：用推注器抽吸少量温水，进行手腕内侧试温，温度适宜；(2分) (2)口述加操作：用推注器抽吸少量鼻饲饮食，进行手腕内侧试温，温度适宜；(2分) (3)口述：温度为38～40 ℃。(2分) 备注：未测试温度，扣6分 5.2 初次进水： (1)口述加操作：用推注器抽吸20毫升温水；(1分) (2)口述加操作：注入胃管润滑胃管(模拟)；(1分) (3)口述加操作：断开连接，推注器放于桌面弯盘内；(1分) (4)口述加操作：盖好胃管末端盖帽。(1分) 5.3 初次进食： (1)口述加操作：用推注器抽吸鼻饲饮食50毫升；(1分) (2)口述加操作：打开盖帽，连接胃管；(1分) (3)口述加操作：将鼻饲液缓慢注入胃管，速度：10～13毫升/分。(2分) 5.4 再次进食： (1)口述加操作：注完后断开连接，盖好盖帽；(1分) (2)操作：持推注器姿势正确；(1分) (3)口述加操作：反复抽吸、推注，每次鼻饲量不超过200毫升。(2分) 5.5 再次进水： (1)口述加操作：用推注器抽吸50毫升温水；(1分) (2)口述加操作：连接胃管，以脉冲式方法，冲洗胃管管壁残渣；(2分) (3)操作：断开连接，将推注器放在护理车上的弯盘内；(1分) (4)口述加操作：提起胃管，让胃管内水分充分流入胃内；(1分) (5)口述加操作：冲洗胃管末端，盖好盖帽。(1分) 5.6 固定鼻饲管： (1)口述加操作：用新的无菌纱布包好胃管末端，固定在老年人枕边；(2分) (3)口述：保持进食体位30分钟后再将床放平；(2分) (4)口述：避免误吸。(2分) 备注：鼻饲完毕立即放平床位，扣6分

续表

项目总分	技术操作要求
步骤6 整理记录 8分	6.1 整理用物： (1)口述加操作：护理员为老年人擦净口鼻分泌物,撤下毛巾；(2分) (2)口述加操作：整理床单位；(1分) (3)口述加操作：清洗灌注器及餐具备用。(1分) 6.2 洗手、记录： (1)口述加操作：护理员洗手；(2分) (2)口述加操作：记录鼻饲时间和量。(2分)
注意事项 (6分)	7.口述： (1)长期鼻饲老年人做好口腔清洁；(1分) (2)避免口腔、气管、消化道感染；(1分) (3)老年人鼻饲前后30分钟内禁忌吸痰；(1分) (4)鼻饲老年人用药在医生指导下粉碎；(1分) (5)鼻饲过程中,观察老年人表现；(1分) (3)发现有恶心、呕吐、胃液中混有咖啡样物时,立即停止操作并报告。(1分)
整体评价 (6分)	8.整体操作过程： (1)与老年人沟通要体现人文关怀；(3分) (2)操作过程动作轻柔、准确、熟练、安全。(3分)
总得分	

裁判长： 　　裁判员： 　　核分员： 　　年　月　日

(三)康复训练
试题3.使用轮椅转运老年人实操评分标准表(附表3-3)

附表3-3　　　　　　　　　试题3评分标准表

项目总分	技术操作要求
步骤1 工作准备 (10分)	1.1 环境准备： (1)口述：环境整洁宽敞；(1分) (2)口述：无障碍物。(1分) 1.2 护理员准备： (1)口述：着装整洁；(1分) (2)口述加操作：用七步洗手法洗净双手。(1分) 1.3 物品准备： (1)口述：轮椅；(1分) (2)口述：两个软枕；(1分)(1) (3)口述：一条小毛毯。(1分) 1.4 老年人准备： 口述：老年人平卧在床。(1分) 1.5 检查轮椅： 口述加操作：轮椅性能是否完好。(2分)
步骤2 评估沟通 (6分)	2.携轮椅进入老年人房间： (1)口述：询问老年人身体状况；(2分) (2)口述加操作：检查老年人肢体活动能力；(2分) (3)态度和蔼,语言亲切。(2分)

续表

项目总分	技术操作要求
步骤3 床位转移 (14分)	3.1 轮椅摆放： (1)口述加操作：轮椅与床边呈30°～45°；(2分) (2)操作：固定刹车。(2分) 3.2 协助老年人坐起： (1)口述加操作：护理员叮嘱老年人健侧手握住患侧手并放在胸腹前；(2分) (2)口述加操作：将老年人双下肢移到床边下，穿防滑鞋；(2分) (3)口述加操作：护理员左手放在老年人右颈肩部；(2分) (4)口述加操作：护理员右手放在老年人左髋部；(2分) (5)口述加操作：协助老年人坐起，整理衣物。(2分)
步骤4 轮椅转移 (23分)	4.1 协助老年人站立、转移： (1)口述加操作：护理员嘱老年人健侧手握住患侧手，环抱住护理员颈肩部；(2分) (2)口述加操作：护理员用与患侧相对的膝关节内侧，抵住老年人患侧膝关节的外侧；(2分) (3)口述加操作：护理员两手臂穿过老年人腋下，环抱其腰部并夹紧，两人身体靠近；(2分) (4)口述加操作：护理员屈膝并叮嘱老年人抬臀、伸膝时同时站起；(2分) (5)操作：护理员以自己的身体为轴转动。(2分) (6)操作：将老年人移至轮椅上。(2分) 4.2 调整舒适座位： (1)口述加操作：协助老年人调整靠椅坐稳；(2分) (2)口述加操作：后背垫软枕；(1分) (3)口述加操作：系好安全带；(2分) (4)口述加操作：双脚放于脚踏板上，双腿盖上小毛毯；(2分) 4.3 垫软枕，准备水杯、纸巾： (1)口述加操作：胸腹前垫大软枕，老年人双手放在软枕上；(2分) (2)口述加操作：带好水杯、纸巾，放于轮椅靠背后面布袋中。(2分)
步骤5 转运 (27分)	5.1 轮椅使用： (1)口述加操作：向老年人解释，松开刹车，平稳前行；(2分) (2)操作：出门转弯。(2分) 5.2 上、下坡： (1)口述加操作：上坡；(3分) (2)口述加操作：下坡。(3分) 5.3 上、下台阶： (1)口述加操作：上台阶；(3分) (2)口述加操作：下台阶。(3分) 5.4 进、出电梯： (1)口述加操作：进电梯；(3分) (2)口述加操作：出电梯。(3分) 5.5 询问、观察： (1)口述加操作：在转运过程中，观察、询问老年人有无不适；(3分) (2)口述：如有不适停止操作就近休息。(2分)
步骤6 反馈 (5分)	6. 轮椅转运结束： (1)口述加操作：推轮椅回老年人房间，护理员向老年人询问坐轮椅的感受，询问老年人的需求；(3分) (2)口述加操作：暂坐轮椅休息，固定手闸，确保安全。(2分)

续表

项目总分	技术操作要求
注意事项 (7分)	7.口述： (1)当护理员帮助老年人转移时,因护理员的腿要踏入轮椅的空隙处,需要撤掉架腿布；(1分) (2)能自由移动坐轮椅的老年人,为了使用安全,需要撤掉架腿布；(1分) (3)老年人每次坐轮椅时间不可过长；(1分) (4)每隔30分钟协助变换体位,避免臀部长期受压造成压疮；(2分) (5)天气寒冷时,注意在老年人腿上盖毛毯保暖；(1分) (6)外出时,根据老年人需求协助饮水等。(1分)
整体评价 (8分)	8.1 整体操作过程： (1)节力；护理员注意自身保护。(2分) (2)在操作过程中注意保护老年人安全(随时提醒老年人)。(4分) 备注：全程随时提醒(4分)；部分提醒(2分) (3)礼貌用语,对老年人关心、亲切。(2分)
总得分	

裁判长：　　　　裁判员：　　　　核分员：　　　　年　月　日

附录4　360°绩效评估问卷

360°绩效评估表见附表4-1～附表4-4。

附表4-1　养老服务人员360°绩效评估表(自我评价)

姓名：

评分项	偶尔	较少	有时	经常	总是
从老年人实际情况出发,做出最有利于老年人的决定					
公平合理地利用各种医疗及服务资源					
在老年人和家属表示不同意见后,能够尊重老年人和家属的意见					
充分考虑心理因素与疾病的关系					
安慰老年人,消除其焦虑等负面情绪					
与老年人建立良好的人际关系					
解答老年人有关卫生法规、养老、医保政策等问题					
保护老年人的隐私					

续表

姓名：

评分项	偶尔	较少	有时	经常	总是
表达的意图能被他人充分理解					
根据实际情况选择最有效的沟通方式					
通过表情、语气和肢体等非言语信息，准确判断他人的情绪与情感状态					
从老年人的角度考虑问题，充分听取和理解老年人及家属的诉求					
工作不需要他人的督促，严格要求自己					
及时、准确地完成各种照护记录					
清楚自己的职责、权利和义务					

附表 4-2　　养老服务人员 360°绩效评估表（服务对象）

姓名：

评分项	偶尔	较少	有时	经常	总是
对我有礼貌					
充分告知我的基本情况和照护方案，采取对我最有利的照护方案					
值得我信赖					
尊重我对照护方案的不同意见与选择					
帮助解决我的焦虑等不良情绪；					
能及时发现我的情绪变化，有效地进行安抚					
解答我有关的卫生法规、养老、医保政策的问题					
与医护及其他专业人员交流毫不费劲，说话明白易懂，交流顺畅					
保护我的隐私，不在无关人员前谈论我的病情					
认真了解我的想法和意愿					
处理问题时充分考虑我的诉求，听取我的想法，体会我的感受					
不索取财物和牟取其他利益					
工作认真负责					

附表 4-3　　　养老服务人员 360°绩效评估表（领导、教师）

姓名：

评分项	偶尔	较少	有时	经常	总是
结合老年人实际情况，做出最有利于老年人的照护决策					
能与老年人建立良好的信任关系					
注重心理、社会因素对老年人疾病发生、发展及转归的影响					
能有效保护老年人隐私					
与老年人交流时，语言通俗易懂，信息量适当					
在老年人表达不同意见后，能尊重老年人意见					
能设身处地地体察老年人情绪和感受，理解其想法和立场，恰当地进行回应或处置					
遵守规章制度					
工作积极，能及时填写照护记录					

附表 4-4　　　养老服务人员 360°绩效评估表（同事、同学）

姓名：

评分项	偶尔	较少	有时	经常	总是
结合老年人实际情况，做出最有利于老年人的照护决策					
能与老年人建立良好的信任关系					
注重心理、社会因素对老年人疾病发生、发展及转归的影响					
能有效保护老年人隐私					
与老年人交流时，语言通俗易懂，信息量适当					
在老年人表达不同意见后，能尊重老年人意见					
能设身处地地体察老年人情绪和感受，理解其想法和立场，恰当地进行回应或处置					
遵守规章制度					
工作积极，能及时填写照护记录					

附录5 背景情况调查问卷

背景情况调查问卷

亲爱的同学:

以下是一系列与养老人才培养有关的问题。我们希望通过这份问卷,找出哪些因素会影响到你们对职业教育以及所学专业(职业,下同)的看法,以便改进我们的人才培养工作。

请仔细阅读每个问题,答案没有对错之分,只需根据自己的实际情况填写即可。如果某一道题目描述的情况与您不符,也请您挑选最接近的答案。

回答问题时,您只需在给定方框上打钩即可。请不要遗漏任何一题或多选,否则问卷就失去了研究意义!

学校:　　　　　　　　姓名:　　　　　　　　联系电话:

您所有的回答会被保密。感谢您的努力与帮助!

序号	题目	完全不符合	比较不符合	不确定	比较符合	完全符合
		1	2	3	4	5
1	实习单位使我有家的感觉					
2	做本职工作中的任何事,我都很有动力					
3	我喜欢和别人谈论自己所学的专业					
4	对我而言,职业适应性比职业技能更重要					
5	即使以后有机会到别的单位工作,我也想继续留在这个单位					
6	实习期间,我关心自己的工作如何能对整个单位做出贡献					
7	做本职工作中的任何事,我都是值得信赖的					
8	我喜欢向别人谈论我的实习单位					
9	我适合从事这一专业的工作					
10	即使实习单位没有要求,我也总是很守时					
11	作为专业人员,我力求使自己达到专业水准					

续表

序号	题目	完全不符合 1	比较不符合 2	不确定 3	比较符合 4	完全符合 5
12	我对自己的专业不是特别感兴趣					
13	现在,我对所学专业比入学时更感兴趣了					
14	我打算未来一直从事本专业的工作					
15	我全身心地投入工作					
16	实习期间,我关心我的工作与我的专业有何联系					
17	有时我会考虑如何改变我的工作,以便更好或更高质量地完成任务					
18	我觉得我对实习单位没有什么感情(我觉得我与实习单位的联系一点也不紧密)					
19	我以我的专业为荣					
20	对于分配给我的任务,我希望有一个清晰明确的行动指导					
21	我适合在我的实习单位工作					
22	我想对我的工作内容有发言权					
23	单位的未来与我息息相关					
24	从事养老职业让我有"家"的感觉					
25	总体说来,我对整个实习感到满意					
26	我可以从教师和单位指导教师那里学到很多东西					
27	与单位员工的合作对我的实习有很大帮助					
28	实习单位交付给我的工作任务与我的专业对口					
29	对我而言,单位的实习不具有挑战性					
30	单位里的工作量影响我的学习					
31	我在单位学到的东西比在职业院校学到的多					
32	我在学校学到的东西在单位里有用					
33	在实习中,多数情况下我可以得到详细的指导					

续表

序号	题目	完全不符合 1	比较不符合 2	不确定 3	比较符合 4	完全符合 5
34	在实习中,除了必须完成的任务外,我还了解了单位的其他工作流程					
35	我的职业受到社会的认可					
36	如果我愿意,我很可能被实习单位留下来工作					
37	实习单位认为学校的学习非常重要					
38	学校的学习内容对我的职业很重要					
39	学校教学以单位实践为导向					
40	学校教学对我完成单位工作任务或解决实际问题有帮助					
41	我的朋友和熟人认为我目前学的专业还可以					
42	我对自己在学校的表现和成绩很满意					
43	学校的教学内容和我在单位的日常工作没有什么关系					
44	能留在这家单位工作比专业对口更重要					
45	在实习中,我觉得专业本身并不是很重要					
46	职业院校和单位的学习相辅相成,联系紧密					
47	我的专业以后可以挣很多钱					

您是否参加过"养老护理员"国家职业技能鉴定？如参加过,您的理论分数是_____(如记不清,可大概),技能操作分数是_____(如记不清,可大概)。

请您检查有无漏选或多选的题目！

衷心感谢您的合作和支持！